Luís de Camões

Die Lusiaden des Luis de Camoens

Luís de Camões

Die Lusiaden des Luis de Camoens

ISBN/EAN: 9783744637671

Hergestellt in Europa, USA, Kanada, Australien, Japan

Cover: Foto ©Andreas Hilbeck / pixelio.de

Weitere Bücher finden Sie auf **www.hansebooks.com**

Die Lusiaden

des

Luis de Camoens.

Deutsch in der Versart der portugiesischen Urschrift

von

J. J. C. Donner.

Dritte vielfach verbesserte Auflage.

Leipzig.
Fues's Verlag (R. Reisland).
1869.

Vorrede zur ersten Auflage.

Für den künftigen Beurtheiler dieser Verdeutschung, von der schon früher, theils im Morgenblatte, theils in besonderem Abdruck, etliche Proben erschienen sind, mögen hier einige Andeutungen stehen, durch welche vielleicht über die Ausführung des Werkes im Einzelnen ein voreiliges Urtheil verhütet, oder möglichem Misverständnisse begegnet werden kann.

Man hat es allgemein als einen der ersten Grundsäze der poetischen Uebersezungskunst anerkannt, daß die ursprünglichen technischen Formen des nachzubildenden Gedichtes beibehalten werden müssen, oder daß wenigstens eine so nahe verwandte Form, als die Natur der Sprache nur immer gestattet, an die Stelle der ursprünglichen treten muß, indem nur hiedurch diejenige Eigenthümlichkeit des Urbildes erhalten werden kann, auf welcher jede höhere beruht. Dieses Gesez gilt ebensowohl bei Uebertragung der neueren, wie der alten Dichter. Und so ist man denn auch darüber einig, daß das Räumliche

der Versart nicht verengt, aber auch nicht überschritten werden dürfe, daß die gleiche Länge der Zeilen, und besonders, daß die schöne Abwechselung und Ordnung der Reime ein nothwendiges Erforderniß sei. Nur in Bezug auf die Anwendung der männlichen und weiblichen Reime trennen sich die Ansichten, und es hat sich dem gemäß ein verschiedener Gebrauch geltend gemacht. Dies ist namentlich der Fall bei Nachbildung der achtzeiligen Stanze. Einige ziehen lauter weibliche, von männlichen ununterbrochene Reimendungen vor: Andere bedienen sich einer ganz willkürlichen Reimordnung, indem sie bald lauter weibliche, bald lauter männliche Reime anwenden, bald jene vorn und diese hinten, bald umgekehrt stellen. Diese Willkür wurde bei uns durch das Ansehen eines Mannes eingeführt, der großen Einfluß auf unsere Literatur übte — August Wilhelm's von Schlegel.*
Doch ging schon Wieland im Idris ihm in solcher Weise voran, obwohl dieser die fünffüßigen jambischen Verse auch mit vier- und sechsfüßigen abwechseln ließ. Später gebrauchte Schlegel, namentlich in der Verdeutschung eines Bruchstückes aus Camoens**, auch lauter weibliche Reime. Noch Andere bilden die Stanze mit fünf

---

* In seiner Uebersezung des elften Ariostgesanges im Athenäum.
** In den Blumensträußen italiänischer, spanischer und portugiesischer Poesie. Berlin 1804.

Vorrede. VII

weiblichen Reimendungen, in der Art, daß unter den verschlungenen sechs Zeilen die mit weiblichem Schlusse voranstehen und die beiden Endzeilen gepaarte weibliche Reime enthalten. Diese Reimstellung, die der verewigte Gries im Ariost, im Tasso und in einem Bruchstück aus Bojardo's verliebtem Roland* befolgte, ist auch in vorliegender Verdeutschung angenommen worden.

In der bei den Brüdern Frankh zu Stuttgart im J. 1826 ausgegebenen Uebersezung des ersten Gesanges der Lusiaden hatte ich, bei sonst ununterbrochener Durchführung des weiblichen Reimes, hin und wieder auch männlicher Reime mich bedient. Ich war gewiß darum nicht zu tadeln; denn ich folgte nur dem Vorgange des Dichters, der sein Epos mit Ausnahme weniger Stanzen in weiblichen Reimen geschrieben hat, und bei Einmischung der männlichen nicht ganz ohne Willkür verfährt, indem er ihnen bald die erste, bald die zweite, bald die lezte Stelle anweist.** In den nachher gedruckten Proben

---

* Wie zulezt noch in der Uebersezung des ganzen Bojardo. Dagegen hat Gries im Richardett des Fortiguerra häufig den männlichen Reim vorangestellt, auch gleitende Reime eingemischt, und sogar Stanzen mit lauter männlichen Reimen angewendet. Denn Fortiguerra selbst beobachtet hierin keine so strenge Regelmäßigkeit, wie Ariost und Tasso, was zu seinem leichten und lockeren Stile sehr wohl paßt.

Spätere Anmerkung.

** Ein Beurtheiler dieser Probe (in den Blättern für lit. Unterhalt. Octbr. 1828. Nr. 246.), welcher die Ueber-

ging ich von der zuerst gewählten Weise ab, und mischte durchgängig weibliche und männliche Reimendungen, doch so, daß ich mir ein paarmal verstattete, den männlichen Reim vorauszunehmen, und in diesem Falle wohl auch in den zwei lezten Zeilen der Stanze männliche Reime zu paaren. Auch dieses Leztere gab ich später auf.

Die Gründe, warum ich zulezt die Regel des unverbrüchlichen und gleichförmigen Wechsels der weiblichen und männlichen Reimendungen befolgte, sind ungefähr diese:

An den Stanzen der südlichen Dichter nehmen wir vor Allem vollkommene Gleichförmigkeit in Hinsicht der Reimfolge wahr. Im ganzen Tasso finden sich durchaus nur weibliche Reime; in den 37 Gesängen der Araucana des Spaniers Ercilla kommt nicht ein einziger männlicher oder gleitender Reim vor, ebenso wenig in den Stanzen bei Calderon und Cervantes, was um so auffallender ist, da die Spanier an männlichen Reimen sehr reich sind; Ariost hat unter fünf-

---

sezung der Herren Kuhn und Winkler zwar „gerade für kein Meisterwerk" ausgibt, aber die angekündigte neue, „trotz mancher kleinen Verdienste" des Probegesanges, doch für „ziemlich entbehrlich" erklärt, hat dadurch, daß er gerade die je und je stattfindende Einmischung männlicher Reime tadelnd hervorhob, zum mindesten so viel verrathen, daß er die portugiesische Urschrift niemals gesehen hat. Dennoch giebt ein solcher Kritikaster sich die Miene des Kenners!

tausend Stanzen vielleicht nur fünf mit gleitenden oder männlichen Reimen; Camoens mischt hin und wieder, obwohl nicht häufig, männliche und gleitende Reime ein. Die Seltenheit der Ausnahme, so wie der Umstand, daß die spanischen Dichter, trotz des großen Reichthums ihrer Sprache an männlichen Reimen, in der von den Italiänern aufgenommenen Stanze nur weiblicher sich bedienen, während sie in ihren eigenthümlichen Versarten (Coplas, Redondillas u. s. f.) die männlichen Reime fast ebenso oft anwenden als die weiblichen, dürften eben die Regel beweisen.

Sollen nun wir, bei Nachbildung der südlichen Dichter, gleichfalls lauter weibliche, von männlichen nicht unterbrochene Reime gebrauchen? Ich glaube nicht. Die Italiäner, die Spanier, die Portugiesen haben weibliche Reimendungen auf alle möglichen Vocale: in unserer Sprache hat die tonlose Silbe nach der betonten fast immer nur ein e, welcher Vocal überdies beträchtlichen Antheil an den Längen hat, und unsere weiblichen Reime gehen meist auf en aus. Es ist wahr: wir haben auch Reime mit andern Vocalen in der Endsilbe auf ig, iß, ung, am u. s. f.; wir haben schwebende Reime, die auch Camoens hin und wieder angewandt hat; und ein geschickter Verskünstler wird Reime dieser Art so oft anzubringen bemüht sein, als es ohne Zwang möglich ist: aber was sind diese wenigen gegen die ungeheure Menge der auf e aushallenden Reime? Lauter weibliche Reime müssen daher im Deutschen nothwendig eine viel größere Eintönigkeit, als in den südlichen Sprachen, hervorbringen, zumal bei Gedichten von einigem Umfange. Denn wir wollen es nicht tadeln, wenn in kleineren Gedichten, z. B. in Sonetten, der weibliche Reim nicht von männlichen unterbrochen wird: aber welch ein Ohr, das 40,000 Verse wie bei Ariost mit der beinahe durchgängig herrschenden Schlußsilbe e oder en nach einander ertrüge!

Männliche Reime dagegen hat unsere an Jamben und einsilbigen Längen so reiche Sprache auf alle möglichen einfachen und zusammengesezten Vocale. Und warum sollten wir die ganze größere Hälfte der uns vergönnten Reime auf einmal außer Dienst sezen? Wenn der Italiäner durch Seltenheit der Jamben beinahe ganz auf weibliche Reime, der Engländer durch Armuth an Trochäen auf männliche beschränkt ist: so wollen wir uns des Vorzuges freuen, daß unserer, jedem Ausdruck der Empfindung sich anschmiegenden, Sprache die Abwechselung männlicher und weiblicher, starker und sanfter Reimendungen in so reichem Maße verstattet ward. Um aber jene vorhin erwähnte Gleichförmigkeit des äußeren Baues der Stanze so viel als möglich zu erreichen, scheint es nothwendig, die weiblichen und männlichen Reime regelmäßig auf gleiche Weise alterniren zu

lassen. Ueberdies dürfte die Willkürlichkeit der Reim=
stellung dem epischen Charakter gänzlich widersprechen.
Ebenso gut könnte wohl Einer versucht sein, z. B. in
einem elegischen Gedichte die Hexameter und Pentameter
nicht regelmäßig abwechseln, sondern bald von jenen,
bald von diesen ein Paar auf einander folgen zu lassen.

Noch ließe sich einwenden, der lusitanische Wohl=
klang, noch höher als der italische, fordere die ununter=
brochene Beibehaltung des weiblichen Reims, um die
süßen, weichen Töne des Urbildes, die wie auf Meer=
hauchen einherschweben, wenigstens von ferne nachzutönen,
um dem Nachbilde „wenigstens einen Schatten des
weichen Anklanges" mitzutheilen, welcher dem Urbilde
so eigenthümlich ist. Die Antwort hierauf liegt in dem
schon Gesagten. Aber wir ließen uns vielleicht hier den
durchgängigen Gebrauch weiblicher Reimendungen gefallen,
wenn es uns nur vergönnt wäre, den einförmigen Fall
derselben durch mannigfaltigeren Laut beider Reimsilben
zu mildern. Und sollten wir nicht jenes Ziel auf
anderem Wege, wenigstens annähernd, zu erreichen fähig
sein? Denn auch unserer Sprache ward, neben der
Kraft, ein hoher Grad des Wohllautes, wenn man
anders ihrer Regeln und Schäze sich gewandt zu be=
dienen weiß. Freilich steht sie hierin hinter den Tochter=
sprachen der Römerin zurück; dafür aber eifert sie der
hellenischen Schwester im Rhythmus nach, was mehr

sagen will; denn jener süße Klang der Reime und der neusüd=
lichen Völkerzungen überhaupt ist doch nur etwas Sinnliches,
ein Reiz, dessen Wirkung reine Instrumentaltöne vielleicht
übertreffen, während das Auffassen rhythmischer Verhältnisse
etwas rein Geistiges und bei weitem Wirksameres ist.

Und um wie Vieles bleiben hier jene Bastardinnen
Rom's zurück, die kaum mehr kennen, als Jamben und
Trochäen, höchstens Dactylen, so daß der Indier mit
seinen Antispasten sie noch übertrifft! Allerdings läßt
jener Vorzug unserer Sprache bei Uebertragungen aus
den neueren sich kaum geltend machen, und wir thäten
vielleicht besser, uns nur nach der Seite hinzuwenden,
wo wir mehr vermögen; indeß wird auch dort ein red=
liches Ringen der Anerkennung nicht unwürdig sein.

Unächte Reime wird man nur selten finden; die
wenigen, die bei angestrengter Mühe nicht zu vermeiden
waren, will ich gleich hier anzeigen: m. s. 3, 6. 4, 34.
5, 14. Uebrigens muß ich bemerken, daß ich Reime,
wie Verständniß — Erkenntniß, wohnt — Mond
(die Aelteren schreiben Mohnd), Bette — Städte,*

---

* Man hat mir entgegengehalten, diese Reime könnten
nicht für ächt gelten, da der erste Vocal in dem einen Worte
(Städte) gedehnt, in dem andern (Bette) geschärft ausge=
sprochen werde. Wenn man aber, so viel mir bekannt ist,
überall in Deutschland jenes erste Wort in der Einzahl ge=
schärft ausspricht; so ist es wenigstens nicht folgerecht, die Silbe
in der Mehrzahl zu dehnen. Und wo wäre dafür eine Analogie?

u. s. f. nicht für unrein erkenne, wie denn die Reime nicht für das Auge, sondern für das Ohr sind, nicht also die Schreibung, sondern die richtige Aussprache der Wörter über Aechtheit oder Unächtheit derselben entscheidet, und auch Reime, wo die Verschiedenheit der Aussprache kaum hörbar ist, wie in Saiten—Zeiten, Ehre—wäre u. s. f., für ächt mitgehen können. So wird man es auch nicht tadeln, daß ich Wörter, wie hin und an, die in einigen Landschaften gedehnt, in andern geschärft ausgesprochen werden, bald auf schien, Bahn, u. s. f., bald aber auch auf Sinn, sann u. s. w. reimen ließ.

Die sogenannten reichen Reime schloß ich nicht aus: ich rechne zu diesen auch, wenn die Wörter bei verschiedener Bedeutung in allen ihren Buchstaben in einerlei Ordnung gleichklingen. Beispiele der lezteren Art finden sich 3, 52. 7, 22. 9, 5. Ein gleicher Reim kommt 4, 103 vor. Diesen mag der gleiche Reim bei Camoens in der unmittelbar vorhergehenden Stanze entschuldigen.

Im Allgemeinen habe ich mir das Gesez gemacht, wenigstens in drei auf einander folgenden Stanzen dieselben Reime nicht zu gebrauchen. Abweichungen von dieser Regel finden sich 1, 20. 22. 30. 32. 84. 85. 2, 63. 65. 4, 6. 8. 13. 15. 8, 3. 5. Camoens hat sich an einen ähnlichen Grundsaz nicht gebunden, so wie er auch nicht überall sonderliche Sorgfalt darauf verwendet hat, die verschlungenen weiblichen Reime gegen einander möglichst abstechen zu lassen. So wechseln einmal die Reime ado und edo, worauf in der lezten Stelle ada folgt, anderwärts ando und anto, ando und ado.

Die Verdeutschung von 2, 20. ist mit einigen Abänderungen den mythologischen Briefen von J. H. Voß entnommen. So mag sich vielleicht auch ein paarmal zwischen meinen Vorgängern und mir eine Uebereinstimmung in den Reimen nachweisen lassen, obwohl ich von diesen überall mich unabhängig zu erhalten bemüht war. Und so sind auch in dem oben erwähnten, von Schlegel übersezten Bruchstück (6, 38—71) ein- oder zweimal Schlußverse von diesem beinahe ganz unverändert beibehalten. Dies Leztere ist ein Recht, wie Schlegel selbst irgendwo bemerkt, das dem poetischen Uebersezer zustehen muß: widrigenfalls, wenn er seinen Vorgängern immer aus dem Wege gehen müßte, würden sie ihm vielmehr hinderlich als nüzlich sein; und doch ist solch eine Nachbildung eine Sache, die oft nur durch allmählige Annäherung vervollkommnet werden kann.

Möge ein gehörig ausgerüsteter Beurtheiler, besonders ein solcher, der durch eigene Studien gleicher Art die Schwierigkeit derselben erprobt hat, dieser mit Liebe gepflegten Arbeit seine Aufmerksamkeit zuwenden!

Ellwangen im August 1833.

Dr. J. J. C. Donner,
Professor.

Nachschrift.

Die voranstehende Einleitung hatte eine Reklamation des seligen Gries zur Folge, die von meiner Seite eine Zurückweisung hervorrief, welche zuerst im Intelligenzblatt des Morgenblattes (Decemberheft 1835. Nr. 46), dann als Anhang zu der ersten Ausgabe meiner Uebersezung des Sophokles (J. 1839) abgedruckt ward, und auf welche ich den geneigten Leser verweise.

Stuttgart im März 1869.

J. J. C. Donner.

Die Lusiaden.

Erster Gesang.

1.

Die Waffen und die stolzen Heldenschaaren,
Die von der Lusitanen Abendland
Durch Meere wallten, nie zuvor befahren,
Bis hinter Taprobana's grauen Strand,
Die, groß in Mühsal und in Kampfgefahren,
Vollbracht, was niemals Menschenkraft bestand,
Ein neues Reich zu bau'n in ferner Zone,
Das sie erhoben zu der Länder Krone:

2.

Zugleich der Fürsten ruhmgekrönte Thaten,
Die Reich und Glauben mehrend weit und breit,
Der Africaner und der Asiaten
Verhaßte Gau'n dem Untergang geweiht:
Auch die, so erntend tapfrer Werke Saaten,
Sich vom Gesetz des Todes kühn befreit,
Soll mein Gesang vor allem Volk verkünden,
Wenn sich Natur und Kunst in mir verbünden.

3.

Verstumme denn, was weiser Griechen Ahnen,
Was Troja's Söhn' auf weiter See vermocht;
Von Alexandern schweige, von Trajanen,
Der Ruf der Siege, die ihr Arm erfocht:
Dich sing' ich, Muth glorreicher Lusitanen,
Der weithin Meer' und Länder unterjocht:
Verstumme, was die Muse grauer Zeiten
Besingt, vor andern, größern Herrlichkeiten!

4.

Und ihr, des Tago Nymphen! — denn entzündet
Habt ihr in mir des Geistes neue Glut —
Wenn stets in niederm Laute froh verkündet
Von meinem Lied ward eures Stromes Flut:
Leiht Worte nun, voll hallend, schön gerundet,
Ja, leiht zu hohem Klange mir den Muth,
Daß nach Apollons Ausspruch eure Welle
Nicht mehr beneide Hippokrene's Quelle.

5.

Leiht mir Begeisterung, die mächtig schalle,
Nicht wie von schwacher Flöt' und wildem Rohr,
Nein, von der Tuba stolzem Kriegeshalle,
Der Wangen röthet, Geister hebt empor:
Leiht mir Gesänge, werth der Thaten alle
Von eurem Volk, das Mars dem Ruhm erkor,
Daß durch das Weltall rings ihr Preis ertöne,
Wenn ich so hohen Werth im Liede kröne.

6.

Und du, in guten Stunden uns geboren,
Zum Hort der alten Freiheit uns geweiht,
Von Gott zum sichern Hoffnungsstern erkoren,
Daß wachse stets die kleine Christenheit:
Du neue Schreckniß für den Speer der Mohren,
Verhängnißvolles Wunder unsrer Zeit,
Von Gott, der Alles lenkt, der Welt geliehen,
Um alle Welt nur Gotte zu erziehen!

7.

Du zarter Sproß, am Baume neu entfaltet,
Dem Christus sich vor Allen zugewandt,
Die je als Allerchristlichste gewaltet,
Und die man Cäsarn nennt im Abendland!
In deinem Wappen sich, wie Er gestaltet
Den Sieg dir zeigt, vom Ruhme längst gekannt,
Für welchen du die Zeichen überkommen,
Die Er für sich am Kreuzesstamm genommen.

8.

Du starker König, dessen hohe Lande
Die Sonn' erblickt, sobald der Osten graut,
Und, wann sie niedersteigt am Himmelsrande,
Und, wann das Mittel unsrer Welt sie schaut:
Der Ismaëls Gezüchte Schmach und Bande
Bereiten wird, wie unser Herz vertraut,
Zu dessen Füßen Türk' und Heide sinken,
Die noch die Flut des heil'gen Stromes trinken:

9.

O senk' auf kurze Zeit der Hohen Strahlen,
Die wir im zarten Angesicht erspäh'n,
In dem sich schon die reifern Jahre mahlen,
Wo du wirst ein zum ew'gen Tempel geh'n.
Laß Huld dein königliches Auge strahlen
Zur Erd': ein neues Beispiel wirst du seh'n
Von Liebe zu der Väter Heldenruhme,
Gepflegt in vieler Lieder Heiligthume.

10.

Das Vaterland, nicht Sold, stimmt meine Saiten:
Ein hoher, ewiger Gewinn ist mein:
Es ist kein niedrer Lohn, von fernen Zeiten
Als Herold meines Volks erkannt zu sein.
So höre mich! Aus deines Landes Weiten
Werd' ich der Helden Kunde dir verleih'n:
Da wirst du froh, was höher ist, gewahren,
Ob Herr zu sein der Welt, ob solcher Schaaren.

11.

So höre! Nicht mit leerem Thatgepränge,
Mit schnöder Fabeln, eitler Sagen Lug,
Lob' ich dein Volk, wie fremder Musen Klänge
Ruhmsüchtig heben den gewagten Flug.
Der Deinen Werke blüh'n in solcher Menge,
Daß sie, die wahren, über Träum' und Trug,
Ob Roger, Roland, Rodamont sich heben,
Wollt' auch die Wahrheit diesen Zeugniß geben.

12.

Statt ihrer soll mein Lied von Nuno tönen,
Der hohen Dienst erwiesen Herrn und Land,
Von Egas, von Dom Fuas, die zu krönen,
O wär' Homerus' Laute mir zur Hand!
Magrizo mit elf andern Lususjöhnen
Sing' ich für jene Zwölf aus Frankenland;
Auch vom erlauchten Gama werd' ich melden,
Der sich errang den Ruhm des Trojerhelden.

13.

Suchst Helden du, wie König Karl, der Franze,
Suchst Andre noch, an Ruhme Cäsarn gleich,
Alfons den Ersten sieh, vor dessen Lanze
Ein jeder fremde Waffenglanz wird bleich;
Sieh Ihn, der prangend in des Sieges Kranze,
Bestand und Ruh verschaffte seinem Reich;
Johann der Andre naht, ein kühner Ritter,
Und der Alfonse vierter, fünfter, dritter.

14.

Auch nicht vergesse mein Gesang die Recken,
Die sich, von Mavors' wildem Lärm umtönt,
Verherrlicht in Aurora's fernen Strecken,
Und dein Panier mit stetem Sieg bekrönt,
Pacheco nicht, Almeida's, euch, das Schrecken
Des Feind's, um welche weinend Tago stöhnt,
Dich Albuquerque, noch den tapfern Krieger
Castro, noch Andre mehr, des Todes Sieger.

15.

Indeß ich diese sing' und dich zu preisen
Nicht tüchtig bin — so Großes wag' ich nicht —
Nimm deines Reiches Zügel du, für Weisen,
Noch nie gehört, Stoff bietend im Gedicht!
Schon fühlen (und in ihren fernsten Kreisen
Erstaunt die Welt) das mächtige Gewicht
Von hohen Thaten muthentflammter Heere
Die Länder Africa's und Ostens Meere.

16.

Vor dir erfaßt die Mohren kaltes Grauen,
Die ihren Tod in dir gedeutet seh'n:
Die wilden Heiden, wenn sie dich nur schauen,
Seh'n schon den Nacken in des Joches Weh'n:
Für dich hat Thetis aller himmelblauen
Gewässer Reich zur Morgengab' erseh'n;
Denn hoch entzückt von deiner Schönheit Prangen,
Brennt sie dich einst als Eidam zu umfangen.

17.

In dir erblickt sich von Olympus' Schwelle
Der Ahnengeister hier gepriesnes Paar,
Der Eine, groß in goldner Friedenshelle,
Der auf den Bahnen blutiger Gefahr:
Sie hoffen, schön in dir erneuert stelle
Sich das Gedächtniß ihrer Thaten dar,
Und halten dir, sinkt deines Lebens Sonne,
Die Statt bereit im Tempel ew'ger Wonne.

Erster Gesang.

18.

Doch während langsam jene Tage kommen
Dem Volke, das dein Zepter sich ersehnt,
Gieb Gnade mir, der Neues unternommen,
Daß mein Gesang sich als dein eigen wähnt!
Schon siehst du dort das Silberreich durchschwommen
Vom Argonautenvolk, das, dein, sich sehnt,
Von dir geseh'n zu sein im Meeresgrimme:
So lerne jetzt schon ihres Flehens Stimme!

19.

Sie schifften schon auf weitem Meergefilde,
Durch unruhvolle Wogen ging die Bahn:
Wohl athmeten die Winde leis' und milde,
Und schwellten sind die hohlen Segel an.
Das Meer erscheint ein weißes Schaumgebilde,
Wo heiliger Gewässer grünen Plan,
Auf dem des Proteus Wunderheerde weidet,
Der Flotte Zug in stolzem Lauf durchschneidet;

20.

Als auf Olympus' glanzgewölbte Hallen,
Wo das Geschick der Menschen lenkt ihr Wort,
Die Götter glorreich zur Berathung wallen,
Was sich im Ost ereignen soll hinfort.
Die Pfade, die sie treten, sind crystallen;
Ihr Zug bewegt sich durch die Milchbahn fort;
Auf Zeus' Gebot zu seines Thrones Stufen
Hat Atlas' holder Enkel sie gerufen.

21.

Das Zepter, das sie höh'rer Macht verdanken
Der sieben Himmel ruhte still gesenkt:
Der hohen Macht, die bloß mit dem Gedanken
Luft, Erd' und wildempörte Meere lenkt.
Vereint im Nu steh'n hier in gleichen Schranken
Die Götter, die, wo Phöbus sich versenkt,
Und in des Nordes eisumstarrten Zonen,
Und die im Aufgang und im Süden thronen.

22.

Dort saß der Vater, groß und hehr vor allen,
Der wilde Donner von Vulcanus zückt,
Auf einem Stuhl von Sternen und Crystallen,
Mit hohem, strengem Herrscherernst geschmückt:
Vom Antlitz weht der Düft' ambrosisch Wallen,
Das Menschenkörper nieder'm Staub entrückt:
Sein Herrscherstab und seine Krone funkelt,
Daß auch des Demants hellster Glanz erdunkelt.

23.

Auf blanken Stühlen, die verzieret waren
Mit Gold und Perlen, sah man tiefer dann,
Wie Ordnung oder Brauch den Rang bewahren,
Die andern Götter all sich reih'n: voran
Geh'n hier der ältern mehr geehrte Schaaren,
Dort unten schließen sich die jüngern an:
Da so der Donnergott vom hohen Throne
Ernstvoll begann mit furchtbar hehrem Tone:

24.

Ihr ewigen Bewohner dieser Zinne
Des Pols, umglänzt von lichter Sterne Chor!
Wenn nicht der hohe Muth aus eurem Sinne
Von Lusus' tapfrem Stamme sich verlor:
So wurdet ihr wohl auch mit Klarheit inne,
Wie ihn des Schicksals ernster Schluß erkor,
Daß einst Assyrer, Perser, Römer, Griechen
Vor ihm in tiefes Dunkel sich verkriechen.

25.

Ihm wurde schon — ihr saht es wohl! — verliehen,
Auf einzle, schwache Heereskraft beschränkt,
Dem keck bewehrten Mohren zu entziehen
Das ganze Land, das Tago's Welle tränkt:
Schuz ward vom heitern Himmel ihm geliehen,
Wann Spaniens Heer furchtbar sich hergelenkt,
So daß er stets am Ende langen Krieges
Mit Ruhm gewann den Ehrenschmuck des Sieges.

26.

Ich schweige, Götter, von den alten Siegen
Die er am Volk des Romulus errang,
Als durch Viriathus in den Römerkriegen
Er sich empor zu solchem Ruhme schwang:
Auch jene Zeit lass' ich zur Seite liegen,
Die seinem Namen gab so schönen Klang,
Als er zum Führer sich den Fremdling wählte,
Der schlau das Reh mit Götterhauch beseelte.

27.

Nun seht ihr Kühn'res ihn sich unterfangen,
Sich falscher Flut auf leichtem Kahn vertrau'n,
Auf ungekannten Pfaden, ohne Bangen
Vor Africus und Notus' wildem Grau'n:
Und da der Erdstrich schon ihn hält umfangen,
Wo kurze jetzt, bald lange Nächte thau'n,
So brennt er nun das Große zu vollbringen,
Zur Wiege, der die Sonn' entsteigt, zu dringen.

28.

Verheißen ward vom ewigen Verhängniß,
Das keine Macht fortan zu brechen droht:
Dem Meere, Zeugen von des Tags Empfängniß,
Soll lange Zeit obherrschen sein Gebot.
Zur See bestand er rauhen Sturms Bedrängniß,
Grausam geschaltet hat mit ihm die Noth:
Wohl scheint es Zeit, daß ihm nach langer Reise
Das heißersehnte neue Land sich weise.

29.

Und weil er, wie ihr saht, so viel Gefahren
Bestanden schon auf rauher Meeresfahrt,
Empörter Winde grause Wuth erfahren,
So vieler Zonen, wilder Himmel Art:
So soll er nun, wie unter Freundesschaaren,
Am Mohrenufer landen wohlbewahrt,
Auf daß die müde Flotte sich erquicke,
Bevor sie zu der weiten Fahrt sich schicke.

30.

So suchte Zeus die Götter zu bewegen,
Die, nach der Reih' an ihn das Wort gewandt,
Vielfach gesondert, andre Meinung hegen,
Im Widerstreit manchfalt'ger Günd' entbrannt.
Auch Vater Bacchus stimmte dem entgegen,
Was Zeus geredet, weil er wohl erkannt,
Daß, wenn den Osten Lusus' Volk erreiche,
Der eignen Thaten Schimmer dort erbleiche.

31.

Er hatte von des Schicksals Schluß vernommen,
Hispanenvolk, mit Thatenruhm bekränzt,
Werd' einst durch hohe Flut zum Indus kommen,
Die Lande zwingend, die das Meer begränzt;
Vom neuen Sieger werd' ihm dann entnommen
Sein Ruf, und jeder Ruf, wie alt er glänzt;
Tief schmerzt es ihn, der Ehre zu entsagen,
Von welcher heut noch Nisa's Thore sagen.

32.

Er denkt, wie einst er Indus' Strom bezwungen,
Und wie Glück oder Zufall es gelenkt,
Daß er als India's Sieger wird besungen
Von Allen, die Parnassus' Woge tränkt:
Nun sieht er bang, wie, von der Nacht umschlungen,
Sein so gepriesner Name sich versenkt
In Lethe's Wasser, in die schwarzen Reiche,
Wenn Lusus' tapfres Volk sein Ziel erreiche.

33.

Doch wider ihn stand in der Schönheit Kranze,
Von Liebe für des Lusus Stamm entbrannt,
Cythere, die in jeder Tugend Glanze
In ihm ihr altes Römervolk erkannt,
Ob jenes Muthes, den mit Schwert und Lanze
Er schön erprobt im Tingitanerland,
Und ob der Sprache, die troz neuen Tönen
Die Sprache scheint von Roma's großen Söhnen.

34.

Bestimmt von diesen Gründen ward Cythere,
Noch mehr, da sie von Clotho selbst erfuhr,
Hoch werde schimmern ihre Götterehre,
Wo sich gezeigt des tapfern Volkes Spur.
Wie Bacchus nun, daß er die Schande wehre,
Und Venus ringt für Ruhm und Ehre nur,
So kämpfen sie und weichen nicht in Streite,
Und Beide steh'n den Ihrigen zur Seite.

35.

So wie Nord oder Süd mit Sturmgeschmetter,
Im schauervollen Haine, dicht umlaubt,
Indeß mit Donnerhallen braust das Wetter,
Den Bäumen Wurzel oder Krone raubt;
Dumpf hallt das Waldgebirg' umher, die Blätter
Zerstieben, hochauf glüht des Berges Haupt:
So brauste rings und toste das Gewimmel
Der Götter durch das Heiligthum der Himmel.

36.

Doch Mars, der unter Allen treu zu dienen
Der Herrscherin, ihr treu zur Seite wacht,
Ob, weil die Tapfern würdig ihm erschienen,
Ob, weil er alter Liebe noch gedacht,
Erhebt sich jezo mitten unter ihnen,
Indeß ihm Wuth aus allen Zügen lacht:
Den Schild, der ihm vom Nacken hing zur Erde,
Wirft er zurück mit zorniger Geberde.

37.

An seinem Helm, umstrahlt von Diamante,
Schlägt er ein wenig das Visir empor;
In voller Wehr, was auf der Seel' ihm brannte,
Vor Zeus zu sagen, tritt er keck hervor;
Der Schlag, den er zum lichten Thron entsandte
Mit langem Speere, dröhnt in Aller Ohr;
Der Himmel zittert, und in schnellem Bangen
Erblassend, flieht der Glanz Apollo's Wangen.

38.

Dann spricht er: Herr und Vater, dessen Throne
Sich die Erschaff'nen all' in Demuth nah'n,
Wenn jenen, die, gewandt zu andrer Zone,
Ob ihres Muthes deine Huld empfah'n,
Nicht Hohn und Schande werden soll zum Lohne,
Da längst es anders deine Schlüss' ersah'n:
Neig', o Gerechter, nicht dein Ohr zu Gründen,
Die ein verdächtig Streben klar verkünden.

39.

Denn wenn, was hier Vernunft so laut gerathen,
Sich nicht vor ungemeſſ'ner Furcht verſchloß:
Wohl würde Bacchus gern dies Volk berathen,
Das ja von Luſus, ſeinem Freund, entſproß.
So mög' er ſeines Strebens jetzt entrathen,
Das doch zuletzt nur übler Laun' entfloß:
Nie wankt ein Glück, wie fremde Neider grollen,
Das Männermuth erſtrebt und Götter wollen.

40.

Und du, o Vater, mächtig im Vollbringen!
Von einem Vorſatz, den du lang gehegt,
Laß nicht, da ſchwache Geiſter nur von Dingen
Ablaſſen, die ſie ſelber angeregt.
Mercur, der ſchneller, als des Pfeiles Schwingen
Und Windeswehn, der Glieder Bau bewegt,
Geleite ſie zum Land, das ſichre Mähre
Von India bring' und Gaſtlichkeit gewähre!

41.

Als er vollendet, neigt mit Wohlgefallen
Der Donnergott ſein Haupt und winkt dem Wort
Des Mavors Billigung, und zwiſchen allen
Verſtrömt er Nektar auf des Himmels Bord.
Hin durch der Milchbahn leuchtende Cryſtallen
Zog Jeder aus dem Götterrathe fort,
Nachdem er Gruß entboten und empfangen,
Um heim zum eignen Hauſe zu gelangen.

42.

Indeß sich dies im schönen Aetherlande
Begab, in allmachtvoller Himmel Hut,
Durchschnitt das kriegerische Volk am Rande
Von Süd und Osten schon die Meeresflut.
Links ragten ihm der Aethiopen Strande,
Rechts San Lorenzo's Insel; Phöbus' Glut
Brannt' auf die Götter, die vor Typhons Drohen
Zum Meeresgrund in Fischgestalt entflohen.

43.

Die Winde trugen sie durch Meeresauen,
Als gäben Sterne freundlich das Geleit:
Die Luft ist heiter, keine Wolken grauen
Am Himmel, nirgends droht Gefährlichkeit.
Sie fuhren schon an Aethiopia's Gauen
Um Prasso's Kap, ruchbar in grauer Zeit,
Als neue Gruppen sich dem Aug' enthüllten
Von Inseln, die des Meeres Umkreis füllten.

44.

Vasco von Gama, der beherzte Streiter,
Der seinen Arm so großem Werk gelieh'n —
Stets war das Glück sein freundlicher Geleiter,
Ihm war ein stolzer, hoher Muth verlieh'n —
Nichts fesselt' ihn an diese Strande weiter,
Weil unbewohnt ihm rings das Land erschien;
Drum dacht' er ohne Säumen vorzudringen;
Doch wie er's dachte, mocht' es nicht gelingen.

45.

Denn jach erschien ein Schwarm von kleinen Kähnen,
Der von des Eilands Küste zog daher,
Das sie dem Land zunächst gelegen wähnen,
Mit vollen Segeln auf dem weiten Meer.
Die Schaar, in Aufruhr, weiß vor frohem Sehnen,
Ob hier kein Wahn sie täusche, nimmermehr;
Wer die beherrsche? fragen sie zusammen:
Was ihr Gesez, von welchem Volk sie stammen?

46.

Schlicht war die Bauart, so die Barken hatten,
Schmal, länglich waren sie, schnell und gewandt;
Die Segel sind aus schlanker Palme Matten
Kunstreich gewoben von geschickter Hand;
Die Männer bräunt der dunkeln Farbe Schatten,
Die Phaëthon, im großen Länderbrand,
Der Erde gab, von tollem Muth entzündet,
Den Padus fühlt und Lampethusa kündet.

47.

Baumwoll'ne Zeuge sind es, die sie tragen,
Von Farben bunt, mit Streifen, weiß und breit;
Der Eine liebt es kunstvoll umgeschlagen,
Der Andre schlingt es um sich schlicht und weit.
Am Gurte Dolch' und kurze Messer ragen,
Vom Haupt zur Hüfte geh'n sie ohne Kleid;
Ein Turban deckt ihr Haupt; in ihren Reihen
Erscholl der Klang helltönender Schalmeien.

48.

Sie deuten mit den Tüchern, mit den Händen
Den Lusitanen, noch zu warten, an;
Doch diese lassen schon die Kiele wenden,
Um sich vereint den Inseln dort zu nah'n.
Als wolle nun die lange Mühsal enden,
Drängt sich Soldat und Seemann frisch heran:
Das Segel sinkt, die stolzen Rahe fallen,
Der Anker schlägt das Meer, die Wogen wallen.

49.

Noch ruh'n die Anker nicht, als an den Tauen
Die fremde Horde schon empor sich rafft;
Sie nah'n mit heitrer Miene; voll Vertrauen
Willkommen heißt sie Gama's hohe Kraft.
Flugs muß ein Kreis von Tischen sich erbauen;
Die Glaspokal' erfüllt der Rebe Saft,
Den Bacchus pflanzend bot zu süßer Labe,
Und nicht verschmäh'n die Schwarzen seine Gabe.

50.

Sie fragten, während sie am Mahl sich lezten,
Arabisch: wer? woher? von welchem Land
Sie ausgezogen, welch ein Ziel sich sezten,
Durch welches Meer gelangt an diesen Strand?
Die tapfern Lusitanen drauf versezten,
Wie sie für klug und schicklich es erkannt:
Die Portugiesen aus dem Abendlande
Sind wir und suchen jezt des Ostes Strande.

51.

Durch alles Meer sind wir umhergetrieben,
Wo sich Callisto's Stern am Nordpol weist;
Viel Länder schon sind hinter uns geblieben,
Seit wir die Küsten Africa's umkreist.
Uns ward ein großer König, den wir lieben,
Dem Alle huld'gen, den ein Jeder preist,
Daß wir für ihn nicht bloß dem Meer vertrauten,
Nein, freudig in der Hölle Pfuhl uns bauten.

52.

Auf sein Gebot erspäh'n wir die Gestade
Im Osten, die des Indus Wog' umspült;
Für ihn durchschiffen wir die fernen Pfade,
Worin nur grauses Ungeheuer wühlt.
Doch billig scheint, daß nun auch ihr gerade
Bekennt, wofern ihr Sinn für Wahrheit fühlt:
Wer ihr seid, welches Land ihr eingenommen,
Ob ihr von India sichre Spur vernommen?

53.

Wir sind — entgegnet Einer von den Mohren —
Nach Sitt' und Ursprung fremd, hier eingekehrt;
Denn die in dieser Insel eingeboren,
Sind roh, gesezlos, von Natur verkehrt.
Wir haben auf der Wahrheit Wort geschworen,
Das Abrahams erlauchter Sproß gelehrt,
Den aus der Jüdin Schooß ein Heid' erzeuget,
Und dem sich jezt das ganze Weltall beuget.

54.

Das Eiland hier, das kleine, das uns nähret,
Beut sichre Richtung in dem ganzen Land
Für Jeden, ob er von Quiloa fähret,
Ob von Sofala's und Mombaza's Strand.
Und weil es so, was noth ist, uns gewähret,
Bewohnen wir's als eignes Inselland;
Und nun, damit ihr Alles ganz erkennet,
So wisset, daß man Mozambique es nennet.

55.

Und weil ihr lang schon mit des Kieles Gleise
Zum Indus strebtet und den heißen Gau'n:
Nehmt hier den Führer, der in kluger Weise
Euch fort geleite durch des Meeres Au'n.
Auch wär' es gut, daß für die lange Reise
Euch Rast und Labung würd' und, euch zu schau'n,
Sich dieses Landes Fürst hieher verfügte,
Und spendete, was eurer Noth genügte.

56.

So spricht der Mohr und wendet seine Schritte
Mit den Genossen zu den Booten hin,
Der Achtung Zeichen spendend nach der Sitte,
Die gegen dieses Volk ihm würdig schien.
Indeß ließ Phöbus in des Meeres Mitte
Den hellen Tag auf goldnem Wagen zieh'n,
Die Schwester sendend, daß sie Licht ergötze
Rings auf die Welt, indeß er Ruh genöße.

57.

Die Nacht entflieht der müden Schiffer Bande,
Von ungeahnter, seltner Lust beschwingt,
Da sie nun endlich von dem fernen Lande,
Dem längst ersehnten, sichre Kund' erringt.
Wohl Mancher staunt in sinnendem Verstande
Dem fremden Geiste, der dies Volk durchdringt,
Und daß sie, von des Irrwahns Trug misleitet,
Sich doch so weit durch alle Welt verbreitet.

58.

Klar auf Neptunus' silberhellen Wogen
Mahlt sich in vollem Strahlenglanz der Mond;
Ein Feld, mit goldnen Blüten überzogen,
Der Himmel, wo das Heer der Sterne thront;
Die Schaar der Stürme schlummert, heimgezogen
In düstre Grotten, wo sie ferne wohnt;
So still es war, das Volk der Flotte wachte,
Wie's lange schon die Sitte mit sich brachte.

59.

Doch als Aurora mit des Lichtes Glänzen
Die schönen Locken durch den Himmel goß,
Und Phöbus' Rossen, der des Meeres Gränzen
Entstiegen war, die Strahlenpfort' erschloß,
Beginnt die ganze Flotte sich zu kränzen
Mit Wimpeln, schmuck bereitet sich der Troß,
Um freudevoll mit feierlichem Prangen
Den Herrscher von den Inseln zu empfangen.

60.

Er naht mit Gaben von des Landes Blüte,
Der Lusitanen Flotte zu beschau'n,
Mit heitrer Miene, sinnend im Gemüthe,
Wer jene sei, die fremde Schaar voll Grau'n,
Die (also wähnt' er) scythischem Geblüte
Entsprossen, zu gewinnen Asia's Gau'n,
Daherkam, und, wie das Geschick verhängte,
Den Constantin von seinem Reich verdrängte.

61.

Der Admiral nimmt mit der Freude Zeichen
Den Mohrenkönig auf und sein Geleit;
Er läßt ihm werther Gaben Fülle reichen,
Die nur zu solchem Zweck er hält bereit;
Er beut ihm süße Früchte, beut ingleichen
Vom fremden Glutwein, der zur Freude weiht;
Der Mohr empfängt es all' in froher Weise,
Und froher noch verschlingt er Trank und Speise.

62.

Des Lusus meergewohnte Krieger waren
Zum Mast geklettert und erstaunt, die Art
Zu seh'n, die seltnen Bräuche der Barbaren,
Mit fremden Lauten wundersam gepaart;
Der Mohr auch war verwirrt, als er die Schaaren
Der Tapfern, ihre Farb' und Tracht gewahrt,
Und Alles forscht' er aus und möcht' erkunden,
Ob sie vom Türkenland sich eingefunden.

63.

Noch mehr: die Bücher wünscht er auch zu kennen,
Die Zeugen sei'n von ihres Glaubens Haupt,
Ob sie zu Mahom's Lehre sich bekennen,
Ob sie den Christ anbeten, wie er glaubt.
Dann bittet er, um Alles zu erkennen,
Den Heeresfürsten, daß ihm werd' erlaubt,
Die tapfern Waffen zu beschau'n, die ihnen
Als Wehr im Kampfe mit den Feinden dienen.

64.

Durch Einen, der die dunkle Sprach' ergründet,
Wird dies als Gama's Antwort ihm gebracht:
Von uns, o Herr, sei Alles dir verkündet,
Von dem Gesez, von unsrer Waffen Tracht.
Nicht durch Geblüt noch Land sind wir verbündet
Den Türkenhorden, wild und ungeschlacht;
Wir kommen aus Europa's Heldenlande,
Und suchen India's gepries'ne Strande.

65.

Von Ihm stammt mein Gesez, an dessen Throne
Gehorsam weiht Mensch, Engel und Natur,
Der machtvoll schuf der Himmel ganze Zone,
Und was nicht fühlt, was fühlt des Gottes Spur,
Der, sündelos, von Schmach gebeugt und Hohne,
Schmerzvollen, ungerechten Tod erfuhr,
Und der vom Himmel niederstieg zur Erde,
Daß uns von hier ein Pfad zum Himmel werde.

66.

Das Buch, worin der Gottmensch seine Lehren
Uns nachgelassen, findet sich nicht hier;
Ich kann's ja wohl in todter Schrift entbehren,
Es lebt im tiefsten Herzensgrunde mir.
Doch kann ich dein Verlangen, unsre Wehren
Zu schau'n, erfüllen; gerne zeigt sie dir
Der Freund, dem Freund, und dafür darf ich stehen,
Du wirst als Feind sie niemals wollen sehen.

67.

Dies sagend, heißt er muntre Diener bringen
Die mannigfachen Waffen ohne Rast:
Brustharnische, geziert mit feinen Ringen,
Gediegen, blank, der Panzer schwere Last,
Auch Schilde, schmuck von Bildnerei'n, und Klingen,
Auch Bogen, Köcher nah'n in bunter Hast,
Und Kugeln und von reinem Stahl Gewehre,
Und spize Partisan' und scharfe Speere.

68.

Und Bomben, die Tod und Verderben glühen,
Und Kessel werden flugs herbeigebracht;
Doch daß die Donnerschlünde Feuer sprühen,
Durch Diener des Vulcanus angefacht,
Verbeut er; nicht will sich der Starke mühen,
Vor Wenigen und Schwachen seine Macht
Zu zeigen: kleine Seelen nur mag's lüsten,
Sich unter Lämmern als ein Leu zu brüsten.

69.

Durch Alles aber, was des schlauen Mohren
Geschärftem Blicke sich entgegendrängt,
Hat sich ein tiefer Groll in ihm geboren,
Daß arge Tücke sein Gemüth umfängt.
Doch birgt er sich des Helden Blick und Ohren,
Die Mien' in falsche Freundlichkeit gezwängt,
Will ködern ihn mit artiger Bezeigung,
Bis er enthülle seines Herzens Neigung.

70.

Der Admiral erbittet für die Reise
Nach India sich Piloten zum Geleit,
Und Jedem sezt er nicht gemeine Preise,
Der etwa solchem Dienste sich geweiht.
Der Mohr verspricht es in verstellter Weise
Des innern Hasses, voll von bitterm Neid,
Daß, wenn er's nur vermöchte, statt Piloten
Am selben Tag er ihm den Tod geboten.

71.

So tiefer Haß, so plözlich und voll Grauen,
Hat wider diese Fremdling' ihn durchmannt,
Seitdem er weiß, daß sie dem Wort vertrauen,
So Davids Sohn zu lehren ward gesandt.
Geheimnißreiches Wesen, das zu schauen
Kein Auge je vermocht, kein Rath erkannt!
Daß nie treulosem Feinde doch entgehen,
Die so bewährt in deiner Gnade stehen!

72.

Von Lusus' Flott' entfernte sich indessen
Der falsche Mohr, dem sich sein Volk gesellt,
Mit Höflichkeiten, trüglich abgemessen,
Mit Mienen, freundlich Allen und verstellt.
Und schnell der Meerflut kurze Bahn durchmessen
Die Barken, und wo sie sich eingestellt
Am Land, empfing demüthig Volk den Mohren,
Der sich begab zu seines Hauses Thoren.

73.

Vom Aether sah der große Gott von Thebe,
Der aus der Hüfte Jupiters entsprang,
Wie Tück' und Haß der Mohren widerstrebe
Des Lusitanenvolkes kühnem Drang:
Da sinnt er auf ein falsches Listgewebe,
Das ihm bereite Tod und Untergang;
Und dies nur hegend in des Herzens Horte,
Ergoß er sein Gemüth in diese Worte:

74.

Wohl hat das ewige Geschick verheißen,
Es werde Lusus' Volk im Siegerglanz
Des Indus Völkern ihren Preis entreißen,
Den sie gewonnen bei der Schwerter Tanz;
Doch ich, der Sohn des höchsten Zeus geheißen,
Geschmückt mit jeder Tugend edlem Kranz,
Ich soll es dulden, daß ein Andrer funkle
Im Glanz des Glückes und mein Nam' erdunkle?

75.

Einst hat der Götter Huld Philippus' Sohne
In jenes Land mit großer Heeresmacht
Vergönnt zu dringen, bis die ganze Zone
Mars unter seiner Herrschaft Joch gebracht.
Doch kann ich's tragen, wenn mit solchem Lohne
Von Kraft und Kunst so Wen'ge sind bedacht,
Daß ich und er und Roma's Heldensamen
Nachstehen soll dem lusitan'schen Namen?

76.

Nicht also sei's; denn eh' er jene Strecke
Erreichen mag, der Feldherr, will ich kühn,
Daß er des Ostes Fluren nie entdecke,
Mit trügerischen Listen mich bemüh'n.
Zur Erde steig' ich flugs hinab und wecke
Der Mohren Wuth, die schon voll Unmuth glüh'n;
Denn immer wandelt auf geraden Stegen,
Wer die gelegne Zeit versteht zu wägen.

77.

So sprach er zornig und vor Wuth erbebend,
Und kam herab auf Africa gewallt,
Wo zum bekannten Prasso sich begebend,
Er sich verbarg in menschlicher Gestalt.
Dann hüllt er sich, den Trug noch schlauer webend,
In eines Mohren Bildung, den, schon alt,
Das Volk in Mozambique als Weisen ehrte,
Und den der Scheikh für seinen Freund erklärte.

78.

Zu diesem tritt er ein, wie Zeit und Stunde
Für seine Tücke sich gelegen fand,
Und meldet ihm mit lügenhaftem Munde,
Raubhorden sei'n es, die besucht sein Land;
Von Völkern an der Küste sei die Kunde
Weithin verbreitet, welche dies erkannt,
Beraubt von jenen Menschen, die mit Worten
Des Friedens nah'n und plündern aller Orten.

79.

Auch wisse, spricht er, diese Christenbande,
Nach Blute gierend, hat, wie ich gehört,
Fast auf dem ganzen Meer mit grausem Brande,
Mit wildem Raub die weite Bahn zerstört:
Längst wob sie wider uns des Truges Bande,
Und ist von Einem Wunsche nur bethört,
Uns auszurauben, Morde zu verbreiten,
Und Frau'n und Kindern Knechtschaft zu bereiten.

80.

Noch ward mir kund: der Feldherr hat beschlossen,
Zum Lande früh nach Wasser auszugeh'n,
Und ihn geleiten seine Heergenossen,
Da Furcht und Sorgen um die Bosheit steh'n:
So komm auch du, von deinem Trupp umschlossen,
Die Zeit im Hinterhalte zu erspäh'n;
Wenn dann sich jene keck und harmlos nahen,
Wird leicht und sicher sie dein Netz umfahen.

81.

Und sollten sie der Falle doch entronnen
Und nicht die ganze Rott' erschlagen sein,
So hab' ich noch ein Andres ausgesonnen,
Das dir genüg', ein Plänchen, klug und fein:
Ein Lothse werde dann von dir gewonnen,
Von schlauem Sinn, gewandt in Trügerei'n;
Der führe sie zu sichrem Untergange,
Daß Grau'n und Tod sie rettunglos umfange.

82.

Der Mohr hat diese Worte kaum vollendet,
Ein Greis, in solchen Dingen eingeweiht,
Als jener, froh des Raths, an ihn sich wendet,
Und an die Brust ihn drückt voll Dankbarkeit.
Flugs, ohne Säumen, hat er ausgesendet,
Die Rüstung anzuordnen für den Streit,
Wodurch das Wasser, das sie nehmen wollte,
Der Fremdlingsschaar in Blut sich wandeln sollte.

83.

Dann sucht er zu des andern Planes Leitung
Für ihre Fahrt den Lothsen, schlau von Rath,
Verschmizt, gewandt in jedes Trugs Bereitung,
Dem er vertrauen mag die große That.
Ihm trägt er auf der tapfern Schaar Begleitung,
Durch Meere soll er lenken ihren Pfad,
Daß, ob sie auch der Falle hier entgehe,
Sie dort versinke, wo sie nie erstehe.

84.

Und schon von Nabath's Hochgebirg' entgleitet
Des Sonnengottes erste Strahlenglut,
Als Gama, von den Seinigen geleitet,
An's Land zu geh'n beschließt in sichrer Hut.
Das Volk hat in den Booten sich bereitet,
Als wüßt' es schon, was im Verborgnen ruht;
Leicht nahm sie Argwohn ein mit schwarzer Ahnung;
Denn nimmer lügt des Geistes sichre Mahnung.

85.

Auch als er um den nöthigen Piloten
Schon früher ausgesendet an das Land,
Ward ihm Bescheid im Kriegeston geboten,
Was ihm die alte Zuversicht entwand.
Deßhalb, und weil Gefahren ihn bedrohten,
Vertraut' er sich des falschen Feindes Hand,
Ging er, so gut er konnte, vorbereitet,
Doch nur von dreier Barken Hut geleitet.

86.

Die Mohren aber, die am Meeresrande,
Vom Wasser ihn zu wehren, sich ergeh'n,
Die mit dem Wurfspeer und dem Schild im Bande,
Mit Bogen jen' und gift'gem Pfeil verseh'n,
Erwarten, daß der Kriegerhaufe lande;
Viel' Andre schon im Hinterhalte steh'n;
Und daß dies unbedeutend ihm erscheine,
Stellt nur ein Häuflein sich voran zum Scheine.

87.

Wohl schreitet auf dem weißen Sand am Meere
Voll Troz die Mohrenhorde, winkt und droht
Mit keck erhob'nem Schilde, mit dem Speere,
Und beut den Portugiesen Hohn und Tod.
Nicht lang ertrug's die Heldenschaar voll Ehre,
Daß ihr das Hundevolk die Zähne bot;
Sie stürzen sich an's Land mit solcher Schnelle,
Daß Niemand weiß, wer erst gelangt zur Stelle.

88.

Wie froh in blut'ger Bahn das Eisen zückend,
Erscheint die Dame, der er sich geweiht,
Der Ritter sucht den Stier, und nah' ihm rückend,
Springt, läuft und rennt, und pfeift und winkt und schreit;
Doch die gehörnte Stirne vorwärts bückend,
Läuft mit Gebrüll durch alle Räume weit
Das grimme Thier und schließt die Augenlider,
Stößt und verwundet, tödtet und wirft nieder.

89.

So hat die Glut der Boote sich erhoben,
Wo des Geschüzes grauser Donner schallt;
Die Kugel tödtet, fernhin schreckt ihr Toben,
Hohl zischt und bebt die Luft und widerhallt;
Der stolze Muth der Mohren ist zerstoben,
Der Schreck durchschauert ihre Glieder kalt;
Schon flüchtet furchtsam die verborg'ne Horde,
Die Andern fallen an des Meeres Borde.

90.

Die Lusitanen kennen kein Bedauern;
Den Sieg verfolgend, tobt und würgt ihr Schwert;
Die Stadt des Volkes, wehrlos, ohne Mauern,
Stürzt hin, von ihrer Bomben Brand verzehrt.
Des Zuges End' erfüllt den Scheikh mit Trauern,
Der ihn zu kaufen dacht' um mindern Werth;
Die Mutter mit dem Säugling in der Wiege,
Der Greis, der lebensmüde, flucht dem Kriege.

91.

Der Mohr, entfliehend, drückt, obwohl erblassend,
Noch sein Geschoß ab, wankend, ohne Rast;
Was ihm die Wuth beut, ohne Wahl erfassend,
Entsendet er den Stein, den Pfahl, den Ast;
Die Insel schon und Alles hinten lassend,
Flieht er zum Festland in betäubter Hast,
Und strebt, bis er des Meeres Arm durchschneidet,
Der, eng und schmal, es von der Insel scheidet.

92.

Der treibt die Wog' hindurch auf schwacher Diele,
Und schwimmend ringt ein Andrer durch den Sund;
Der taucht hinab in krause Wellenspiele:
Der trinkt die Flut, und strömt sie aus dem Mund;
Der schnöden Horden leichtgebaute Kiele
Zersprengt der Ball, entsandt dem Feuerschlund:
In solcher Art vergilt das Volk der Christen
Verrätherische Tück' und böse Listen.

93.

Zur Flotte sind die Sieger heimgekommen,
Von Beute schwer, des Krieges reichem Pfand,
Und Wasser wird nach Willkür eingenommen,
Kein Feind bereitet irgend Widerstand.
Das Volk der Mohren ist von Schmerz beklommen,
Mehr als zuvor im alten Haß entbrannt,
Und so viel Unheil ohne Rache schauend,
Verharrt es auf die zweite Tücke bauend.

94.

Voll Reue sendet, Friede zu erflehen,
Der König von des falschen Landes Bord,
Doch ohne daß die Christen sich versehen,
Er biete Krieg in sanftem Friedenswort.
Denn jenen Lothsen, den er ausersehen,
Den Tapfern zu bereiten Tod und Mord,
In dessen Brust Verrath und Tücke schleichen,
Den sandt' er ihnen wie zum Friedenszeichen.

95.

Der Admiral, der von Verlangen brannte,
Die Fahrt zu fördern auf gewohnter Bahn,
Zumal er günstig Zeit und Wind erkannte,
Des Indus heiß ersehntem Port zu nah'n,
Nahm den Piloten, den der Mohr ihm sandte,
Voll Herzlichkeit, mit heitern Mienen an,
Und als dem Boten er Bescheid geliehen,
Läßt er die Winde durch die Segel ziehen.

96.

So schied die tapfre Flott' in raschem Fluge
Sich öffnend Amphitrite's Wellenthor,
Geleitet von der Nereustöchter Zuge,
Dem treuen, heitern, holden Schwesterchor:
Der Admiral, der von dem argen Truge
Nichts ahnte, den ihm spann der falsche Mohr,
Befragt ihn oft um Indien und die Fluren,
Woran die Schiffe jetzt vorüberfuhren.

97.

Doch der, durch Bacchus' tückische Belehrung
Zuvor in alle Listen eingeweiht,
Hält Schmach und Tod und Knechtschaft als Bescherung,
Eh sie zum Indus kämen, ihm bereit:
Von India's Häfen gibt er ihm Erklärung,
Gibt über Alles, was er fragt, Bescheid;
Und jedes Wort für wahr und lauter achtend,
Hört ihn der Feldherr, alle Furcht verachtend.

98.

Auch sagt er, um mit Arglist ihn zu fangen,
So wie die Phryger Sinon hinterging,
Nicht ferne lieg' ein Eiland, das vor langen
Jahrreih'n im Schooß ein christlich Volk umfing.
Und Gama, dem nichts unbemerkt entgangen,
War hocherfreut, als er die Kund' empfing,
Und reichen Lohn verhieß er zum Geschenke,
Daß er die Fahrt nach jener Insel lenke.

99.

Dasselbe wälzt der falsche Mohr im Sinne,
Was nun der sichre Christ von ihm begehrt;
Denn böses Volk hat jenes Eiland inne,
Das den verhaßten Mahomed verehrt.
Dort hofft er, daß sie Trug und Tod umspinne,
Weil hoch vor Mozambique an Macht und Werth
Die Insel ragt, die man Quiloa nannte,
Und die der Ruf in allen Landen kannte.

100.

Dort lenken hin die frohen Lusitanen;
Doch Jene, der Cythera's Hymnen fleh'n,
Erschauend, daß, entirrt den sichern Bahnen,
Sie nichtgeahntem Tod entgegengeh'n,
Erträgt es nicht, daß auf so fernen Planen
Des Meeres die Geliebten untergeh'n,
Und hält durch Gegenwinde von den Stranden
Sie ferne, wo der Falsche denkt zu landen.

101.

Der arge Mohr, da weiter fortzuschalten
Den fluchbeladnen Plan, ihm nicht geglückt,
Will böslich einen andern Trug entfalten,
Im alten Vorsaz ewig unverrückt:
Er sagt ihm, daß, da stürmische Gewalten
Der Wasser ihn von jenem Ziel entrückt,
Ein andres Eiland in der Näh' erscheine,
Das Christ und Mohr bewohnen im Vereine.

102.

Auch diese Worte sind erlogne Mähren,
Und jener nährt die alte Tücke fort;
Denn jenes Volk hing nicht an Christi Lehren;
Den Mahom ehrten sie an diesem Ort.
Der Admiral heißt ihn die Segel kehren
Zur Insel, denn er traut des Mohren Wort;
Doch (so gebot's die schirmende Cythere)
Geh'n sie vor Anker außerhalb im Meere.

103.

Die Insel war so nah dem festen Lande,
Daß nur ein schmaler Meerstrich beide schied,
Und eine Stadt zog an des Ufers Rande
Sich hin, ein weites, herrliches Gebiet;
Prachtvolle Bauten ragten stolz am Strande,
Die aus der Ferne schon das Aug' errieth;
Ein alter Fürst war's, der dies Land regierte,
Das, wie die Stadt Mombaza's Namen zierte.

104.

Und als der Admiral an diese Gauen
Gelangt, entzückt, weil von Begier entbrannt,
Nun das getaufte Volk einmal zu schauen,
Das ihm der listenvolle Mohr genannt:
Da zieh'n vom Land her Kähne durch die Auen,
Vom Scheikh, der schon um jene weiß, gesandt:
Denn Bacchus hatt' ihm Kunde längst gegeben,
Mit eines andern Mohren Hüll' umgeben.

105.

Von Freunden schien, was diese Boten brachten,
Indeß geheimes Gift darunter gährt;
Denn auf verruchte Bosheit stand ihr Trachten,
Wie der enthüllte Trug am End' erklärt.
O Fahren, die der Menschen Blick umnachten!
O Lebenspfad, nie sicher noch bewährt!
Worauf die Armen voll Vertrau'n sich stüzen,
Das Leben beut so wenig feste Stüzen!

106.

Zur See so mancher Sturm, so manche Fährde,
Von allen Seiten bittre Todesnoth!
Zu Lande — Bosheit und des Kriegs Beschwerde,
Graunvolles Leid, das alle Pfad' umdroht!
Wo rettet sich der schwache Mensch aus Erde?
Wo sichert er des kurzen Lebens Boot,
Daß nicht erzürnt die Himmel sich bereiten,
Gewaffnet mit des Staubes Wurm zu streiten?

Zweiter Gesang.

1.

Schon hat der Lichtplanete, der die Stunden
Des Tages sondert in gemess'nen Reih'n,
Der langen Bahn ersehntes Ziel gefunden,
Und vor den Völkern birgt er seinen Schein;
Das Nachtgestirn hat sich dem Meer entwunden,
Und läßt ihn zur verborg'nen Kammer ein:
Da nahte sich die trugerfüllte Rotte,
Als eben Anker warf die tapfre Flotte.

2.

Und Einer, der mit mörderischem Truge
Gesendet war die Helden zu umfah'n,
Beginnt: o Feldherr, der in stolzem Fluge
Neptunus' Reich durchschnitt, die salz'ge Bahn!
Der Fürst der Insel, der von eurem Zuge
Vernommen, ist entzückt von deinem Nah'n,
So daß er nichts mehr wünscht als euch zu laben,
Und dich mit allem Nöthigen zu begaben.

3.

Und weil ihn treibt sehnsüchtiges Verlangen,
Dich weitgepries'nen, großen Mann zu seh'n,
So bittet er, du mögest ohne Bangen
Mit all den Deinen ein zum Hafen geh'n;
Auch soll das Volk, das müde von so langen
Irrsalen sei, am Lande sich ergeh'n,
Das ihm Erfrischung biet' in reicher Menge,
Wozu Bedürfniß der Natur es dränge.

4.

Und ob du kämst, dir Waaren auszuwählen,
Wie nur im gold'nen Oste sie gedeih'n,
Nicht werd' an Nelken, Zimmt, Gewürz es fehlen,
Noch an der Heilkraft edler Arzenei'n;
Auch ob du wünschtest leuchtende Juwelen,
Den starren Demant, des Rubins Gestein,
Du findest Alles hier im Ueberschwange,
Daß dich hinfort nach Mehrem nicht verlange.

5.

Der Admiral, der dankvoll diese Worte
Des Königs hört, zum Boten drauf versezt:
Noch darf ich nicht eingeh'n in eurem Porte,
Da schon die Sonn' im blauen Meer sich nezt;
Doch werd' ich, wann der helle Tag die Orte
Beleuchtet, wo die Meinen unverlezt
Zum Hafen können, solches Herrn Begehren
Furchtlos vollzieh'n und hoch mit Dank ihn ehren.

Zweiter Gesang.

6.

Er fragt hierauf, ob, wie man ihm berichtet,
Sich Christen fänden in dem Lande dort;
Der Bote, schlau, von Allem unterrichtet,
Sagt ihm, die Mehrzahl glaub' an Christi Wort.
So bannt der Schalk, indem er also dichtet,
Argwohn und Vorsicht aus der Seel' ihm fort;
Drum mocht' in harmlos ruhigem Vertrauen
Der Admiral wohl auf die Falschen bauen.

7.

Und aus den Rotten, die an Bord ihm waren,
Um böse That, der sie den Arm gelieh'n,
Verdammt, sich auszusezen bei Gefahren,
Woraus die Rettung zweifelhaft erschien,
Bestellt er Zween, in Listen wohl erfahren,
Daß sie zur Stadt der schlauen Mohren zieh'n,
Nach ihrer Macht und nach den Christen spähen,
Die ihn so sehnlich lüstete zu sehen.

8.

Durch diese schickt er Gaben, hoch an Werthe,
Daß ihm der Fürst hinfort auch mild und gut
Den Willen zeige, den er schon bewährte,
Ob ihm ein Andres auch im Busen ruht.
Nun scheidet von den Schiffen die verkehrte,
Treulose Schaar und steuert durch die Flut;
Die Zweie werden mit verstellten Mienen
Freudvoll begrüßt, da sie im Land erschienen.

9.

Und als sie nun, was sie dem König brachten
An Gaben, unterthänig ihm verehrt,
Und drauf die Stadt auch zu durchzieh'n gedachten,
Ward ihnen wenig nur zu schau'n gewährt,
Da schlau die Mohren all ihr Thun bewachten,
Daß sie nicht Alles säh'n, was sie begehrt:
Leicht wähnt, in wessen Brust die Tücke schaltet,
Daß Arglist auch im fremden Busen waltet.

10.

Doch Jener, dem auf ewig schönen Wangen
Erblüht die Jugend, der zwo Mütter zählt,
Der arge Listen webt, da nur Verlangen,
Die Segler auszutilgen, ihn beseelt,
War flugs nach einem Haus der Stadt gegangen,
Nachdem er Menschenhülle sich gewählt,
Und schuf, als wär' er Christ, hier eine Stäte
Sich zum Altar und knieet im Gebete.

11.

Gezaubert hatt' er drauf in hehrem Bilde
Des heil'gen Geistes himmlische Gestalt,
Die weiße Taube, die in sanfter Milde
Der reinen Jungfrau göttlich Haupt umwallt,
Die Zwölfe dann in schimmerndem Gefilde,
Gefesselt von des Staunens Allgewalt,
Wie, da sie einst in andern Zungen sprachen,
Als Feuerzungen aus dem Himmel brachen.

Zweiter Gesang.

12.

Die Zweie werden nach dem Haus geleitet,
Wo Bacchus dieses Gaukelspiel vollzieht;
Sie knie'n voll Andacht Herz und Hand gebreitet
Zu Gott, dem Ordner in der Welt Gebiet,
Indeß der Weihrauch edlen Duft verbreitet,
Den das Gefild Panchaia's erzieht;
Thyoneus facht' ihn an, und also flehte
Der falsche Gott zum wahren im Gebete.

13.

Sie werden dort mit Freundlichkeit empfangen
Und wohl bewirthet, als einbrach die Nacht,
Nicht ahnend, wie mit Tücke sie umfangen
Und frommem Blendwerk hielt des Gottes Macht.
Doch als die Sonne, wieder aufgegangen,
Rings auf die Welt ausgoß der Strahlen Pracht,
Und Titans Tochter sich vom Aether neigte,
Und ihre Stirn in Röthe flammend zeigte:

14.

Da wenden sich vom Strand zurück die Mohren,
Verkündend, landen möge doch die Schaar,
Mit Beiden, die zur Stadt zu geh'n erkoren
Der Admiral, dem hold der König war.
Und als ihm sichre Kunde kam zu Ohren,
Hier drohe nirgend feindliche Gefahr,
Auch daß im Lande Christen sich befänden,
Will er die Bahn zum salz'gen Strome wenden.

15.

Die Zwei berichten, daß sie, angekommen
Im Lande, Priester und Altär' entdeckt;
Sanft hätten sie nach gastlichem Willkommen
Geruht, als düstre Nacht den Tag bedeckt,
Auch nichts an Volk und König wahrgenommen,
Das wider ihre Treu Verdacht geweckt;
Man müsse sie für wahr und bieder halten,
Da solche Zeichen sich so klar entfalten.

16.

Die Mohren, die zum Bord gekommen waren,
Empfing der Admiral mit frohem Wort;
Denn wo sich solche Zeichen offenbaren,
Flieht Argwohn leicht aus unsrer Seele fort.
Das Schiff erfüllt sich mit den argen Schaaren,
Die ihre Barken hielten an dem Bord;
Wohl kamen all' in fröhlichem Verlangen,
Als hätten sie den schönen Raub gefangen.

17.

Sie hielten sorgsam Waffen, Wehr und Klingen
An Ufers Rand bereit und hatten Acht,
Um, wann die Schiff' im Strom vor Anker gingen,
Auf sie zu stürzen mit verwegner Macht.
Mit solcher Arglist Untergang zu bringen
Den Tapfern allen, waren sie bedacht,
Um an den Ahnungslosen das Verbrechen,
Verübt in Mozambique, so zu rächen.

Zweiter Gesang.

18.

Die Anker wand man auf, die Lüfte hallten
Von Schiffsgeschrei, wie solches Brauch und Art;
Man läßt die Segel sich dem Wind entfalten,
Und nach dem Hafen wendet sich die Fahrt.
Doch Erycina, die mit holdem Walten
Allzeit des glorreich edlen Volkes wahrt,
Erschaut vom Himmel die verborgne Schlinge,
Und stürmt meerabwärts, gleich des Pfeiles Schwinge.

19.

Sie ruft den weißen Schwarm der Nereiden,
Sie ruft der blauen Götter ganze Schaar:
(Die Macht der Wasser war ihr zugeschieden,
Weil sie die salz'ge Meeresflut gebar;)
Sie sagt, warum sie ihren Chor beschieden;
Dann eilt sie fort mit allen, wie sie war,
Zu wehren, daß die Flotte hingelange,
Wo sie für ewig Todesgrau'n umfange.

20.

Schnell durch die Wasser rauscht das Heer und theilet
Mit Silberschwänzen weißbeschäumte Flut;
Die Brust schwingt Clotho vorwärts und durcheilet
Den Ocean mit ungewohnter Wuth;
Auch Nise hüpfet, auch Nerine steilet
Auf krauser Woge sich im raschen Muth
Voll Ehrfurcht sinkt die Brandung und zerspaltet,
Wo stolz der Chor der Nereiden schaltet.

21.

Auf eines Triton Schultern wallt die hehre
Dione mit des Zorns entbrannter Hast;
Nicht fühlte, der sie trug, die süße Schwere,
Voll Stolzes auf die wunderschöne Last.
Und nahe schon, wo starker Hauch im Meere
Der kriegerischen Flotte Segel faßt,
Vertheilen jene sich im Nu und schlingen
Sich um die Schiffe, die stets vorwärts dringen.

22.

Zum Schiffe Gama's sieht man sich bewegen
Die Göttin, der die andern sich gesellt,
Hemmniß zu schaffen ihres Freundes Wegen,
Wie brausend auch der Wind sein Segel schwellt.
Der zarte Busen strebt dem Mast entgegen,
Und rücklings wird das starke Schiff geschnellt;
Die Schaar der Nymphen wendet seine Pfade,
Und lenkt sie weg vom feindlichen Gestade.

23.

Wie wenn der Aemsen Volk in regem Walten
Der Körner hochgehäufte Last vergräbt,
Und so des Winters feindlichen Gewalten
Mit froh geschäft'gem Muth entgegenstrebt,
Wie da die Kräft' in voller Arbeit schalten,
Wie ungeahntes Leben wogt und webt:
So jene, die den fluchbeladnen Tücken
Der Feinde Lusus' edle Söhn' entrücken.

24.

Rückwärts geschaltet floh der Kiel vom Strande:
Da dreh'n sie machtvoll mit Gelärm am Schiff
Die Segel, glühend in des Zornes Brande;
Nun rechts, nun linkshin strebt des Ruders Griff.
Der schlaue Bootsmann ruft umsonst am Rande
Des Steuers, als er schaut' ein Felsenriff,
Das drohend weithin durch die Flut sich streckte,
Und mit Zertrümmerung des Kiels ihn schreckte.

25.

Furchtbares Schrei'n in rohem Ton erheben
Die Lothsen, ringend mit des Armes Macht;
Die Mohren, aufgeschreckt vom Lärm, erbeben,
Als säh'n sie sich im Graungewühl der Schlacht.
Nicht ahnt es ihnen, was dies rasche Streben
Bedeute, was dies Wüthen angefacht;
Sie dünkt, verrathen sei die falsche Sache,
Und hier ereile sie der Tag der Rache.

26.

Da stürzen sie in ihre nahen, schnellen
Fahrzeuge sich, von banger Hast beschwingt;
Dort Andre springen, daß die Wogen schwellen,
In's Meer hinab, das schwimmend sie umschlingt;
Von Bord zu Bord entraffen sie die Wellen,
Da Furcht vor dem, was sie geseh'n, sie zwingt;
Denn lieber wollen sie dem Meer vertrauen,
Als sich im Arm erboster Feinde schauen.

27.

Wie Frösche wohl (in grauer Vorzeit Tagen
Ein lycisch Volk) in feuchter Wälder See'n,
Die, wann sie achtlos auf dem Trocknen lagen
Und nun mit Eins den Wandrer kommen seh'n,
Umhüpfen, daß die Lache rauscht, und zagen,
Wie sie dem Leid, das ihnen droht, entgeh'n,
Und heim sich flüchten zur bekannten Stelle,
Und nur die Köpfe heben aus der Welle:

28.

So flieh'n die Mohren; ihnen nach sich schwingend,
Flieht, der die Schiffe lenkt' in solche Fahr,
Der Steurer, in die bittre Woge springend,
Weil ihn bedünkt, sein Trug sei offenbar.
Doch herber Noth des Todes sich entringend,
Die ihm am starren Fels bereitet war,
Läßt Gama's Schiff alsbald den Anker fallen;
Die Segel streicht man auf den andern allen.

29.

Als Gama sinnend im Gemüth erwogen,
Welch jäher Schreck das Mohrenvolk durchbebt,
Wie der Pilot sich durch die Flucht entzogen,
Erkennt er, welchen Plan der Feind gewebt.
Und weil, ob auch nicht aufgeregte Wogen
Noch ungestüm die Winde widerstrebt,
Die Flotte doch nicht vorwärts drang zum Porte,
Staunt' er das Wunder an und sprach die Worte:

30.

O Schicksal, groß, in das kein Rath gedrungen!
O Wunder in der Wahrheit hellstem Schein!
O Trug, der unversehn's an's Licht gerungen!
O falsche Brut voll arger Gleisnerei'n!
Wie mag ein Sterblicher, von Tück' umschlungen,
Sich klüglich ohne Fährlichkeit befrei'n,
Wenn nicht von oben schirmende Gewalten
Die schwache Kraft des Erdensohnes halten?

31.

Wohl zeigen uns die himmlischen Geschicke,
Wie wenig Schuz uns dieser Hafen leiht;
Wohl hat sich's klar enthüllt vor unserm Blicke,
Wie schlau berückt ward unsre Sicherheit.
Weil aber, wo die Bosheit ihre Stricke
Trugvoll gewebt, kein Menschenrath befreit:
So laß, o Vorsicht, deine Hand uns fassen,
Die ohne dich allein steh'n und verlassen!

32.

Und wenn der fernen Wandrer fromme Sitte,
Der Armen, so zu Mitleid dich gewandt,
Allgütige, daß du, von unsrer Bitte
Gerührt, uns rettest aus verruchter Hand:
O so geleite gnädig unsre Schritte
Nunmehr nach eines Portes sichrem Strand,
Ach, oder laß die Gau'n, wohin wir streben,
Uns seh'n, da wir nur deinem Dienste leben!

33:

Wohl hört in frommem Mitgefühl die hehre
Dione den geliebten Beter an;
Sie läßt die Nymphen, die, mit trüber Zähre
Im Blick, so schnell die Herrin scheiden sah'n.
Schon wandelt sie auf sternbesäumter Sphäre,
Schon wallt sie durch die dritte Himmelsbahn,
Und weiter stets, und nun zur sechsten Zone
Vordringend, kam sie zu des Vaters Throne.

34.

Und röther glüh'n vom weiten Weg die Wangen,
Hoch strahlt der Reiz der göttlichen Gestalt,
Daß Luft und Himmel zittern in Verlangen,
Und rings der Sterne Chor in Liebe wallt.
Das Auge, das ihr Sohn zum Siz empfangen,
Strömt aus der Geister lebende Gewalt,
Womit sie zündend starre Pol' umschlinget,
Und flammend in die kalte Sphäre dringet.

35.

Daß höher noch des Vaters Glut sie fache,
Der allezeit an ihr voll Liebe hing,
Erscheint sie ihm, wie dort im Waldgemache
Des Ida, wo sie Troja's Held umfing.
O sähe sie Actäon, der im Bache
Dianen schaut' und Thiergestalt empfing:
Nicht seine Hunde brächten ihm Verderben,
Vor Liebesgram und Sehnsucht müßt' er sterben.

36.

Ihr goldnes Haar wallt in der Locken Ringung
Zum Nacken, der den reinen Schnee besiegt;
Ihr Busen bebt in leiser Wellenschwingung,
Auf welcher Amor ungeseh'n sich wiegt;
Glut sprüht des Gürtels blendende Umschlingung,
Womit ihr Sohn die Seelen heiß umschmiegt;
An glatter Hüfte rankten die Verlangen,
Die traulich, gleich dem Efeu, sie umschlangen.

37.

Ein dünner Stoff webt um die stillen Reize,
Die frommer Scham vertraute die Natur;
Das Netz, die Ros' umschleiernd, nicht mit Geize,
Entfaltet und verhüllt zur Hälfte nur;
Doch daß es noch zu hell'rem Brande reize,
Entdeckt es lauschender Begier die Spur.
Schon hört man auf des Himmels fernsten Plänen
Vulcanus' Zorn und Mavors' Liebessehnen.

38.

Im engelschönen Blick der Hehren thaute
Des Grams Gewölk, mit Lächeln hold vereint;
Dem Mädchen gleich, das unverseh'n der Traute
Verlezt' im Liebesspiel, wie dann es weint,
Und klagt, und wieder lacht in Einem Laute,
Und munter jezt, und zürnend jezt erscheint:
So sprach die Göttin, aller Frauen Krone,
Mehr froh als traurig vor des Vaters Throne:

39.

O Herr und Vater, stets war mein Begehren,
Du möchtest Allen, die mir theuer sind,
Dich liebevoll und sanft und hold bewähren,
Was Böses auch ein Widersacher sinnt;
Doch seh' ich jezt im Busen Groll dich nähren
Auch wider mich, und nichts verbrach dein Kind;
Geschehe denn, was Bacchus ausgesonnen!
Klar ist es, daß mich Unglück hält umsponnen.

40.

Dies Volk, mein Volk, um welches heiß entquollen
Die Zähr' umsonst, ach! mir die Wange nezt,
Ich lieb' es, drum muß ich ihm Uebles wollen,
Da so dein Sinn sich wider meinen sezt;
Laut fleh' ich auf zu dir, die Thränen rollen,
Und wider eignes Wohl kämpf' ich zulezt;
Ich lieb' es, darum ward's in Schmach gebettet;
Ich will ihm fluchen, und es wird gerettet!

41.

Erlieg' es denn der wilden Brut Geschossen,
Entschwunden ist . . . . Und sieh, ihr Antliz schwimmt
Verklärt in heiße Thränenflut ergossen,
Wie zarter Thau die junge Ros' umglimmt.
Ein Weilchen, als wär' ihr der Mund geschlossen
Vom Grame, der den frommen Laut ihr nimmt,
Verstummt sie, will dann sprechen und vollenden;
Da wehrt der Donn'rer ihr das Wort zu enden.

42.

Gerührt von solchem Liebesschmerz der Hehren,
Der eines Tigers harte Brust bezwingt,
Klärt er den Blick, der hoch aus Himmelssphären
Die dunkle Luft mit heitrem Strahl durchdringt.
Von Liebe glühend, trocknet er die Zähren,
Indeß er küssend ihren Hals umschlingt;
Und wären sie allein und ungesehen,
Bald würd' ein neuer Liebesgott erstehen.

43.

Und wie er kosend auf dem Mund ihr ruhte,
Da schluchzt sie, wilder strömt der Thränen Fluß:
So mehrt die Mutter, schaltend mit der Ruthe,
Des Kindes Schrei'n durch ihren Schmeichelkuß:
Und Trost zu bringen dem erzürnten Muthe,
Enthüllt er ihr des Schicksals dunklen Schluß,
Läßt Kommendes an ferner Zeiten Gleise
Vorüberzieh'n und spricht in dieser Weise:

44.

O fürchte nicht für deiner Helden Flotte,
Reizvolle Tochter, irgendwo Gefahr:
Denn mehr gewähr' ich keinem andern Gotte,
Als dieser Thrän' im hohen Augenpaar:
Und ich verheiße dir, daß einst zum Spotte
Vor deinem Volk versinkt der Griechen Schaar:
Vor seinen Thaten in des Ostes Reichen,
O Tochter, soll der Römer Stern erbleichen!

45.

Denn wenn Ulyß, der kluge, sich entschlungen
Der Sklavenfessel auf Ogygia's Strand,
Wenn in die Bucht Illyria's gedrungen
Antenor und Timavus' Quelle fand,
Wenn einst Aeneas sich vorbeigerungen
An Scylla's und Charybdis' grausem Brand:
So werden Größ'res noch vollziehn die Deinen,
Daß neue Welten für die Welt erscheinen.

46.

Burgvesten, Städte, Wäll' in hohem Prangen,
O meine Tochter, werden sie erbau'n:
Vernichtung soll aus ihrer Hand empfangen
Der Türken kriegerische Brut voll Grau'n;
Die Inder, die frei herrschen ohne Bangen,
Sollst du zu ihres Königs Füßen schau'n;
Durch sie, zuletzt Obherrn in allen Welten,
Wird beff're Sitt' und Zucht auf Erden gelten.

47.

Vor Ihm, der jetzt von Schrecken rings umgeben,
Voll Muth den Indus aufzusuchen eilt,
Du sollst es anschau'n, wird Neptunus beben,
Ob kräuselnd auch kein Wind die Wasser theilt.
O Wunder, wie noch keines sich begeben,
Daß wild, so still es ist, das Meer sich steilt!
O tapfre Schaar voll kühner Hochgedanken,
Der zitternd auch die Elemente wanken!

Zweiter Gesang.

48.

Am Ufer, wo die Fluten ihr zu landen
Verwehrten, soll ein sichrer Port empfah'n
Die Flotte, die entschifft des Westes Stranden;
Da soll sie rasten von der langen Bahn.
Die ganze Küste dort, die jezt mit Banden
Des Truges sie umwob, soll unterthan
Ihr Schoß und Zoll entrichten und erfahren,
Daß nicht sie steh'n mag Lusus' Heldenschaaren.

49.

Das rothe Meer, das scheu mit bleichem Grauen,
So strahlend einst, vor ihnen rückwärts fliegt,
Der Ormusinsel machtbekrönte Gauen,
Zweimal von ihrer Waffen Sturm besiegt,
Den wuthentbrannten Mohren wirst du schauen,
Wie er vom eignen Pfeil durchschossen liegt:
Denn wer den Deinen widerstrebt, erkenne,
Daß er zum Kampf nur wider sich entbrenne!

50.

Schau'n wirst du, wie zweimal an Dio's Wällen,
Den unbezwungnen, bricht des Feindes Macht:
Da soll der Deinen Preis und Glück erhellen,
Da wird der Thaten Herrlichstes vollbracht;
An Lusus' Brust wird Mavors' Arm zerschellen,
Und seines Neides Glut ist angefacht:
Die Mohren hört man noch im letzten Zuge
Zum Himmel fluchen Mahom's eitlem Truge.

51.

Auch Goa soll vor ihrem Schwert erliegen,
Sie, die dereinst in stolzer Majestät
Dem ganzen Ost obherrscht und aus den Siegen
Der Deinen groß und wunderbar ersteht:
Sie wird mit hartem Sklavenjoch umschmiegen
Die Heidenbrut, die tauben Gözen fleht,
Und alle Land' in ihre Fessel zwängen,
Die kühn mit Krieg dein edles Volk bedrängen.

52.

Mit ihrer Helden kleiner Schaar bestehen
Wird Cananor, die Burg, der Feinde Stoß;
Auch Calecut sollst du gebändigt sehen,
Die Stadt, so volkreich und an Macht so groß;
In Cochim's Fluren wird ein Held erstehen,
Ein stolzer Geist, erprobt im Kampfesloos,
Daß der Gesang noch keinen Sieg entschleiert,
Den so verdient ein ew'ger Name feiert.

53.

So brannte niemals in den heißen Tagen
Des Bürgerkrieges, als August voll Muth
Vor Actium den freveln Mann geschlagen,
Leucata's Meer in grauser Kampfesglut,
Ihn, der vom Bactrus her den Sieg getragen,
Vom Reich Aurora's und des Niles Flut,
Mit seines Raubs unendlichem Gewinne,
Er selbst ein Raub der holden schnöden Minne;

Zweiter Gesang.

54.

Als einst das Meer auftost in wildem Brande,
Und mit der Zornglut eures Volkes ringt,
Wann seine Hand die Mohren schlägt in Bande,
Und Heiden und viel andre Völker zwingt,
Und stark in Chersonesus' goldnem Lande
Zu bau'n ein Reich, in China's Fernen dringt,
Im Ost entlegner Inseln Macht vernichtend,
Und seinem Dienst den Ocean verpflichtend.

55.

So, traute Tochter, werden sie vollstrecken
Mehr als die Kraft der Menschen je bestand,
Und gleichen Mannsinn wirst du nicht entdecken
Von Ganges' Wogen bis zu Gades' Strand,
Nicht von der Nordsee bis zu jenen Strecken,
Die Magellan auf harter Irre fand,
Und wenn die Todten all' aus allen Enden
Der Welt im Zorne wider sie erständen.

56.

Hier hatte Zeus vollendet, und zur Erde
Beschied er Maja's hohen Sohn sofort,
Der einen Hafen, sicher vor Beschwerde,
Der Flotte biet' als friedevollen Hort;
Und daß der Admiral für neue Fährde
Nicht länger weile bei Mombaza's Port,
Soll ihm der Götterbot' ein Land in Träumen
Bezeichnen, wo er ruhig möge säumen.

57.

Schon flog er nieder durch die luft'gen Gleise
Zur Erd', am Fuß mit Flügeln leicht beschwingt;
Er trug den Schicksalstab, womit er leise
Dem müden Auge Schlaf und Ruhe bringt,
Und Todte wieder aus des Orcus Kreise
Zum Licht emporruft und die Stürme zwingt;
Bedeckt vom Hute war sein Haupt zu schauen:
So wallt' er nieder auf Melinde's Auen.

58.

Zur Seite geht ihm Fama zur Belehrung
Von unsres Volkes seltner Trefflichkeit,
Weil eines hohen Namens Glanz Verehrung
Dem, der ihn trägt, und Werth vor Menschen leiht.
So durch des Rufes preisende Bewährung
Macht sie das Volk zu Lieb' und Dienst bereit,
Und alle Herzen in Melinde brennen,
Der wackern Flotte Sitt' und Art zu kennen.

59.

Dann eilt er nach Mombaza, wo die Schiffe
In banger Weile noch verzieh'n am Strand,
Dem Volk zu deuten, daß es straks entschiffe
Dem falschen Port, dem trugerfüllten Land.
Denn wider einer Höll' erboßte Kniffe
Schafft keine Kunst und keine Macht Bestand:
List und Verstand und Muth mag wenig frommen,
Wenn nicht vom Himmel Rath und Hülfe kommen.

60.

Schon hat die Nacht den halben Weg vollendet;
Die Stern' am Himmel hatten, hell und klar,
Mit fremdem Licht der Erde Licht gespendet,
Und Schlummer labte schon die tapfre Schaar.
Der Admiral, umbangt von Sorgen, wendet
Sein Auge, das vom Wachen müde war,
Nun auch mit kurzem Schlaf es zu erquicken,
Und Andre geh'n, die Wache zu beschicken;

61.

Als sich Mercur in Träumen ihm gesellte
Und sprach: O fliehe, fliehe, Lusus' Sohn,
Die Schlinge, die der falsche Mohr dir stellte,
Dich zu verderben unter Schmach und Hohn!
Fleuch, da sich Luft und Himmel freundlich hellte;
Das Meer ist heiter, keine Stürme droh'n!
Ein andrer Fürst an einem andern Orte
Wird huldvoll euch empfah'n in sicherm Porte.

62.

Hier wird man dir nur Gastlichkeit gewähren,
Wie Diomed, der grause, sie gehegt,
Der als gewohntes Futter seinen Mähren
Der Gäste Glieder vorzustreu'n gepflegt.
Busiris' blutbelab'nen Graunaltären,
Woran er armes Fremdlingsvolk erschlägt,
Wird man dich, säumst du, hier zur Sühne morden:
Drum fliehe vor den falschen, wilden Horden!

63.

Und wenn du fern von dieser Küst' entronnen,
Empfängt ein Land dich, wo mehr Treue weilt,
Ein Ufer, wo bei nahem Brand der Sonnen
Sich Tag und Nacht in gleiche Hälften theilt.
Dort hab' ich einen König dir gewonnen,
Der gütevoll euch aufzunehmen eilt,
Und fahrenlose Herberg' euch bereitet,
Und durch Piloten dich nach India leitet.

64.

Dies sagend, löst den Schlaf der Götterbote
Dem Admiral, der staunenvoll erwacht,
Und von des hehren Strahles lichtem Rothe
Urschnell erheitert sieht die düstre Nacht.
Da ward ihm klar, welch Ungemach ihm drohte,
Hätt' er am Port hier längre Zeit verbracht:
Er hieß, durchzückt von neuen Geistes Walten,
Dem vollen Wind die Segel all' entfalten.

65.

Er ruft: dem Wind die Segel ausgebreitet!
Uns lacht der Himmel, winkt der Götter Wort!
Vom hellen Sitz erschien, der uns geleitet,
Ihr Bote mir, ein gnadenreicher Hort.
Da frisch im Nu zum raschen Werk bereitet
Sich der Matrosen Schaar von hier und dort,
Mit frohem Lärm die Anker einzuheben,
Und Alles regt in kräftig edlem Leben.

66.

Doch während jene solches Werk vollbrachten,
Nah'n still die Mohren aus der Dunkelheit,
Die Taue zu zerschneiden, weil sie dachten,
So sei die Flotte sichrem Tod geweiht;
Doch mit der Lüchse scharfem Auge wachten
Die Portugiesen, immer kampfbereit;
Und weil man Kund' erspäht von ihrem Truge,
Floh'n jene, nicht mit Rudern, nein, im Fluge.

67.

Der scharfe Kiel, vom Strande weggewendet,
Durchwallte schon des Silbers nasse Bahn;
Sanft hauchte Wind, aus Nordost hergesendet,
Mit linder Lüfte Weh'n die Segler an.
Viel denken sie der Fahr, die nun geendet:
Denn schwer vergißt, wen arge Noth umfah'n,
Der Uebel, wann, durch weisen Sinn gerettet,
In sichern Hort das Leben sich gebettet.

68.

Sol, der schon Einen Tag lang seine Gluten
Versandt, begann am andern aufzusteh'n;
Da seh'n sie fern zwei Boote durch die Fluten
Hinschweben bei der Lüfte leisem Weh'n;
Weil sie in diesen Mohrenvolk vermuthen,
Arbeiten sie mit Macht drauf anzugeh'n:
Drob die im einen Boot zur Küste fliehen,
Der drohenden Gefahr sich zu entziehen.

69.

Die Andern, die nicht gleiche Zagheit hegen,
Nah'n sich den Lusitanen mit Vertrau'n;
Nicht streitet Mars in wilder Lust entgegen,
Noch tobt Vulcanus' mutherfülltes Grau'n.
Denn da der kleine Haufe nicht verwegen
Auf eigner Arme Kraft vermag zu bau'n,
Ergibt er sich; denn wollt' er widerstehen,
Er müßte sich noch herb'rer Noth versehen.

70.

Weil Gama sehr nach einem Mann begehrte,
Der ihn geleit' an India's Gebiet,
So dacht' er, daß hier Einer ihm erklärte
Den Weg zum Land, wohin sein Wunsch ihn zieht.
Doch Keiner war, der ihn davon belehrte,
Und nicht gelingt ihm, weß er sich versieht;
Nur sagen All' ihm, nahe sei Melinde,
Wo er gewiß erfahr'ne Lothsen finde.

71.

Die Mohren, in Begeist'rung unverhalten,
Erheben hoch die lautre Sinnesart
Des Königes, sein würdevolles Walten,
Den freien Geist, mit Menschlichkeit gepaart.
Gern mag der Admiral für Wahrheit halten,
Was schon in Träumen ihm geoffenbart
Der Gott Cyllene's, und er denkt zu reisen,
Wohin der Traum ihn und die Mohren weisen.

Zweiter Gesang.

72.

Es war die frohe Zeit, wo Phöbus' Wagen
Im Stier Europa's uns mit Licht erfreut,
Wann seine Hörner rings in Feuer ragen,
Und Flora Frücht' aus goldnem Horn verstreut;
Die Sonne, durch des Himmels Bahn getragen,
Hat das Gedächtniß jenes Tags erneut,
An welchem Er, dem unterthan die Stärke,
Das Siegel aufgedrückt dem großen Werke:

73.

Da nahte sich die Flotte jenen Gränzen,
Wo sich Melinde vor dem Blick erhebt,
Geschmückt mit Wimpeln, prangend in den Kränzen
Der Kunst, die hoch des Tages Feier hebt.
Die Banner zittern, die Standarten glänzen
Im Purpurschein, der in die Ferne strebt;
Die Trommeln hallten, die Drommeten klangen;
So nah'n sie froh mit kriegerischem Prangen.

74.

Das Heidenvolk erfüllt in langer Runde,
Die Fremdlinge zu seh'n, Melinde's Strand,
Ein Volk, mit Treu und Menschlichkeit im Bunde,
Mehr als ein andres, dem sie sich entwandt.
Die schwere Wucht der Anker sinkt zum Grunde;
Die Lusitanenflotte dringt an's Land;
Der Mohren Einer, die sie mitgenommen,
Soll dort verkünden, daß sie angekommen.

75.

Der König, der den edlen Sinn schon kannte,
Der Lusitania's Helden so verklärt,
Und, wie sie dessen werth, vor Freude brannte,
Daß sie in seinem Hafen eingekehrt,
Schickt aus voll Treusinn, der kein Falsch erkannte,
Der edlen Geistern leiht den schönsten Werth,
Und läßt sie bitten, an sein Land zu steigen,
Und Alles dort zu brauchen als ihr eigen.

76.

Aufrichtig und von Trug fern abgewendet
Sind seine Worte, die Erbieten wahr,
Die er dem edlen Ritterheer entsendet,
Das so durch Meer und Land gedrungen war.
Und Küchlein, fett, wie ihre Heimat spendet,
Und Lämmerchen mit reichem Wollenhaar,
Auch Früchte sandt' er, die sein Land erzogen;
Doch ward die That vom Willen überwogen.

77.

Und Gama nimmt mit fröhlichem Gemüthe
Den Boten auf und was er dargebracht;
Er schickt ein Andres drauf von seltner Güte,
Das, fertig schon, er weither mitgebracht,
Den Scharlach, der in dunklen Farben glühte,
Die ästige Korall' in zarter Pracht,
Die weich im Grund der Wasser sich entfaltet,
Und außen sich zum harten Stein gestaltet.

Zweiter Gesang.

78.

Er sendet wen, in seiner Rede fertig,
Der mit dem König knüpf' ein Friedensband,
Und ihn entschuldige, daß nicht gegenwärtig
Er mit den Seinen schon erschien' am Land.
Der war, ein edler Bote, schnell gewärtig,
Und als er vor Melinde's Herrscher stand,
Da hub er diese Wort' in einem Laute
Zu reden an, den Pallas ihm vertraute:

79.

Erhab'ner König, dem vom höchsten Gotte
Aus lichten Höh'n der Auftrag ward beschert,
Zu bändigen die stolze, wilde Rotte,
So sehr von ihr gefürchtet als verehrt:
Dich aufzusuchen, Herr, kam unsre Flotte
Als einen Hafen, sicher und bewährt,
Im Morgenland gerühmt von allen Enden,
Daß wir für uns erwünschte Zuflucht fänden.

80.

Nicht Räuber sind wir, die in roher Bande
Durchstreifen schwacher Städt' harmlos Gebiet,
Die Völker überzieh'n mit Stahl und Brande,
Um wild zu rauben, was dem Fleiß gerieth;
Wir schifften aus Europa's stolzem Lande,
Und Indien ist's, wohin der Wunsch uns zieht,
Die fernen, reichen Gau'n, die zu erspähen,
Ein großer König uns hat ausersehen.

81.

Doch welche Rotte haust an diesen Meeren,
Welch rohe Sitte hegt die wilde Brut,
Daß nicht sie nur der Häfen Schuz uns wehren,
Auch sand'ger Wüsten gastlich off'ne Hut?
Welch arge Tücke, glaubt man, daß wir nähren,
Daß ihnen solch ein Häuflein brach den Muth,
Und in des Truges glattverborgnen Schlingen
Sie sich verschwuren uns den Tod zu bringen?

82.

Doch du, o König, dem wir fest vertrauen,
Du seist der Treue sichres Unterpfand,
Auf dessen hülfreich gnäd'gen Schuz wir bauen,
Wie bei Alcinous ihn Ulysses fand:
Zu deinem Hafen nah'n wir ohne Grauen,
Geführt von eines Götterboten Hand;
Denn offen liegt's, weil er zu dir uns leitet,
Daß Menschlichkeit und Treu dein Thun begleitet.

83.

Und denke nicht, weil unser Herr noch immer,
Dich, König, zu begrüßen, dich zu seh'n,
Nicht an das Ufer stieg, als ob er schlimmer
Bosheit und Tücke sich von dir verseh'n;
Nein, also thut er, weil er nie und nimmer
Dem König, seinem Herrn, mag widersteh'n,
Der ihm gebot, an keinem Port noch Strande
Von seiner Flotte wegzugeh'n zum Lande.

84.

Und weil es Pflicht ist redlicher Vasallen,
Als Glieder unterthan zu sein dem Haupt,
Wirst du, dem selbst ein Königsloos gefallen,
Nicht wollen, daß er dessen frei sich glaubt.
Doch wird er dankbar mit den Seinen allen,
So viel nur immer ihre Kraft erlaubt,
Dir Preis um deine großen Dienste zollen,
So lang hinab in's Meer die Ströme rollen.

85.

So sprach er, und hoch pries man in die Runde,
Zu wechselnden Gesprächen rings gepaart,
Der Portugiesen Muth aus Einem Munde,
Die Land und Meer durchirrt auf langer Fahrt.
Der König, den in seines Herzens Grunde
Gerührt des Volks ergeb'ne Sinnesart,
Erachtet mächtig groß des Fürsten Stärke,
Auf dessen Worte man so ferne merke.

86.

Mit lächelnder Geberd' und heitern Blicken
Sagt er zum Boten, den er hoch verehrt:
Laßt nicht von Argwohn euer Herz bestricken,
Noch sei die Brust von kalter Furcht beschwert.
Denn eure Werk', auf die bewundernd blicken
Die Völker alle, blüh'n in hohem Werth,
Und wer euch Weh und Mißgeschick bereitet,
Wird nicht von edlem, großem Sinn geleitet.

87.

Daß euer Volk, statt den gewohnten Ehren
Hier nachzukommen, fern vom Strande ruht,
Mag ich nur mit Bedauern ihm gewähren;
Doch halt' ich hoch den so ergeb'nen Muth.
Und wenn die Landung ihm Verbote wehren,
So will ich nimmer, daß der Edelmuth
So treugesinnter Herzen untergehe,
Daß nur Genüge meinem Wunsch geschehe.

88.

Doch morgen, wann der Tag zur Hemisphäre
Herniederstieg, werd' ich auf eignem Kahn
(Wonach so lange mich verlangt) dem Heere
Der tapfern Flotte zum Besuche nah'n.
Und wenn Zerstörung sie bedroht im Meere
Von langer Irr' und tobendem Orkan:
So werden hier mit treuem Sinn Piloten,
Auch Kriegsbedarf und Mundvorrath geboten.

89.

So sprach er, und zum Wogenreich entsunken
Barg sich Latona's Sohn; ein leichtes Flos
Trägt Gama's Abgesandten, wonnetrunken,
Mit seiner Botschaft in der Flotte Schooß.
In allen Herzen flammt der Freude Funken,
Daß ihnen jezt erblüht ein sichres Loos,
Zum Lande, das sie suchten, zu gelangen,
Und festlich heiter wird die Nacht begangen.

90.

Kunstfeuerwerke flammen in die Runde
In zitternder Kometen Glanzgestalt;
Die Donnerschlünde sprüh'n aus off'nem Munde,
Daß Erde, Luft und Wog' erbrausend hallt;
Da zeigt sich der Cyclopen alte Kunde
Im Balle, der in Feuer brennend wallt,
Und in die Jubel, die zum Himmel dröhnen,
Stürmt Horn und Heerpauk' ein mit vollen Tönen.

91.

Die Antwort tönt vom Lande widerhallend,
Wo wirbelnd aufrauscht der Raketen Pracht;
Das Rad flammt auf, die Luft im Kreis durchwallend,
Der Schwefelstaub mit lautem Knall zerkracht.
Vom Volk erhebt sich Lärm, gen Himmel schallend;
Rings gährt das Meer in Gluten aufgefacht
Und rings der Strand: so feiern um die Wette
Die Völker sich, wie auf der Schlachtenstätte.

92.

Der Himmel, sich zurück im Laufe wendend,
Rief schon die Völker zu der Arbeit wach;
Die Mutter Memnons, Licht umher versendend,
Gab keine Frist zu längrem Schlummer nach;
Den frischen Thau der Erde Blumen spendend,
Zerrann das Heer der Schatten allgemach;
Da stieg Melinde's König in die Fähre,
Zu schau'n die Flotte, die verweilt' im Meere.

93.

Am Meeresufer wogt in buntem Kranze
Das Volk, das freudig zu dem Schauspiel wallt;
Dort schimmern die Gewand' im Purpurglanze,
Hier von gewirkter Seide Pracht umwallt.
Da schaltet nicht die kriegerische Lanze,
Kein Bogen droht, nachahmend die Gestalt
Der Mondeshörner; Palmenzweige tragen
Sie hoch, wie sonst der Sieger Stirn' umragen.

94.

Auf hohem Boot, mit seidenen Geweben
Umspannt in mancher Farben buntem Schein,
Naht sich der König aus Melind', umgeben
Von seiner Edeln und Vasallen Reih'n,
In reicher Festgewande Schmuck, wie eben
Sie Landesbrauch und seine Würd' ihm leih'n;
Sein Haupt bedeckt ein Bund mit hellen Streifen
Aus Seid' und Baumwoll' und mit goldnen Reifen.

95.

Ein Mantel hüllt ihn aus Damascus' Seide,
In Tyrus' Farbe, die man theuer ehrt;
Von feinem Golde prangt das Halsgeschmeide,
Woran die Kunst besiegt des Stoffes Werth;
Am Gurte leuchtet mit demant'ner Scheide
Der reiche Dolch, von Arbeit schön und werth;
Um seine Füß' in Gold und Perlen strahlen,
Zulezt von Allem, sammtene Sandalen.

96.

Ein Diener trägt an hoher, goldner Stange
Den runden Schirm, gewebt aus Seidentaft,
Womit er vor der Sonne glüh'ndem Drange
Dem hohen Herrscher luft'ge Kühle schafft.
Im Schiffe hinten hallt mit rauhem Klange
Musik und braust in's Ohr mit Schreckenskraft,
Daß von den graunhaft ungeheuren Tönen
Die Flotte bebt und die Gestade dröhnen.

97.

Nicht minder hatte Gama sich bereitet,
Und eilte von der Flott' auf seinem Kahn,
Von einer hellen, stolzen Schaar geleitet,
Melinde's Herrn im Meere zu empfah'n.
Er hat Hispanentracht sich umgebreitet;
Mit fränk'schem Mantel ist er angethan,
Der in Venedigs Atlasglanze funkelt,
Und im gepries'nen Carmesine dunkelt.

98.

Die Aermel sind durch Knöpfe festgehalten,
Aus deren Gold die Sonne blendend zückt;
Das Beinkleid fließt an seiner Hüft' in Falten,
Gestickt mit Gold, das Wenige beglückt;
Die Taschenpatten seines Leibrocks halten
Goldnesteln, fein und zierlich, angedrückt;
Italisch strahlt der goldne Degen wieder;
Die Feder wogt am Hute stolz hernieder.

99.

Die festlichen Geleiter Gama's schmücken
Von Purpur, den die Schneck' erzog im Meer,
Vielfache Farben, die das Aug' entzücken,
Und der Gewande buntgestaltet Heer.
Der Kleider Schmelz, in Eines Strahles Zücken
Gefaßt vom Aug', erschien so reich und hehr,
Als Iris glänzt in rosenfarb'nem Bogen,
Die Liebliche, die Thaumas großgezogen.

100.

Rauhschmetternder Drommeten Töne füllen
Die Herzen, daß sie glüh'n in frohem Muth;
Der Mohren Boote sonder Zahl verhüllen
Mit losen Wimpeln rings die Meeresflut.
Die grausen Donner der Geschüze brüllen,
Daß Wolken Rauchs entzieh'n der Sonne Glut,
Und immer wieder braust ihr Hall; die Mohren
Bedecken hastig mit der Hand die Ohren.

101.

Schon war zum Boot der König eingegangen,
Wo grüßend er den Admiral umschloß,
Der, wie vor Herrschern Brauch und Recht verlangen,
In ehrfurchtvollem Worte sich ergoß.
Von Staunen und Verwunderung befangen,
Die klar in manchem Zeichen sich erschloß,
Betrachtet er des Volkes Art und Sitte,
Das zu des Indus Fernen lenkt die Schritte.

102.

Mit hohem Wort verheißt er zu gewähren
Aus seinem Reiche, was ihm könnt' entsteh'n;
Er möge nur, als wär' es sein, begehren,
Falls irgend ein Bedarf ihm sollt' entgeh'n;
Schon wiss' er durch die Sage, wer sie wären,
Die Tapfern, ohne daß er sie geseh'n;
Er höre längst, daß sie in andern Landen
Mit Völkern seines Glaubens Krieg bestanden.

103.

Er sagt ihm, wie ganz Africa durchdrungen
Ihr Thatenruhm in hellem Siegeslaut,
Nachdem sie dort des Reiches Kron' errungen,
Wo sich die Hesperiden angebaut.
Das Kleinste, was des Lusus Volk gelungen,
Das Größte, was der Ruf ihm anvertraut,
Erhob er wortreich und mit lautem Preise;
Da sprach der Admiral in dieser Weise:

104.

Du milder König, der allein dem Heere
Der Lusitanen seine Huld geschenkt,
Das ausgeharrt auf wildempörtem Meere,
Von Ungemach und Leid vielfach gekränkt!
Die ew'ge Güte, die der Himmel Sphäre
Umrollt und das Geschlecht der Menschen lenkt,
O lohne sie, was wir nicht lohnen können,
Die Liebe dir, die du uns wolltest gönnen!

105.

Du nimmst uns auf in Ruh' aus bittern Leiden
Allein, so weit Apollo's Glutstrahl zückt;
Du kamst, uns einen Hafen zu bescheiden
Als sichern Hort, aus Sturmes Noth entrückt;
So lang am weiten Pol die Sterne weiden,
Und Sol die Welt mit seinem Licht entzückt,
Lebt, wo ich leben mag, mit Ehr' und Ruhme
Dein Name mir im innern Heiligthume.

106.

Sprach's, und die Kähne rudern hin zur Flotte,
Die lange schon der Mohr zu seh'n gedacht;
Vorüber ziehen einzeln die Canotte,
Daß er an allen hab' auf Alles acht;
Und ihm zur Ehre flammt vom Feuergotte
Der Stücke Bliz hochauf, ihr Donner kracht;
Hellstimmiger Drommeten Rufe schallen,
Worauf der Mohren Hörner Antwort hallen.

107.

Doch als der König Jegliches besehen,
Daß tiefes Staunen seine Brust bewegt,
Und Schrecken kalt ihm durch die Glieder wehen,
Von der Geschüze fremdem Ton erregt,
Da heißt er still sein Boot vor Anker gehen,
Das leichte, das ihn und die Seinen trägt;
Durch Gama, wünscht er, soll ihm Kuude kommen
Von Dingen, die er dunkel nur vernommen.

Zweiter Gesang. 75

108.

Vergnügt ergeht sich in vielfacher Rede
Der König und erforscht von ihm sofort
Nun die Geschichten manch berühmter Fehde
Mit Völkern, die verehren Mahoms Wort,
Nun die entlegnen Staaten all' und jede
Im Abendlande, seiner Heimat Ort,
Dann, wer die Völker, seine Nachbarn, wären,
Dann seine Fahrt in fernen, feuchten Meeren.

109.

Doch gib zuvor, genau und scharf zerlegend,
(So spricht er) tapf'rer Heeresfürst, Bescheid
Von deines Landes Himmel, von der Gegend
Der Welt, in der ihr wohnt, auch von der Zeit,
Als eure Väter, machtvoll Krieg erregend,
Gegründet solchen Reiches Herrlichkeit;
Denn weiß ich auch nicht eures Volks Geschichte,
Eins weiß ich doch, sie glänzt im hellsten Lichte.

110.

Zugleich erzähl' uns von der langen Reise,
Auf der dich umtrieb grimme Meeresnoth,
Wo du geseh'n den rohen Brauch, die Weise,
Die unser wildes Africa gebot;
Erzähle; denn schon nah'n auf goldnem Gleise
Die Rosse, die im kühlen Morgenroth
Der Sonne Wagen zieh'n am Himmelsbogen;
Die Winde ruh'n, es schlummern Meer und Wogen.

111.

Nicht minder, als die Stund' erscheint willkommen,
Kommt euch entgegen unsre Neubegier:
Wer hätte nicht schon durch den Ruf vernommen
Von Portugal und seiner Helden Zier?
Nicht so ist uns der Sonne Strahl verglommen
Noch ferne, daß so rohen Sinns vor dir
Der Melindaner Volk erscheinen müßte,
Als ob es Mannsmuth nicht zu schäzen wüßte.

112.

Mit eitlem Krieg bestürmten die Giganten
In frechem Troz Olympus' Lichtbereich;
Auch Theseus und Pirithous entbrannten
Unkundig wider Pluto's finstres Reich;
Wenn jene sich zu solchem Thun ermannten,
Die Arbeit ist nicht minder ehrenreich,
Mit Nereus' Wuth den großen Kampf zu wagen,
Als kühn mit Höll' und Himmel sich zu schlagen.

113.

Der Flamme weiht Diana's heil'gen Tempel,
Den Ctesiphonius stolz emporgestellt,
Herostratus, als thatenreich Exempel
Genannt zu sein im Mund der Folgewelt;
Wenn zu der That, geprägt mit solchem Stempel,
Die Gier der Ehrsucht unsern Busen schwellt:
Dann dürfen wohl nach ew'gem Ruhme ringen,
Die Thaten, solches Namens werth, vollbringen.

Dritter Gesang.

1.

Weih du mich nun, Calliope, und lehre,
Was Gama vor dem König dort erzählt;
Ein göttlich Lied und Himmelsklang beschere
Dem Erdensohn, der dich zum Hort erwählt!
Dann soll der Heilkunst Gründer, dem, o Hehre,
Den Orpheus du gebarest, ungequält
Von Daphne's und Leucothoë's Verlangen,
Stets mit verdienter Liebe dich umfangen.

2.

In That, o Nymphe, wandle du mein Wollen,
Wie Lusus' edle Söhn' es würdig sind,
Auf daß, wo jetzt des Tago Wasser rollen,
Fortan der Brunnquell Aganippe's rinnt!
Verlaß des Pindus Höh'n: (ich fühl' Apollen,
Von welchem schon mich heil'ge Flut durchrinnt:)
Ich melde sonst, wie Furcht dich nur verstimme,
Daß deines Orpheus Glanz in Nacht verglimme!

3.

Sie alle sind in freudiger Bewegung,
Zu hören, was der hohe Gama spricht,
Der so beginnt nach kurzer Ueberlegung,
Aufwärts gerichtet Haupt und Angesicht:
Du wünschest, Herr, aus gründlicher Erwägung
Von meines Volkes Ursprung den Bericht;
Ich soll dir nicht von fremden Dingen melden,
Nur Kunde leih'n von meines Landes Helden.

4.

Daß Einer lobend Andrer Werth bekunde,
Ist alter Brauch, von Allen gern geseh'n;
Doch eigner Thaten Lob aus eignem Munde
Erweckt Verdacht und dürfte schlecht mir steh'n;
Auch würde, wolltest du von Allem Kunde,
Die Zeit mir, spräch' ich noch so lang, entsteh'n;
Doch wenn du willst, muß Alles dir sich fügen:
Ich schildre, was ich soll, in kurzen Zügen.

5.

Und was zu Allem endlich mich verpflichtet,
Für Lügen ist hier nirgends Raum gewährt;
Denn wie ich auch von solchem Thun berichtet,
Bleibt manches Andre noch der Rede werth.
Doch daß in Ordnung Alles ausgerichtet
Erscheine, was zu wissen du begehrt,
Werd' ich zuerst das große Land betrachten,
Und melde dann von Krieg und blut'gen Schlachten.

6.

Fern an der Zone, die der Krebs regieret,
Dem Ziel der Sonnenbahn in Mitternacht,
Und jener, die so sehr von Kälte frieret,
Als die im Mittel heiße Glut umfacht,
Liegt stolz Europa, weit vom Meer berühret,
Wo West und wo Arctur die Gränze macht;
Hier strömt der Ocean mit salz'gen Wogen;
Vom Mittelmeere wird's im Süd umzogen.

7.

Dort, wo der Tag aufsteigt, dem Meer entwallend,
Begränzt es Asien mit dem Strom, der kalt
Von den Rhiphä'n in krummer Strömung fallend,
Im sumpf'gen Kessel der Mäotis wallt,
Und mit dem Meere, welches, gräßlich hallend,
Geseh'n der Griechen Zorn und Herrschgewalt,
Wo jetzt von Troja's Siegen als Vermächtniß
Der Schiffer nicht mehr sieht, als das Gedächtniß.

8.

Zum Pole tiefer hingebogen, ragen
Hyperboreërberg' in weitem Kranz,
Und jene, die vom Sturm den Namen tragen,
Worüber Winde zieh'n in stetem Tanz;
Da spendet Wärme kaum Apollo's Wagen,
Der unsre Welt erfreut mit mildem Glanz;
Die Berge sind in ew'gen Schnee gebettet,
Und Meer und Quellen stets von Eis gekettet.

9.

Da lebt der Scythen Volk in großen Schaaren;
Sie hatten in der grauen Fabelzeit,
Den Anspruch höh'ren Alterthums zu wahren,
Mit den Aegyptern harten Kampf und Streit.
Doch wessen Herz so ferne blieb dem Wahren,
(Denn Irrthum ist das Loos der Sterblichkeit)
Der möge nur, zu besserer Belehrung,
Damascus' Felder angeh'n um Erklärung.

10.

Dort hausen auch die Lappen; dort auch liegen
Norwegens Höh'n, von allem Fleiß versäumt,
Und Scandinaviens Inselreich, mit Siegen
Bekrönt, die ihm Italien willig räumt.
Durch diese Strecken sieht man Segel fliegen,
Wann starrer Winter nicht die Wasser zäumt;
Da wird Sarmatiens Ocean auf Kähnen
Beschifft von Preussen, Schweden und von Dänen.

11.

Ein seltsam Völkchen wohnt von hier zum Done,
(In andrer Zeit Sarmaten zugenannt)
Die Moskowiter; an Hercynia's Krone
Stößt Polen, einst der Marcomannen Land.
Der Sachse dann, der Böhme, der Pannone
Sind unterthan dem deutschen Reichsverband,
Und andre viel an kalten Rheingestaden,
Und die in Elb' und Ems und Donau baden.

12.

Vom fernen Ister bis zu jenen Strecken,
Wo Helle's Nam' und Leben einst entfloh'n,
Dehnt sich der Thraker Land, der tapfern Recken,
Dem Mavors wild entsproß als erster Sohn,
Wo Rhodope, wo Hämus jetzt in Schrecken
Gehorcht dem Türken, der in schnöden Hohn
Der Sklaverei Byzantium verstoßen:
O bittre Schmach für Constantin den Großen!

13.

Sofort erscheinen Macedonia's Auen,
Durch die des Axius kalte Wasser zieh'n,
Auch ihr, des Griechenlandes hehre Gauen,
Dem Geist und Muth und Sitte Ruhm verlieh'n,
Das Geister, durch der Rede kühn Vertrauen
Verherrlicht und voll hoher Phantasie'n,
Im Schooße trug, wodurch es drang zum Himmel,
In Künsten groß, und groß im Schlachtgewimmel.

14.

Hierauf Dalmatiens Volk, am Busen lebend,
Wo seine Stadt Antenor aufgestellt,
Venedig dann, stolz aus der Flut sich hebend,
Klein im Beginne, jetzt so hoch gestellt.
Vom Lande reicht in's Meer ein Arm, der strebend
In reicher Kraft, der Völker viel gefällt,
Ein starkes Volk, in seiner Geister Glanze
Nicht minder prangend, als mit Schwert und Lanze.

15.

Neptunus' Reich umspült es; eine Seite
Ist von Natur mit Mauern stark bewehrt;
Sein Mittel scheidet Apennin, im Streite
Der heimatlichen Waffen hoch verklärt.
Doch seit des Himmelpförtners Kron' es weihte,
Ist alle Kraft und Kriegskunst ihm versehrt;
Arm ist es nun, die alte Macht geschieden:
So sehr ist Gott mit Niedrigkeit zufrieden!

16.

Dann zeigt sich Gallia, durch die Siegstrophäen
Cäsars gefeiert auf dem Erdenrund,
Wo Seine und Rhone durch die Fluren gehen,
Auch die Garonne und Rhein mit tiefem Grund.
Sofort erheben sich die Pyrenäen,
Pyrene's Grab, wo, wie der Sage Mund
Berichtet, einst die Berg', in Glut ergossen,
In Strömen Golds und Silbers niederflossen.

17.

Schau, hier eröffnet sich dem Blick die Krone
Von ganz Europa, Spaniens edles Land,
Ob dessen Ruhm und vielbegehrtem Throne
Sich oft des Schicksals kreisend Rad gewandt;
Doch wird der Arglist und Gewalt zum Hohne
Es nimmer leih'n Fortuna's Unbestand,
Wenn sie zuvor nicht Kraft und Muth verzehrte
Den Kriegerherzen, die sein Schooß ernährte.

18.

Es gränzt an Tanger; das Gebirg verenge,
So scheint es, dort dem Mittelmeer die Bahn,
Wo sich erhebt die stolze Meeresenge,
Da Herkules sein letztes Werk gethan.
Hier wohnen andre Völker noch in Menge,
Um welche weithin spült der Ocean,
Mit solchem Adel, solcher Kraft gerüstet,
Daß jegliches sich als das erste brüstet:

19.

Der Tarragone, der mit kühnem Speere
Parthenope's unruhig Reich gefällt,
Navarrer und Asturier, die zur Wehre
Gestanden wider Mahoms Söhn' im Feld,
Das schlaue Volk Galliziens, der hehre
Castilier, den sein Planet bestellt,
Das Reich Hispanien wieder aufzubauen,
Leon und Bätis und Granada's Auen.

20.

Sieh dort, als Scheitel dieser Krone schaltet
Das Lusitanenreich, Europa's Hut,
Wo sich das Land birgt und das Meer entfaltet,
Wo Sol im Schooß des Oceanes ruht.
Wohl fügt' es Gott, der als der Heil'ge waltet,
Daß seiner Heere Kraft die Mohrenbrut
Von dannen trieb und in den heißen Zonen
Von Africa ihr ruhig wehrt zu wohnen.

21.

Da liegen meiner Heimat süße Gauen;
Und ist mir sichre Rückfahrt einst verlieh'n,
Und werd' ich hier mein Werk vollendet schauen,
Mag dort das Licht von meinen Tagen flieh'n.
Das sind des Lusitanenlandes Auen,
Dem Lusus oder Lysa Namen lieh'n,
Des Bacchus Sprossen oder Kampfgefährten,
Die unser Land als erste Herrn verklärten.

22.

Der Hirt entsproß hier, den des Namens Töne
Verkünden als den Mann von Kraft und That:
Wo wäre noch, der seinen Ruhm verhöhne,
Da dessen Rom sich nicht erdreistet hat?
Der Greis, der gierig schlingt die eignen Söhne,
Sah, nach des Himmels wandelbarem Rath,
Hier ein erlauchtes Königreich errichtet
Vor aller Welt. So ward es ausgerichtet:

23.

Ein Fürst, Alfons, war im Hispanenlande;
Der zog zum Streite mit den Mohren aus;
Durch Muth und Kraft im heißen Kriegesbrande
Vertilgt' er Land und Leut' in blut'gem Strauß.
Sein seltner Name flog von Calpe's Strande
Bis weit zum caspischen Gebirg' hinaus;
Wohl Mancher sucht' ihn auf, um Ruhm zu werben
In solchem Kampf und schönen Tod zu sterben.

24.

Und heftig von des Glaubens Lieb' entglommen,
Mehr, als von eitler Ehrbegier entbrannt,
War vieles Volk von' fern und nah gekommen,
Entfloh'n der Laren heimatlichem Strand.
Und als es sich im Waffenwerk vollkommen
Erwies durch Thaten, die sein Arm bestand:
Da dacht' Alfons, wie er die Helden ehre
Mit Gab' und Preis, der ihrer würdig wäre.

25.

Und Heinrich, Ungarns zweitem Königssohne,
Der sich durch manche Großthat ihm empfahl,
Bot er das Reich von Portugal zum Lohne,
Das nicht so herrlich blühte dazumal.
Und daß er noch mit größrer Lieb' ihm lohne,
Wünscht ihn Castiliens König als Gemahl
Theresa, seiner Tochter, anzutrauen;
Mit dieser wurden sein die stolzen Gauen.

26.

Als Heinrich drauf das Volk, das vom Geblüte
Der Hagar stammt, in großen Siegen zwang,
Und wie der Drang in tapferen Gemüthe
Ihn hieß, der nahen Lande viel' errang,
Gab ihm nach kurzer Zeit die höchste Güte,
Auf daß sie lohne solchem Thatendrang,
Den Sohn, der einst das Reich der Lusitanen
Verklären sollt' auf hohen Ruhmesbahnen.

27.

Schon war er damals aus dem großen Streite
Um Salems heil'ge Mauern heimgekehrt,
Vom Strome Jordan, den die Taufe weihte,
Die er dem menschgebornen Gott gewährt.
Kein Feind ersteht ja, der mit Gottfried streite,
Seit Juda seinen Herrn in ihm verehrt;
Drum hatten viel Genossen seiner Thaten
Sich wieder heimgewandt in ihre Staaten.

28.

Als Heinrich, der in seltner Kraft gewaltet,
Der Lebenstage letztes Ziel erreicht,
Und, wie das Schicksal unabwendbar schaltet,
Sein Geist zu dem, der ihn gelieh'n, entweicht,
Hat sich des Sohnes zarte Blum' entfaltet,
Der ganz des Vaters edlem Bilde gleicht,
Von keinem Tapfern jemals übertroffen;
Denn solchen Sohn ließ solch ein Vater hoffen.

29.

Doch maßt sich nun (wofern aus alten Zeiten
Die graue Sage Wahrheit uns erzählt)
Die Mutter an, den Staat für sich zu leiten,
Und schamlos wird ein zweiter Gatt' erwählt.
Des Sohnes Rechte sinnt sie zu bestreiten;
Denn bloß, weil ihr sein Vater sich vermählt,
Fiel dem die Herrschaft (gibt sie vor) zum Lohne,
Ihr aber nur gebühre dessen Krone.

30.

Doch Prinz Alfons — mit diesem Namen nannte
Der Jüngling sich, der ihn vom Ahn gelieh'n —
Kaum daß er seiner Krone Raub erkannte,
Und ihm der Mutter Tücke klar erschien,
Als kriegerische Wuth in ihm entbrannte,
Für seines Erbes Hut das Schwert zu zieh'n·
Und als er Alles nahm in Ueberlegung,
Folgt' auch die That der reiflichen Erwägung.

31.

Das Land, zu Bürgerfehden sich vermessend,
Färbt sich bei Guimaraëns mit eignem Blut,
Weil eine Mutter, so Natur vergessend,
Dem Sohn versagte Lieb' und Vatergut.
Sie zog hinaus, im Feld mit ihm sich messend;
Nicht sah die Stolze, was ihr Frevelmuth
Verschuldet wider Gott und Mutterliebe;
Denn stärker sind in ihr der Wolluft Triebe.

32.

Medea, Progne, grause Zeugerinnen!
Wenn ihr die eignen Söhn' entgelten laßt
Die fremde Schuld, der Väter bös Beginnen,
So trägt Theresa größrer Sünde Last.
Aus arger Habgier, schnöder Luft der Sinnen
Erwuchs die Schuld in unheilvoller Haft:
Ob einer ließ den Vater Scylla sterben,
Ob beider soll Theresa's Sohn verderben.

33.

Doch bald hat er die Obermacht errungen,
Hin war Fernando's und der Mutter Trug;
Schon beugte sich das Land, von ihm bezwungen,
Das wider ihn zuvor die Waffen trug.
Doch hat der Rache Geist ihn so durchdrungen,
Daß er der Mutter Hand in Ketten schlug;
Drum strafte bald der Himmel auch den Schuldigen:
So sehr gebührt sich's, Eltern fromm zu huldigen!

34.

Es sammeln sich Castiliens stolze Fahnen,
Zu rächen der Theresa Schmach mit Blut,
Und wenige nur sind die Lusitanen;
Doch keine Mühsal bricht den Heldenmuth.
Auf blutiger Gefilde rauhen Bahnen
Zieh'n sie geschirmt durch frommer Engel Hut;
So, nicht allein, besteh'n sie solches Toben;
Bald ist der Feind in wilder Flucht zerstoben.

35.

Nicht lange Zeit verging, als in den Mauern
Von Guimaraëns den tapfern Königssohn
Zahllose Macht umringte, die voll Trauern
Zu rächen schwur den ihr gebot'nen Hohn.
Doch da sich Egas weiht des Todes Schauern,
Sein treuer Lehrer, zieht er frei davon;
Weil ihn auf andre Weise trifft Verderben,
Erbeut der Diener sich für ihn zu sterben.

Dritter Gesang.

36.

Denn als der redliche Vasall erkannte,
Hier fromme seinem Herrn kein Widerstand,
Ging er zum Feinde, dem er frisch bekannte,
Er bürg' ihm für des Königs Kron' und Land.
Da zog das Kriegsvolk, das die Stadt berannte,
Von dannen, bauend auf des Wortes Pfand
Von Egas Moniz. Doch nichts stimmt auf Erden
Den Jüngling, Andern unterthan zu werden.

37.

Der festgesetzte Tag ist angebrochen,
Und der Castilier harrt voll Zuversicht,
Daß nun Alfons, wie sein Vasall versprochen,
Ihm leisten werde die gewünschte Pflicht.
So sah denn Egas seine Treu gebrochen;
(Doch dem Castilier ahnt' ein solches nicht;)
Drum will er aus dem Leben geh'n, dem süßen,
Um für das schlecht erfüllte Wort zu büßen.

38.

Mit Weib und Söhnen zieht er hin, die Bande
Zu lösen, die sein Wort ihm auferlegt,
Barfüßig, in zerrissenem Gewande,
Daß mehr, als Rache, sich das Mitleid regt.
Wenn ich, o Herr, ob meinem Unbestande
Soll büßen und dein Herz für Rache schlägt:
Da komm' ich, (spricht er) dir mich preiszugeben,
Und meine Schuld zu zahlen mit dem Leben.

39.

Blick' her! Der Gattin schuldlos Leben spende,
Die Söhne sonder Tadel opfr' ich dir,
Wenn schwacher Unschuld jammervolles Ende
Genügen mag des edlen Sinns Begier!
Sie, die allein gefehlt, o schau, die Hände,
Die Zunge, die gefrevelt, bring' ich hier;
Versuch' an ihnen Pein, Tod, alle Plagen,
Die Sinis aussann, die Perill getragen!

40.

Wie vor des Henkers Antlitz ein Verbrecher
Erschauernd auf den Richtblock legt das Haupt,
Der schon im Leben trank des Todes Becher,
Und auf den Streich harrt, der sein Leben raubt:
So, wie vor einer Unthat zorn'gem Rächer,
Steht Er, der Alles schon verloren glaubt;
Doch mild Erbarmen fühlt der Fürst, und Schonung,
Nicht Rache, wird der selt'nen Treu Belohnung.

41.

O große Treu, die Portugal geboren!
Der Diener will den Tod für sich zum Lohn!
That jener Perser, der sich Nas' und Ohren
Verstümmelt, mehr für des Darius Thron?
Doch war sein Fürst in solchen Gram verloren,
Daß, während tausend Seufzer ihm entfloh'n,
Er ausrief, wenn nicht also litt sein Treuer,
Nicht zwanzig Babel wären ihm zu theuer.

42.

Doch schon bereiten sich die Lusitanen,
Die Glücklichen, die Fürst Alfonso lenkt,
Den Pfad zum Mohrenlande sich zu bahnen,
Das Tago's hell anmuth'ge Woge tränkt.
Schon sind die stolzen, kriegerischen Fahnen
Zur fernen Flur Ourique's hingelenkt,
Ein Volk, obwohl gering an Macht und Menge,
Und dort der Mohren feindliches Gedränge.

43.

Nur auf den höchsten Gott steht ihr Vertrauen,
Zu dem in Demuth alle Himmel fleh'n;
Denn Christen sind an Zahl so klein zu schauen,
Daß wider Einen hundert Mohren steh'n.
Wer Alles wägt in stillem Ueberschauen,
Wird hier Tollkühnheit mehr als Kühnheit seh'n,
Zum Kampfe mit so großer Macht zu schreiten,
Daß wider Einen Ritter hundert streiten.

44.

Fünf Könige der Saracenen kamen,
Von welchen Ismar weit der stärkste war;
Sie hatten alle großen Ruf und Namen
Erstritten auf dem Felde der Gefahr.
Den Freunden folgen kriegerische Damen,
Gleich jener Frau, beherzt und wunderbar,
Der Trojer Hort, als Troja's Mauern sanken,
Gleich jenen, die Thermodons Welle tranken.

45.

Des Morgens heiterm, kühlem Lichte neigte
Der Sterne Chor sich schon zum Himmelsrand,
Als sich Maria's Sohn am Kreuze zeigte,
Der den Alfons mit neuem Muth durchmannt.
Zu Ihm, der huldvoll so sich niederneigte,
Ruft betend er, von Glauben ganz entbrannt:
Nicht mir, mein Gott und Schöpfer, der an Deine
Macht glaubt, — den Glaubenlosen, Herr, erscheine!

46.

Und von der seltnen Wunderschau entzündet,
Staunt hoch das Heldenvolk aus Portugal;
Als seines Vaterlandes Haupt verkündet
Es den geliebten Herrn mit Jubelschall.
Des Mohrenvolkes mächt'gem Heere kündet
Sein Freudenruf dies an im lauten Hall,
Der durch die Lüfte rauscht vieltausendtönig:
Heil, Heil Alfons, dem Portugiesenkönig!

47.

Wie von der Jäger lärmendem Geleite
Gespornt, der Dogge Wuth in hohem Wald
Den Stier anfällt, der ohne Wank im Streite
Vertraut des Hornes furchtbarer Gewalt;
Jezt hängt sie sich ans Ohr, jetzt an die Seite,
Und leiser immer ihr Gebell erschallt,
Bis sie zulezt die Gurgel ihm zerschmettert,
Und die Gewalt des Starken niederwettert:

Dritter Gesang.

48.

So stürmt mit seines Heeres Heldenschaaren,
Für Gott und für sein Volk entflammt von Glut,
Der neue König wider die Barbaren,
Die kampfgerüstet steh'n, in raschem Muth.
Indeß erhebt sich von den Unsühnbaren
Verworr'ner Lärm; die Horde glüht voll Wuth,
Und Lanz' und Bogen brennt; weithin erdröhnen
Drommet' und Kriegsposaun' in Donnertönen.

49.

Gleichwie die Flamme sich auf dürrem Anger
Entzündet, und — wenn Boreas in Hast
Sich zischend hob — vom Hauch des Windes schwanger,
Den trocknen Wald mit Feuerarmen faßt,
Und wie das Volk der Hirten dann, in banger
Betäubung aufgeschreckt aus süßer Rast
Vom Lärm der Glut, die tosend weiter ziehet,
Die Heerde sammelt und zum Dorfe fliehet:

50.

So gürtet nun, betäubt und tolles Muthes,
Der Mohr in blinder Eile sich die Wehr:
Nicht flieht er: nein, voll kühnen Uebermuthes
Spornt er sein kriegerisches Roß daher.
Der Portugies', im Durst des Mohrenblutes,
Bohrt in das Herz der Feinde seinen Speer:
Die sinken halbtodt hin, und Andre flehen
Zum Koran, gnädig ihnen beizustehen.

51.

Und lauter immer, als ob Felskolosse
Aus ihrem Grund sich hüben, tobt die Schlacht,
Und wuthvoll rennen dort und hier die Rosse,
Die einst Neptunus' Stoß an's Licht gebracht.
Wild auf einander prallen die Geschosse;
Des Krieges Glut wogt allhin angefacht,
Und Lusus' Söhn' in Wuth zerhau'n, durchbohren
Brustharnisch, Küraß, Panzerhemd der Mohren.

52.

Hier tanzen Köpf' am Boden auf der Heide,
Dort, ohne Herrn und Leben, Arm und Bein;
Von Andern zucken noch die Eingeweide,
Blaß ist die Farbe, todt der Augen Schein.
Schon zieht vom Wahlfeld ab der stolze Heide;
Da wallen Bäche Blut's in langen Reih'n,
Daß der Gefilde Farb' im Roth erdunkelt,
Die kaum zuvor in Weiß und Grün gefunkelt.

53.

Mit reicher Beute, manchem Siegesbilde
Geh'n Lusus' edle Söhn' aus diesem Streit:
Drei Tage ruht der König im Gefilde,
Als er die Fünf dem Untergang geweiht.
Dann bildet er im stolzen, weißen Schilde,
Der heute noch dem Siege Zeugnis leiht,
Fünf azurblaue Schild' als helles Zeichen,
Daß Fünf vor ihm im Felde mußten weichen;

54.

Und auf den fünf die dreißig Silberlinge,
Um welche Judas seinen Gott verrieth,
Daß er das Zeugnis in viel Farben bringe
Von Jenem, der ihm seine Huld beschied.
Für jeden von den fünf weiht' er fünf Ringe,
Weil also nur die volle Zahl gerieth,
Den mittlern aus den fünf im Kreuze wählend,
Und einmal ihn und wieder einmal zählend.

55.

Und als ihm dieser große Sieg gelungen,
Geh'n wenig Monde hin; da zieht der Held
Vor Leiria, das der Heide jüngst errungen,
Und bald erliegt's von seinem Arm gefällt.
Auch Arronchez, das tapfre, wird bezwungen,
Und, dessen Nam' erfüllt die weite Welt,
Scabelicastro's heiteres Gefilde,
Das du, o Tago, tränkst in klarer Milde.

56.

An diesen edlen Kranz bezwungner Städte
Fügt sein beherzter Arm auch Mafra bald;
Auf Luna's hochberühmter Bergeskette
Beugt sich den Starken Cintra's kühler Wald,
Cintra's, wo die Najad' im dunklen Bette
Der Quellen jach dem süßen Netz entwallt,
Wenn sie in holden Bund bestrickt die Liebe,
In Wassern weckend Glut der heißen Triebe.

57.

Und du, Lisboa, auf dem Erdenrunde
Mit Recht der Städte Königin genannt,
Erbaut von Ihm mit dem beredten Munde,
Vor dessen Arglist Troja fiel in Brand!
Du, der sich beugt das Meer mit tiefem Grunde,
Du beugtest dich der Portugiesen Hand,
Für die zur Hülfe vom entleg'nen Norden
Die tapfre Flotte war gesendet worden.

58.

Von der Britannen kaltem Insellande,
Vom deutschen Elbstrom und vom fernen Rhein
Zog, heil'gen Muthes voll, die Kriegerbande,
Der Mohren Volk dem Untergang zu weih'n.
Schon trieben sie vor Tago's heitre Strande,
Wo mit Alfons, dem großen, im Verein,
Dem König, dessen Ruhm die Himmel kannten,
Sie des Ulysses alte Stadt berannten.

59.

Der Mond barg fünfmal sich und fünfmal wieder
Zeigt' er sein volles Angesicht der Welt;
Da lag die hohe Stadt in Sturmenieder,
Von der Belagrer schwerem Arm gefällt.
So wild, so blutig tobt des Kampfes Hyder,
Als hier Verzweiflung und Muth gesellt
Zum Widerstande rief die Ueberwund'nen,
Dort Kühnheit spornte die zu Sieg Verbund'nen.

60.

In solcher Weise fiel die Ruhmgekrönte,
Die auf der Urzeit längst entflog'ner Bahn
Der Uebermacht der Scythen niemals fröhnte,
Den wilden, kalten Horden unterthan,
Von deren Macht der Ruf so weit ertönte,
Daß Ebro, Tago sie voll Schrecken sah'n,
Und die so viel vermocht an Bätis' Strande,
Daß sie Vandalia's Namen lieh'n dem Lande.

61.

Welch andre Stadt, ob strahlend auch im Glanze
Der Waffen, möchte fortan widersteh'n,
Wenn selbst Lisboa nicht die schwere Lanze
Des so gepries'nen Volkes mag besteh'n?
Obidos, Torres Vedras und das ganze
Estremadura sieht sein Banner weh'n,
Und Alemquer, wo zwischen Felsgewinden
Sich frische Wasser lieblich rauschend winden.

62.

Auch ihr, wo Ceres' goldne Gaben sprießen,
Jenseit des Tagostromes, edle Gau'n,
Müßt unterthan die Mauern ihm erschließen,
In mehr als menschlicher Gewalt euch schau'n!
Und will dein Fleiß des Landes Frucht genießen,
So täuschte dich, o Maure, dein Vertrau'n;
Denn Serpa, Moura, Elvas, Alcaceres
Erliegen der Gewalt des Siegerheeres.

63.

Die stolze Stadt, die freundlich und gewogen
Sertorius die Wohnung einst gewährt,
Wo nun der klare Strom in Silberwogen
Von ferne ziehend Land und Leute nährt,
Da, wo die hundert königlichen Bogen
Sich in die Lüfte heben hoch verklärt,
Auch diese beugt sich vor Giraldo's Muthe,
Der niemals Furcht empfand im kühnen Blute.

64.

Um für Trancoso Rache zu erhalten,
Zog dann vor Beja's Stadt Alfons heran,
Der, durch den Ruhm des Lebens kurzes Walten
Sich zu verlängern, niemals rasten kann.
Die Stadt vermag nicht lange sich zu halten;
Und als er sie nach kurzem Streit gewann,
Weiht' Alles, was da Leben hat, der Sieger
Dem Schwerte seiner wuthentbrannten Krieger.

65.

Er nahm zugleich Palmella den Barbaren,
Mit ihm Cezimbra, reich an Fischerei'n,
Und nieder schlägt er starke Heeresschaaren,
Weil ihren Schuz ihm holde Sterne leih'n.
Dies hat die Stadt, ihr Herr hat dies erfahren,
Der eilend, sie vom Feinde zu befrei'n,
Herabzog, durch die Höh'n den Weg sich bahnend,
Und solchen Sturms Begegnung nimmer ahnend.

66.

Badajoz Herrscher war's, ein stolzer Heide;
Viertausend Rosse zieh'n mit ihm heran,
Zahllose Fußknecht' auch, von Goldgeschmeide
Umblinkt, mit Waffen herrlich angethan.
Doch wie der Stier im Maimond auf der Weide,
Von Liebesbrunst entglüht, in blindem Wahn
Voll Wuth umhertobt, hört er Tritte nahen,
Und Wandrer anfällt, die sich nichts versahen:

67.

So stürzt Alfons, urschnell erscheinend, schrecklich
Auf ihn, der harmlos zieht am Bergeshang,
Haut um sich, stößt, durchbohrt, wirft nieder kecklich;
Der König flieht, nur um sein Leben bang;
Zu folgen nur, für keinen Kampf erwecklich,
Sucht ihm sein Heer, das pan'sche Furcht bezwang;
Doch die dem Feinde solch ein Ungewitter
Erregten, sind nicht mehr als sechzig Ritter.

68.

Dem Siege folgt in unverwandtem Eilen
Der starke Held, der nicht zu ruh'n vermocht,
Und Hülf' aus seines Reiches fernsten Theilen
Wird ihm, der neue Lande stets bejocht.
Badajoz schließt er ein, und ohne Weilen
Errang er seiner Wünsche Ziel: er focht
Mit solcher Kühnheit, solcher Kraft und Kunde,
Daß er es beigesellt der andern Bunde.

69.

Doch wenn die Gottheit manchmal auch verziehend,
Die Strafe war am Schuldigen vollstreckt:
Ob, daß er sich ermannt, die Sünde fliehend,
Ob um ein Andres, was kein Mensch entdeckt:
Wenn bisher immer sich der Fahr entziehend,
Den Helden nichts aus seiner Bahn geschreckt:
Säumt länger nun nicht über seinem Haupte
Der Mutter Fluch, der er die Freiheit raubte.

70.

Denn als in Badajoz er eingezogen,
Umzingelt ihn der Leonesen Heer,
Dieweil er ihnen jene Stadt entzogen,
Wo nie geher des Perugiesen Speer.
Da wird sein Trotz ihm theuer zugewogen,
Wie solches oft geschieht im Weltverkehr:
Das Bein zerschellt' ihm, als er voll Verlangen
Zur Schlacht auszog, er wird besiegt, gefangen.

71.

Nicht härme dich, Pompejus, großer Krieger,
Wenn dir der Thaten Ehre ward geraubt,
Wenn die gerechte Nemesis dem Schwieger
Die Stirne mit des Sieges Palm' umlaubt:
Ob dir der kalte Phasis auch, dem Sieger,
Spene, wo kein Schatten labt das Haupt,
Das Eis des Nordens und die heiße Zone,
Vereint erbebte deines Namens Tone.

72.

Da dich Arabia's Au'n und die Gefilde
Der Kolcher, die das goldne Vließ verklärt,
Sophene, Cappadocien und das milde
Judäa, das nur Einen Gott verehrt,
Da dich die Eniocher und das wilde
Cilicien und Armenia's Strand, genährt
Vom Doppelstrome, der aus heil'ger Quelle
Dem Berg entspringend, abwärts gießt die Welle;

73.

Und da man dich zuletzt von Atlas' Meeren,
Bis wo sich Taurus in die Lüfte baut,
Obsiegen sah, nicht möge dich's beschweren,
Wenn deinen Fall Emathia nur geschaut;
Alfons auch fällt in des Triumphes Ehren,
Er fällt, der Alles sich zu Füßen schaut.
Du wurdest, wie des Himmels Rath befunden,
Vom Schwieger, er vom Eidam überwunden.

74.

Als nun der König in die Heimat kehrte,
Da Gott an ihm sein Strafgericht vollbracht,
Und dann, bedrängt in Santarem, am Schwerte
Der Saracenen sich erwies mit Macht,
Darauf Vincenz', des Märtyrers, verehrte
Gebeine nach Ulysses' Stadt gebracht,
Die er dem stolzen Vorgebirg' entführte,
Das von dem Heil'gen seinen Namen führte:

75.

Gebot, um schnell zu fördern, was ihn lüstet,
Der müde Greis dem wackern Heldensohn,
Mit Volk und kriegerischer Wehr gerüstet,
Die Gau'n jenseits des Tago zu bedroh'n.
Dom Sancho, der in Jugendkraft sich brüstet,
Drang immer vorwärts und die Feinde floh'n;
Er färbt Sevilha's Strom, voll hohes Muthes,
Mit schauervollem Roth des Mohrenblutes.

76.

Und nimmer ruht, entflammt von solchem Siege,
Der Jüngling, eh' in gleicher Art gefällt,
Vor seinem Arm auch der Barbar erliege,
Der Beja's Mauern eng umschlossen hält;
Und bis er seiner Wünsche Kron' ersiege,
Ermattet er nicht auf des Glückes Feld.
So mag der Mohr, bei der Verluste Grauen,
Auf Rache nur die letzte Hoffnung bauen.

77.

Schon rotten die vom Atlas sich in bunter
Heerschaar, vom Berge, der den Himmel trug;
Sie zieh'n von Ampelusa's Kap herunter,
Aus Tingi, das Antäus' Joch ertrug;
Auch die vom Abyla zieh'n frisch und munter
Heran, gerüstet naht in langem Zug,
Bei'm rauhen Klang der mauritan'schen Tuba,
Das Volk, einst unterthan dem edlen Juba.

78.

Von dieser ganzen Heereskraft geleitet,
Brach der Miramolin in Portugal;
Er wird von dreizehn Königen begleitet,
Und jeder ist ihm pflichtig als Vasall.
Drauf als er Uebles aller Art bereitet,
Wohin er ausgoß seiner Horden Schwall,
Wird Sancho's Heer in Santarem bedrängt;
Doch nicht gelingt, was er sich unterfängt.

79.

Graunvollen Angriff, ein ergrimmter Rächer,
Und tausend Listen spart der Heide nicht;
Doch weder Mine frommt, noch Mauerbrecher,
Noch der Balisten furchtbares Gewicht;
Der Sohn Alfonso's ist an Muth nicht schwächer,
Noch schwand Besinnung ihm noch Zuversicht;
Denn Alles sieht er vor, klug und bedächtig,
Und überall zum Widerstande mächtig.

80.

Doch als dem Greise, den ein thatenvolles,
Glorreiches Leben schon zu rasten zwingt,
In jener Stadt, wo sich der Wiesen volles
Grün um Mondego's klare Wasser schlingt,
Vom Sohn die Kunde kam, daß ihn ein tolles
Barbarenheer in Santarem umringt:
Flugs eilt er aus der Stadt zum Kriegsgeschäfte
Ihm lähmt das Alter nicht die frischen Kräfte.

81.

Mit seiner edeln, kampfgewohnten Bande,
Der Portugiesenmuth im Busen schwillt,
Zieht er dem Sohne zu, der bald mit Schande
Dem Mohrenheere seinen Troz vergilt.
Kopfbünd' in vielen Farben, Kriegsgewande,
Bedecken rings das lange Schlachtgefild;
Zeug und Geschirre, reicher Raub den Siegern,
Und Rosse liegen bei erschlag'nen Kriegern.

82.

Die andern Mohren all' in Eil' entziehen
Sich durch die Flucht dem feindlichen Gebiet;
Nur der Miramolin mag nicht entfliehen,
Weil, eh' er flieht, das Leben ihm entflieht.
Zu Ihm, der gnädig diesen Sieg verliehen,
Steigt ohne Maß des Dankes preisend Lied;
Denn aus der Fahren seltsamer Verkettung
Schafft mehr, als Menschen, Gottes Huld Errettung.

83.

Die frischen Lorbeern solcher Siege pflückend,
Gönnt sich Alfons der edeln Mühen Rast,
Als ihn, der Alles endlich niederdrückend
Umherzog, auch erdrückt der Jahre Last.
Den matten Leib mit kalter Hand durchzückend,
Hat ihn der Krankheit blasse Wuth gefaßt,
Und also zahlten ihre Schuld die Jahre
An Libitina's traurigem Altare.

Dritter Gesang.

84.

Die hohen Berge seufzen, ihn beklagend,
Und über lange Saatgefilde zieh'n
Die Wogen der Gewässer bang und zagend;
Mitleidig flutet ihre Thrän' um ihn.
Von seinen Thaten, seinem Muthe sagend,
Wallt Fama weit in alle Lande hin,
Daß Echo durch sein Reich mit eitlem Schalle
Stets ruft Alfons, Alfons! im Widerhalle.

85.

Sancho, der Held, ein Jüngling noch an Jahren,
Des Vaters Ebenbild in hohem Muth,
Und schon in früher Jugend vielerfahren,
Da Bätis' Woge sich gefärbt mit Blut,
Der jüngst des Andaluserkönigs Schaaren
Vernichtet, Ismaëls verhaßte Brut,
Und dessen Arm noch mehr das Heer erkannte,
Das Beja's Mauern ohn' Erfolg berannte;

86.

Als der des Herrscherthrones sich erfreute,
Und wenig Jahre seines Reichs vollbracht,
Rückt' er vor Sylves' Pforten und bedräute
Der Mohren hier längst angesess'ne Macht.
Beistand verlieh'n ihm brave, wackre Leute
Der deutschen Flotte, die sich aufgemacht,
Auf daß sie Juda's langverlornes Erbe
In tapfrer Fehde wiederum erwerbe.

87.

Sie zogen von des Kreuzes Hut beschattet,
Um unter Rothbart Friederich's Panier
Den Ort, wo Christus litt und ward bestattet,
Zu schützen vor des Heiden blinder Gier,
Als Guido schon mit seinem Volk, ermattet
Von Durst, o großer Saladin, sich dir
Ergeben, wo des Wasserquells die Christen
Bedurften, den die Feinde nicht vermißten.

88.

Die schöne Flotte, die von Stürmen heftig
Verfolgt, getrieben war an jenen Strand,
Will Sancho nun, zu Schuz und Truz geschäftig,
Im wilden Kriege leih'n die fromme Hand,
Wie seinem Vater gleiche Hülfe kräftig,
Als er Lisboa nahm, zur Seite stand,
Und unterstüzt von deutschen Männern, bringt er
In Sylves ein, und Stadt und Leute zwingt er.

89.

Und wenn so hohe Siegstrophä'n ihn schmücken
Von Mahomet, soll auch die öde Flur
Des Leonesen Friede nicht beglücken,
Der Mavors eingedrückt des Krieges Spur,
Bevor er auf der stolzen Tui Rücken
Sein Joch gelegt, die gleiches Loos erfuhr,
Wie manche Städte, die ihr nahe lagen,
Und die, o Sancho, du mit Schmach geschlagen.

90.

Doch unter solchen Palmen rafft die schwere
Gewalt des Todes ihn; da folgt sein Sohn,
Alfons der zweite, der von Allen Ehre
Genoß, als dritter König auf dem Thron.
In jenen Tagen auch ward Alcacere
Do Sal entrissen zu verdientem Lohn
Dem Mohren, der es früher eingenommen,
Und theuer ist ihm da sein Troz bekommen.

91.

Alfons verschied; ihm folgt' auf seinem Throne
Der andre Sancho, der in dumpfem Wahn
So ganz sich hingab in der Trägheit Frohne,
Daß Unterthanen er war unterthan;
Ihn überhob das eigne Volk der Krone,
Um einen andern Herrscher zu empfah'n,
Dieweil er Frevel aller Art gebilligt,
Und was ein Günstling rieth, ohn' Arg bewilligt.

92.

Zwar Sancho war so nicht in Schmach versunken,
Wie Nero, der zu schnödem Eheband
Sich Knaben auslas, und von Geile trunken,
Blutschänderisch der Mutter sich verband;
Nicht so verlosch in ihm der Menschheit Funken,
Daß er die Stadt, wo er gelebt, verbrannt;
Noch mocht' er, Elagabal gleich, sich brüsten,
Noch fröhnt' er, wie Sardanapal, den Lüsten:

93.

Noch schaltet' er, wie in der Vorwelt Tagen
Sicilia's Herrn, als blutiger Tyrann;
Auch nicht erdacht' er so graunvolle Plagen,
Wie Phalaris in arger Lust ersann;
Doch Lusus' Reich, gewohnt, nur Herrn zu tragen,
In Allem groß, erkennt ihn nicht mehr an,
Und keinem König mag es gerne dienen,
Der nicht vortrefflicher, als all', erschienen.

94.

Den Grafen von Bolonha drum erkannte
Das Volk als Herrn und gab ihm Königsmacht,
Als Sancho, der in steter Ruh Entmannte,
Sein Bruder, hinsank in des Todes Nacht.
Er, welcher sich Alfons den Tapfern nannte,
War auf die Mehrung seines Reichs bedacht,
Nachdem er rings beruhigt seine Marken;
Das kleine Land faßt nicht den Geist des Starken.

95.

Algarbien, ihm verleih'n als Heiratschenkung,
Bezwingt er großen Theils mit Heereskraft,
Und schnell, durch Mavors' ihm gewogne Lenkung,
Hat er die Heiden aus dem Land geschafft.
Zur Herrin, frei von jeglicher Beschränkung,
Hebt Lusitania sich durch seine Kraft,
Und in dem Land, zu Lusus' Erb' erkoren,
Erliegt vor ihm das tapfre Volk der Mohren.

96.

Ihm folgte Dionys, durch Geist und Güte
Des Heldenkönigs und des Vaters werth,
Durch den des Ruhmes hoher Kranz verblühte,
Der Alexanders edle Zeit verklärt.
Durch ihn gedieh das Reich zu voller Blüte,
Und hehrer, goldner Fried' ist eingekehrt,
Verfassung, Sitten und Gesez' erneuend,
Und alles Land mit hellem Licht erfreuend.

97.

Er weiht zuerst Coimbra den Altären
Minerva's, hier zu bau'n der Künste Thron;
Und an Mondego's Ufern einzukehren,
Verließ der Musen Chor den Helicon.
Was einst in seinem Schooße zu gebären
Athen vermochte, schuf hier Leto's Sohn,
Und Kränz' aus Baccar und in Goldes Glanze
Fügt' er dem ewig grünen Lorberkranze.

98.

Viel edle Städte, Burgen und Castelle
Zum Schuz erbaute Dionys alsbald;
Prachtvolle Bauten, hochgethürmte Wälle
Verlieh'n dem Reich erneuerte Gestalt.
Doch als ihm auf des reifen Alters Schwelle
Den Faden abriß Atropos' Gewalt,
Folgt' ihm ein böser Sohn, Alfons der vierte,
Der dennoch tapfer und mit Kraft regierte.

99.

Den stolzen Uebermuth der Horden Spaniens
Verachtet' er mit kecker Zuversicht;
Vor einer größern Macht, als Lusitaniens,
Ob auch die seine kleiner, bangt' ihm nicht.
Doch als die rohen Heere Mauritaniens,
Auf den Besiz Hesperia's erpicht,
Castilien anzufallen sich erdreisten,
Will Beistand ihm Alfons, der stolze, leisten.

100.

Nie führte durch Hydaspes' weite Gauen
Semiramis so vieles Volk zur Schlacht,
Nie zog mit Attila, der, Rom ein Grauen,
Als Geißel Gottes furchtbar sich gemacht,
So vieles Gothenvolk, als auf den Auen
Tarifa's jezt der Saracenen Macht
In staunenswerther Zahl sich eingefunden,
Granada's ungeheurer Macht verbunden.

101.

Und als der Herr Castiliens erkannte,
Welch unbezwinglich Heer ihn rings bedroht,
Und mehr noch um sein Volk in Furcht entbrannte,
Das schon besiegt ward, als um eignen Tod:
Da zu dem tapfern Lusitanen sandte
Er das geliebte Weib, in solcher Noth
Ihn um gewognen Beistand anzugehen,
Sie, Tochter deß, zu dem sie sollte flehen.

102.

Maria, von der Schönheit Glanz umflossen,
Trat in des Vater's hohe Pforten ein;
Mild ist ihr Blick, doch nicht für Freud' erschlossen,
In Thränen badet sich der Augen Schein;
Die engelschönen Haare zieh'n ergossen
Um ihre Schultern, weiß wie Elfenbein;
Und vor dem trauten Vater sich erschließend,
Nahm sie das Wort, in Thränen sich ergießend:

103.

So weit die Gau'n von Africa sich breiten,
Kam, von Marocco's König hergelenkt,
Um Spaniens edle Lande zu erstreiten,
Ein Volk, in rohe Wildheit ganz versenkt.
Nie sah man solche Macht vereinigt streiten,
Seitdem das bittre Meer die Erde tränkt;
So zügelloser Wuth sind all' ergeben,
Daß zagt, was lebt, und selbst die Todten beben.

104.

Er, den du mir zum Gatten einst erkoren,
Hat sich bereitet mit dem kleinen Heer,
Sein zitternd Land zu schützen vor dem Mohren,
Der, ihn zu fällen, hob den kühnen Speer.
Für mich ist er, für mich das Reich verloren,
Kommt uns von dir nicht Hülfe rasch daher;
Dann werd' ich freudelos, in öden Mauern,
Ohn' Ehgemahl und Reich, als Wittwe trauern.

105.

Deßhalb, o Herr, vor dem Moluca's Welle
In kaltem Schreck zum Eise sich verkehrt,
Brich allen Aufschub! Hülfe, rasch und schnelle,
Sei Spaniens bedrängtem Volk gewährt!
Wenn in den Zügen dir, so froh und helle,
Des Vaters echte Liebe sich verklärt,
Hilf, eile, Vater; denn willst du nicht eilen,
So kannst du keinem Hülfe mehr ertheilen.

106.

Nicht anders sagt', in schüchternem Verlangen,
Maria dies, als Venus, die dem Sohn
Aeneas. der das Meer durchzog, voll Bangen
Vom Vater Gunst erfleht' an seinem Thron.
Und solches Mitleid nahm sein Herz gefangen,
Daß ihm der Stab entsank, und Alles schon
Des Vaters Huld ihr liebevoll gewährte,
Bekümmert, daß sie nicht noch mehr begehrte.

107.

Schon wimmeln die Geschwader durch das ganze
Gefild Ebora's weithin ausgestreckt;
Die Sonne blitzt auf Degen, Harnisch, Lanze
Die Rosse wiehern, blank mit Stahl bedeckt.
Die Tuba, die zu heller Waffen Tanze
Die Geister aus gewohntem Frieden weckt,
Geziert mit Bändern, dröhnt in wildem Klange,
Und durch des Himmels Wölbung hallt es lange.

108.

Im Mittel ragt vor Allen, vom Geleite
Der königlichen Zeichen stolz umschwebt,
Alfons der Starke, der in ferne Weite
Aus allem Volke hoch das Haupt erhebt.
Sein Anblick schon haucht Lebensmuth zum Streite
In jede Seele, die von Furcht erbebt;
So zieht er nach Castilien mit der schönen,
Geliebten Tochter, ihren Wunsch zu krönen.

109.

Schon harrt der zween Alfonse, da sie endlich
Sich auf Tarifa's weiter Flur vereint,
Der Mohren blinde Menge, so unendlich,
Daß Feld und Berg für sie zu klein erscheint.
Zu solchem Muth erhebt sich nicht ein endlich
Gemüth, daß alle Furcht ihm niedrig scheint,
So lange nicht ein fester Glaub' es leitet,
Daß Christus mit dem Arm der Seinen streitet.

110.

Mit keckem Wort verhöhnt der Hagarenen
Geschlecht des Christen unscheinbare Macht;
Die Länder theilen sich die Saracenen
Als schon errungne Beute vor der Schlacht;
Wie diesen Namen einst in falschem Wähnen
Dies Heidenvolk zum seinigen gemacht,
So nennt es mit erlognem, falschem Scheine
Nun auch das edle fremde Land das seine.

111.

Wie Goliath, der Riese, wild entrüstet,
Daß König Saul mit Recht vor ihm erbebt,
Als, nur mit Steinen und mit Muth gerüstet,
Der Hirt sich wehrlos wider ihn erhebt,
Mit stolzen Worten ohne Scheu sich brüstet,
Und sich des nackten Knaben überhebt,
Der, seine Schleuder schwingend, ihn belehret,
Daß Glaube mehr, als Menschenkraft, gewähret:

112.

So höhnt der falsche Mohr mit dreistem Spotte
Des Christenvolkes Macht; ihm ahnt es nicht,
Daß sie geschirmt ist von dem starken Gotte,
An welchem sich der Hölle Schrecken bricht.
Der Spanier wirft sich auf Marocco's Rotte,
Durch Ihn gedeckt und eigne Zuversicht;
Der Portugiese, sonder Furcht und kecklich,
Macht sich Granada's Heeresmassen schrecklich.

113.

An Harnische mit mächtigem Gedröhne
Prallt Lanz' und Schwert: ha, welch Verheerungsgrau'n!
Dort rufen Mahom's, hier San Jago's Söhne
Des Glaubens Hort an, welchem sie vertrau'n.
Zum Himmel hallt Verwundeter Gestöhne;
In Seeen Blutes wandeln sich die Gau'n,
Worein erstickend sinken Halbentseelte,
Wenn ihres Lebens das Geschoß verfehlte.

Dritter Gesang.

114.

So zwang der Lusitan' in wildem Morden
Granada's Volk, und wie mit einem Mal
War diese Macht vor ihm zunicht geworden,
Und keine Wehr half, keine Brust im Stahl.
Noch nicht begnügen sich die tapfern Horden,
So wohlfeil zu erhöh'n solch Siegesmal,
Und geh'n zu helfen dem beherzten Spanier,
Der im Gefecht ist mit dem Mauritanier.

115.

Schon öffnet sich dem glüh'nden Sonnengotte
Das Haus der Thetis; auf der Erde lag
Der Abend schon und nach des Westes Grotte
Entführt' er den gepries'nen, hellen Tag,
Als vor der Fürsten tapfrem Arm die Rotte
Der grausen Mohren völlig unterlag;
Und so viel Krieger mußten dort erliegen,
Daß nie die Welt gehört von gleichen Siegen.

116.

Nicht Marius hat den vierten Theil getödtet
Der Menge, die in jenem Siege sank,
Als er den Strom, von Feindes Blut geröthet,
Dem durst'gen Römerheere bot zum Trank,
Nicht, ob ihr viele Siegsmal' auch erhöhtet,
Ihr Pöner, Roms Erbfeinde sonder Wank,
Und seiner Edeln ihm so viel' erschluget,
Daß ihr drei Maße goldner Ring' enttruget.

117.

Und wenn du so viel Seelen einst entsendet
Zu des Cocytus dunkler Schattenwelt,
Als du Judäa's alten Brauch geendet,
Und seine Stadt, die heilige, gefällt;
Nicht deines Armes Kraft hat dies vollendet,
Nein, Gottes Zorn war's, Titus, edler Held!
Wie's der Propheten Chor im Geist gewahrte,
Und Jesu Wort es später offenbarte.

118.

Doch als, von solchen Sieges Glück umgeben,
Alfons in Lusus' Land sich aufgemacht,
Des Friedens Kranz mit gleichem Ruhm zu weben,
Als er gewonnen jüngst in schwerer Schlacht,
Hat sich die ewig grause That begeben,
Die Todte schreckt aus ihrer Grabesnacht;
Da brach der Armen Herz im grausen Hohne,
Die nach dem Tod errang die Königskrone.

119.

Du Lieb' allein, du, die voll herben Zwanges
In ihren Kreis die Menschenherzen bannt,
Du warest Ursach' ihres Unterganges,
Als ob sie treulos dir sich abgewandt.
Wenn nicht der Zähren Bitt're deines Dranges
Grausame Macht zu sänftigen verstand:
So willst du nur, voll rauhen Herrschermuthes,
Dich sättigen im Bad des Menschenblutes.

120.

In Ruh, o Ines, warest du gebettet,
Als du der Jugend süße Frucht gepflückt,
An einen heitern, blinden Traum gekettet,
Den das Geschick dir, Holde, bald entrückt,
In des Mondego Blütenau'n gerettet,
Die deines schönen Auges Thau beglückt,
Wo du Gebirg' und Thal' in süßen Schmerzen
Den Namen lehrtest, der dir lebt' im Herzen;

121.

Wo die Erinn'rungen dir widerhallten,
Die deines Fürsten Seele mild umschwebt,
Die stets dein Bild vor seinem Aug' entfalten,
Wenn er den schönen Augen ferne lebt,
Die in Gedanken Tags vorüberwallten,
Die Nachts mit Träumen täuschend ihn umwebt:
Denn Alles, was er sann und was er schaute,
War ihm ein froh Gedächtniß an die Traute.

122.

Um andrer Frauen heißersehnte Liebe,
Der Fürsten schöne Töchter buhlt er nicht:
Wo wär' ein Wunsch, Gott Amor, der dir bliebe,
Wenn dich bezwang Ein holdes Angesicht?
Doch kaum gewahrte die verliebten Triebe
Der Vater, der mit hellem Geistestlicht,
Ein kluger Greis, des Volkes Murren achtet,
Und wie der Sohn nach keiner Gattin trachtet:

123.

Da denkt er Ines auch der Welt zu rauben,
Und ihr den Sohn, um den sie Fesseln wand;
Im Blut allein, so hegt er festen Glauben,
Werd' auch gelöscht so treuer Liebe Brand.
Ha, welch ein Wahnsinn mocht' es ihm erlauben,
Das scharfe Schwert, das jeden Sturm bestand
Der Mohrenwuth, mit grimmigem Erbossen
In eines Weibes zarte Brust zu stossen?

124.

Es schleppen sie die rauhen Henkersknechte
Zum Herrn, den Mitleid schon gefangen nimmt,
Doch bald mit trozig falschem Wortgefechte
Das Volk zu blut'gem Todesspruch bestimmt.
Mit frommer Rede traurig eitlem Rechte,
Zu der sie Gram um ihren Fürsten stimmt,
Gram um die Söhne, die sie läßt in Trauer,
(Was mehr, als eigner Tod, sie füllt mit Schauer:)

125.

Erhob sie thränenvoll die frommen Blicke
Der Augen zu des Himmels heiterm Licht,
Der Augen; denn die Hände band in Stricke
Des rauhen Henkerknechtes strenge Pflicht.
Und wie das Herz im kläglichen Geschicke
Der Kleinen ihr voll banger Ahnung bricht,
Begann sie so, zum harten Ahn sich wendend,
Den Lieblichen die lezten Blicke spendend:

Dritter Gesang.

126.

Wenn wilde Thiere, die zu rohem Hange
Der Grausamkeit schon die Natur erzieht,
Wenn Raubgevögel, die in heißem Drange
Nach Beute nur durchzieh'n der Luft Gebiet,
Zu zarten Säuglingen mitleidig bange
Die Neigung fromm besorgter Liebe zieht,
Wie man von Ninus' Mutter schon verkündet
Und von den Brüdern, welche Rom gegründet:

127.

O du, von Antliz menschlich und Gemüthe!
(Wenn menschlich heißt, auf eines Weibes Brust
Den Dolch zu zücken, weil ein Herz ihr glühte,
Das sie mit Liebe zu umfah'n gewußt;)
Blick' auf die kleinen Sprossen hier mit Güte,
Da dich mein dunkles Loos erfüllt mit Lust;
Mög' ihre Liebe dich und meine rühren,
Fühlst du für Unschuld nicht ein menschlich Rühren!

128.

Und wenn du in der Siege stolzem Prangen
Den Mohren Tod mit Flamm' und Schwert gebracht,
Laß auch in Gnade Leben sie empfangen,
Die nie das Todeswürdige vollbracht;
Und kann die Unschuld dies von dir erlangen,
Verdamme mich zu freudenloser Acht
In Scythia's Eis, in Libya's heißer Zone,
Auf daß ich dort in Thränen ewig wohne!

129.

Verbanne mich in aller Wildheit Schauern,
Zu Leu'n und Tigern; und ich werde seh'n,
Ob etwa mir von diesen wird Bedauern,
Das ich von Menschen nimmer konnt' erfleh'n.
Dort will ich in der Liebe heißem Trauern
Um ihn, für den ich muß zum Tode geh'n,
Die zarten Sprossen ihm erzieh'n, ich Arme,
Der Mutter Trost zu sein im bittern Harme.

130.

Der König will Verzeihung ihr gewähren,
Von ihrer Worte sanftem Schmerz gerührt;
Doch ihr Geschick, des Volkes Grimm verwehren,
Daß er des Herzens Wunsch zum Ziele führt.
Schon heben sie von blankem Stahl die Wehren,
Als würde hier ein edles Werk vollführt.
Ihr Henkerseelen wollt an einem Weibe
Erproben, welch ein Rittermuth euch treibe?

131.

Wie gegen Polyxeina's holde Blüte,
Als lezter Trost der alten Mutter werth,
Mit rauhem Stahle Pyrrhus einst erglühte,
Dieweil Achilles' Schatte sie begehrt,
Und gleich dem Lamme, voll Geduld und Güte,
Sie jenes Auge, das die Lüfte klärt,
Zur Mutter kehrt, die Wahnsinn schon durchflutet,
Und willig dann, ein grauses Opfer, blutet:

132.

So wider Ines hier die Mörderhorde;
Im Marmorhalse, von dem Reiz beseelt,
Womit sie jenen an Mondego's Borde
Bezwang, der ihr als Gatte sich vermählt,
Versenken sie den Stahl; in grausem Morde
Fällt, durch der Frevler grimme Wuth entseelt,
Die weiße Blüte, feucht von Thränenschauer;
Sie denken nicht an Strafen ew'ger Dauer.

133.

Wohl hast, o Sonne, du mit deinem Strahle
Von dieses Tages Schau dich abgewandt,
Wie von der Söhne blutbeflecktem Mahle,
Das einst Thyesten bot des Atreus Hand.
Noch höret ihr, o schöngewundne Thale,
Das lezte Wort, der kalten Lipp' entsandt;
Den Namen ihres Pedro hört ihr schallen,
Daß eure Räum' ihn ferne widerhallen.

134.

Wie eine Blum', in weißer Schöne prangend,
Die vor der Zeit das zarte Mädchen bricht,
Mit losen Händen sie vom Zweige langend,
Und sich zum Kranz für Brust und Stirne flicht;
Ihr Duft entweicht, die Farbe blaßt erbangend:
So der Entseelten bleiches Angesicht;
Der Wange Rosen welkten hin und starben,
Und mit dem Odem floh'n die Lebensfarben.

135.

Noch lange werden an Mondego's Welle
Die Jungfrau'n ihrem Tode Thränen weih'n,
Und diese Thränen, die zum Silberquelle
Sich wandeln, ihr ein ewig Zeugniß sein;
Von Ines' Lieb', erblüht an dieser Stelle,
Wird man den Namen, der noch lebt, ihm leih'n;
Seht hier die Quelle Blumen wässernd nähren;
Ihr Nam' ist Lieb' und ihre Welle Zähren.

136.

Nach kurzer Frist erschien die Rachestunde:
Als Pedro sich erhoben auf den Thron,
Da für die ihm geschlagne Todeswunde
Straft er die Mordgesellen, die gefloh'n.
Mit Pedro hat er sich vereint zum Bunde,
Wie Lepidus, August und Marc Anton,
Durch seine Hand die Mörder aufzuheben;
Denn Beide waren feind dem Menschenleben.

137.

Er war ein harter, strenger Urtheilsprecher,
Ward Ehebruch, Raub oder Mord vollbracht,
Und hohe Lust gewährt' es ihm, Verbrecher
Zu züchtigen mit grimmig scharfer Acht;
Das Rechte liebt' er, war der Städte Rächer
Bei jeder Unbill stolzer Uebermacht,
Und mehre Räuber hat sein Arm gerichtet,
Als Theseus oder Hercules vernichtet.

138.

Ein schlaffer Sohn folgt auf den harten Vater,
(Seht hier, wie die Natur sich widerspricht!)
Fernando, der, ein lässiger Berather,
Das ganze Land in viele Noth verflicht;
Verheert, verlassen, ohne Schirm und Rather,
Als ihm der Spanier in die Marken bricht,
Mag kaum vor Untergang das Reich sich wahren;
Ein schwacher König schwächt auch tapfre Schaaren.

139.

Vielleicht hat er der Sünde Lohn empfangen,
Daß er Lenoren dem Gemahl entführt,
Und von der Sinne falschem Reiz gefangen,
Das fremde Weib zum Traualtar geführt;
Vielleicht, daß ihn zu niedrigem Verlangen
Der Laster das bestrickte Herz verführt,
Und ihn zum schwachen Weichling umgeschaffen,
Da schnöde Lust auch Starke macht erschlaffen.

140.

Denn diesen Lauf der Ding' hat Gott erwählet,
Daß stets die Rache trifft ein sündig Haupt,
Die nicht Tarquin, nicht Appius verfehlet,
Noch jene, die einst Helenen geraubt;
Was ist's, um welches David's Herz sich quälet?
Das Benjamin's glorreichen Stamm entlaubt?
Klar zeigt es das, was Pharao verschuldet
Um Sara, was um Dina Sichem duldet.

141.

Und daß auch muth'ger Herzen Kraft geschwunden,
Wenn schnöder Sinnenlust der Sieg gelang,
Mag wohl am Sohn Alcmene's sich bekunden,
Als Omphale den starken Geist bezwang;
Antonius sieht sich jeden Kranz entwunden,
Als ihn der Arm Cleopatra's umschlang,
Auch du, Carthager, den der Sieg beglückte,
Als eine Dirn' Apuliens dich berückte.

142.

Doch wer vermochte je sich loszubinden
Von Stricken, die der Liebesgott verdeckt
In reinen Schnee und unter Rosenwinden
Und Gold und Alabaster schlau versteckt?
Wer mag sich seltner Schöne Macht entwinden,
Die, gleich dem Antliz der Medusa, schreckt,
Doch nicht in Felsen, nein, in Glutverlangen
Die Herzen wandelt, welche sie gefangen?

143.

Wer sah der Augen Stolz, das sanfte Walten,
Wer eines Engels herrliche Gestalt,
Der jedes Herz in sich kann umgestalten,
Und widerstände solcher Allgewalt?
Der wird Fernando, traun, entschuldigt halten,
Den Amor selbst mit seiner Glut durchwallt;
Doch wessen Sinn frei blieb von solchen Flammen,
Wird strenger auch den Schuldigen verdammen.

Vierter Gesang.

1.

Nach Nächten, die trüb auf dem Meere lagen,
Sturmvollen Wettern, ungestümem Nord,
Sieht man den Morgen hell und heiter tagen,
Und Hoffnung winkt auf Heil und sichern Port;
Aus allen Herzen schwindet Furcht und Zagen,
Die Sonne treibt das schwarze Dunkel fort:
So hat sich's auch im tapfern Reich begeben,
Als Dom Fernando nun verhaucht sein Leben.

2.

Denn da die Unsern einen Herrn begehrten,
Der strafend züchtige mit scharfer Acht
Der Frevler Hohn, die Alles sich gewährten,
Vom trägen Sinn Fernando's unbewacht:
So hoben sie den allzeit hochverehrten
Johann zu königlicher Ehr' und Macht,
Dom Pedro's einz'gen Sohn und Kraftgenossen,
Obwohl von einem Nebenweib entsprossen.

3.

Daß solche Wahl ein höh'rer Rath bestimme,
Dies ward an sichern Zeichen klar erkannt,
Als in Evora dort des Kindes Stimme
Noch vor der Zeit den König laut genannt;
Denn als ob selbst hiezu der Himmel stimme,
Erhob es in der Wiege Stimm' und Hand,
Und rief: Heil Portugal! mit hellem Tone,
Dem Don Johann gibt Portugal die Krone.

4.

In allen Gau'n des Königreiches brannte
Die Zwietracht; Haß riß alle Geister hin,
Daß man der Wüther grause Spur erkannte,
Wohin die Tollen trug ihr Frevelsinn.
Man tödtet Freunde, tödtet Blutsverwandte
Des stolzen Buhlers und der Königin,
Die ihrer Schande Blößen immer freier
Enthüllte, seit sie nahm den Wittwenschleier.

5.

Der Graf verhauchte, von gerechtem Hohne
Verfolgt, sein Leben vor ihr durch das Schwert;
Noch vielen Andern wurde Tod zum Lohne;
Denn allhin wogt das Feuer und verzehrt.
Der stürzt vom hohen Thurm, gleich Hektors Sohne,
Und ohne daß die Weih'n ihm Schuz gewährt;
Nicht Weih'n, Altar, noch Würde finden Gnade;
Der liegt in Stücken, nackt, auf offnem Pfade.

Vierter Gesang.

6.

Da konnte man vergessen auf die Dauer
Des grausen Mordens, welches Rom empfand,
Von Marius verübt und Sulla's rauher
Kriegsbande, da sein Feind nicht mehr ihm stand.
Doch Leonor, die das Gefühl der Trauer
Um ihren Grafen aller Welt gestand,
Sann, wie Castilien Portugal erwerbe,
Weil ihrer Tochter es gebühr' als Erbe.

7.

Beatrix hieß die Tochter, die, vermählet
Dem Herrn Castiliens, nach der Krone strebt;
Sie wurde für Fernando's Kind gezählet,
Wenn dem der Mutter Ruf nicht widerstrebt.
Zu hohem Muthe durch das Wort beseelet,
Sie folge, wenn ihr Vater abgelebt,
Versammelt Spanien seine Kriegerbanden,
Die fern zerstreut in allen Gau'n sich fanden.

8.

Da sieht man Söldner der Provinz sich rotten,
Die einst nach einem Brigo sich genannt,
Und die vom Lande, das den Mohrenrotten
Fernando's und Rodrigo's Arm entwandt;
Jedweder Fahr im Waffenfelde spotten
Sie, die mit hartem Pfluge bau'n das Land
In den Gefilden tapfrer Leonesen,
Die oft den Mohren fürchterlich gewesen.

9.

Auch die Vandalen, die sich immer Gleichen
Im Troz auf alterprobte Tapferkeit,
Versammeln sich aus Andalusia's Reichen,
Die Guadalquibir's Woge tränkt, zum Streit;
Das edle Eiland rüstet sich ingleichen,
Das Tyrier bewohnt in grauer Zeit,
Und als wahrhaftes Denkmal seiner Ahnen
Weh'n Herculs Säulen stolz in seinen Fahnen.

10.

Auch von Toledo kommen sie gezogen,
Der edeln, alten Stadt, die rings ummallt
Der Tago, der in hellen, heitern Wogen
Hinströmend, Conca's Bergeskett' entwallt.
Auch euch hat Furcht nicht der Gefahr entzogen,
Gallegen, ihr in roher Ungestalt,
Daß ihr euch wappnetet und widerstandet
Den Feinden, deren Stoß ihr oft empfandet.

11.

So weckt die schwarze Furie der Schlachten
Das Volk Biscaja's auch, das unbekannt
Mit edler Sitte, stets das böse Trachten
Der Fremden mit des Trozes Muth bestand.
Asturien, das mit reichen Eisenschachten
In Menge prangt, und Guipuscoa's Land
Bewaffnet seine stolzen Mordgesellen,
Zur Wehr für seine Herrscher sich zu stellen.

12.

Johann, dem sich die Kraft im Busen mehrte,
Wie dem Hebräer Simson einst im Haar,
Macht, ob er auch nicht Furcht vor jenen nährte,
Sich kampfbereit mit seiner kleinen Schaar;
Nicht aber, weil er eignen Raths entbehrte,
Nahm er des Rathes seiner Edeln wahr;
Nur weil inmitten Vieler die Vereinung
So schwierig ist, erforscht' er ihre Meinung.

13.

Nicht fehlten, die mit vielem Wortgefechte
Sich wider Aller Sinn und Wunsch erklärt,
Bei welchen sich in ungewohnte, schlechte
Treulosigkeit die alte Kraft verkehrt;
Mehr als die Treue, die natürlich ächte,
Kann Furcht, die, kalt und träge, sie beschwert;
Sie läugnen Volk und Fürsten, sind erbötig,
Wie Petrus, Gott zu läugnen, wär' es nöthig.

14.

Doch nimmer ward von solchem Wahn geschändet
Nun' Alvarez; denn als der tapfre Held
Erkannte, wie, zu anderm Sinn gewendet,
Auch seine Brüder Wankelmuth befällt,
Schalt er das Volk, das Unbestand geblendet,
In Worten, heftig mehr, als schön gestellt,
Die Hand am Schwert, mit zorniger Geberde,
Nicht fein, bedrohend Welt und Meer und Erde:

15.

Wie? Vom erlauchten Volk der Lusitanen
Sollt' Einer flieh'n den Kampf um eignen Herd?
Aus der Provinz, die stets auf Mavors' Bahnen
Sich als der Völker Königin bewährt,
Reiht' Einer sich nicht schirmend um die Fahnen,
Vergäße Lieb' und Treue, Kraft und Werth
Des Portugiesen? Könnt' ohn' innres Grollen
Das eigne Reich erobert sehen wollen?

16.

Wie? Seid ihr nicht aus jenem Stamm entsprossen,
Der unter Heinrichs hoher Fahne stand,
Und im Gefechte trozig und entschlossen,
Dies kriegerische Volk einst überwand?
Der so viel Banner, so viel Streitgenossen,
Mit Schande zeichnend, in die Flucht gewandt,
Und sieben edle Grafen ihm gefangen,
Ohne die Beute, welche sie errangen?

17.

Wer war die Macht, vor welcher die zerstoben,
Von denen ihr nunmehr umlagert seid,
Als, durch Dionys und seinen Sohn gehoben,
Der Väter und der Ahnen Kraft im Streit?
Wenn euch durch seiner Trägheit schlimme Proben
Fernando stürzt' in solche Schwächlichkeit,
Schaff' euch der neue König neues Leben,
Da mit dem König sich die Völker heben!

Vierter Gesang.

18.

Euch ward ein König, daß, wenn Ihm zu gleichen,
Dem ihr den Thron jetzt botet, euch verlangt,
Von euch bezwungen, was ihr wollt, muß weichen,
Wie viel mehr jene, die ihr schon bezwangt!
Und kann euch alles dies noch nicht erweichen,
Weil ihr von ungemeſſ'ner Furcht erbangt,
Mag eitler Schreck euch denn die Hände binden;
Ich will allein den Fremdling überwinden!

19.

Ich will allein mit meinen Lehnsvasallen,
Mit diesem (hier entblößt er halb sein Schwert)
Dies Land, das nie in fremde Hand gefallen,
Vertheidigen, mit Kraft und Muth bewehrt.
Mich ruft die Treue, der ihr abgefallen,
Mein König ruft, mein Land, von Gram verzehrt,
Und nicht die Feinde dort nur will ich schlagen,
Nein, Alle, die dem König feig entsagen.

20.

Wie seine jugendlichen Kampfgenossen,
Die sich allein von Cannä heimgewandt,
Und in Canusium sich vereint, entschlossen,
Sich auszuliefern in des Feindes Hand,
Cornelius, der Jüngling, unverdrossen,
Mit seinem Schwerte zu dem Schwur verband,
So lang sie lebten, nie von Rom zu lassen,
Oder, es tapfer schirmend, zu erblassen:

21.

So trieb und drängte Nuno die Gefährten,
Die seiner letzten Worte sich bewußt,
Der kalten Furcht absagten, der verkehrten,
Von welcher dumpf erstarrt war ihre Brust:
Sie tummelten Neptunus' Rosse, kehrten
Zu Speer und Lanze sich in froher Lust,
Und durch die Reihen scholl's vieltausendtönig:
Heil ihm, der uns befreit, dem großen König!

22.

Die von des Volkes niedern Ständen loben
Den Krieg, mit dem das Vaterland sich wehrt;
Die putzen und erneu'n die Wehr, zerstoben
Vom Rost des Friedens, welcher sie verzehrt:
Die Helme stopfen sie mit Wolle, proben
Bruststücke, jeder ist, wie's ziemt, bewehrt;
Die schimmern in vielfarbigen Gewändern,
Mit Sprüchen und mit ihrer Liebe Pfändern.

23.

Froh zieht, von solcher hellen Schaar begleitet,
Johann, der tapfre, von Abrantes aus,
An dessen Mauern hin der Tago gleitet
Mit kühler Wogen schäumendem Gebraus.
Die vordre Hut der Kämpfer wird geleitet
Von Ihm, der wohl vermocht, durch Meeresgraus
Des Ostens Welt sich nachzuzieh'n, zur Lenkung
Geschickt und frei, wie Xerxes, von Beschränkung.

24.

Dom Nuno mein' ich, ihn, die wahre Ruthe,
Zu züchtigen der Spanier stolze Schaar,
Wie's einst der Hunne mit dem wilden Muthe
Dem Volk Italiens und den Franken war.
Ein Andrer, auch ein Held aus edlem Blute,
Nimmt unsers Flügels auf der Rechten wahr,
Wohlkundig, ihn zu führen im Gefechte:
Rodrigues ist's, aus Vasconcells Geschlechte.

25.

Als Hort des andern Flügels, dem zur Seiten
War Vasques von Almada zugesellt,
Abranches' edler Graf in spätern Zeiten;
Er führt die Völker, die sich links gestellt.
Im Hinterheere schimmern in die Weiten
Des Banners Thürm' und Schild' in lichtem Feld:
Hier stand Johann, des Kampfs allhin gewärtig,
Und Mavors' Ehren zu verdunkeln fertig.

26.

Verlobte, Schwestern, Mütter, Frau'n in Trauer,
Und fast erstarrt von bittrer Angst und Pein,
Steh'n, in Gebet ergossen, auf der Mauer,
Wo sie Gelübb' und Pilgerfahrten weih'n.
Schon nah'n die Heer' in kriegerischem Schauer,
Und gegenüber dichte Feindesreih'n,
Die sie mit hallendem Gelärm empfangen;
Doch Zweifelmuth hält Aller Herz gefangen.

27.

Die Pfeife gellt, die Trommel donnert wider,
Drommeten schmettern, Botinnen der Schlacht;
Die Feldpaniere wallen auf und nieder
In bunter Farben mannigfalt'ger Pracht.
Es war die trockne Zeit, wo süßen Cider
Bacchus der Traub' entzog; die Ernte lacht
Dem Schnitter reif entgegen, Ceres' Wonne,
Und in das Bild Aströa's tritt die Sonne.

28.

Castilia's Drommet' erhob das Zeichen,
Graunvoll und wild, in furchtbar hehrem Ton;
Artabrus' Höh'n vernahmen ihn, es bleichen
Guadiana's Wogen, welche rückwärts floh'n;
Der Douro hört ihn, scheu zum Meer entweichen
Des Tago Fluten, man vernimmt sein Droh'n
Jenseits des Tago; vor dem Grau'n der Töne
Zieh'n bang die Mütter an ihr Herz die Söhne.

29.

Wie Vielen bleichen farblos hier die Wangen,
Da sich das Blut dem Herzen bang vereint!
Denn unter großen Fahren ist das Bangen
Noch größer oft, als die Gefahr erscheint;
So dünkt es uns; denn heftiges Verlangen,
Im Kampfe zu besteh'n den rauhen Feind,
Verbirgt uns, was es sei, das theure Leben
Und Leibes Glieder in den Tod zu geben.

30.

Des Krieges schwankend Loos beginnt zu walten;
Die Vorderhut wogt hier und dort heran,
Hier, um das eigne Land sich zu erhalten,
Dort, um darin die Krone zu empfah'n.
Der Held, in dem sich alle Kräft' entfalten,
Pereira, glänzt als Erster auf dem Plan,
Stößt nieder, trifft, besät das Land mit jenen,
Die sich so sehr nach ihm, dem fremden, sehnen.

31.

Durch dichte Luft hin schwirren die Geschosse,
Wurfpfeile, Speer' in mancherlei Gestalt;
Vom wilden Hufe wuthentbrannter Rosse
Erzittert rings der Grund, das Thal erhallt;
Die Lanzen splittern, von der Waffen Trosse
Dröhnt Alles auf, wo Stoß an Stoß zerprallt;
Stets wächst um Nuno's Häuflein das Gedränge
Der Feinde, stets verdünnt er ihre Menge.

32.

Da, schau, zieh'n seine Brüder ihm entgegen:
O Grau'n, o Schmach! Doch Er entsetzt sich nicht,
Da mind're Schuld, den Bruder zu erlegen,
Der wider Vaterland und Fürsten ficht.
Viel' aus der Abgefall'nen Schaar bewegen
Sich vorn heran, die (ha des Gräuls!) der Pflicht
Entsagten wider Brüder und Verwandte,
Wie einst, da Cäsars Bürgerkrieg entbrannte.

33.

Ihr, Coriolan's und Catilina's Geister!
Sertorius, du, ihr all' in grauer Zeit,
Die wider ihreВатererd' in dreister,
Feindsel'ger Wuth sich gürteten zum Streit!
Wenn euch des dunklen Schattenlandes Meister
Den Züchtigungen schwerer Strafe weiht,
Sagt ihm, daß auch in lusitan'schen Landen
Sich manchesmal Verrätherseelen fanden.

34.

In unserm Heere wankt die Vorderreihe,
So viele Feinde stürmen auf sie an;
Doch hier steht Nuno, wie der tapfre Leue
Voll Muthes auf Ceuta's erhabnem Plan,
Ob rings ein Trupp von Rittern ihn bedräue,
Der auf den Feldern streift von Tetuan;
Sie folgen ihm mit Lanzen, der erbittert,
Unruhig dasteht, aber nicht erzittert:

35.

Er starrt sie düster an, im Uebermuthe
Zornvoller Kraft verachtet er zu flieh'n;
Nein, eher stürzt in ungestümem Muthe
Er auf der Speere dichten Wald sich hin.
Also der Ritter, der mit fremdem Blute
Die grünen Auen färbt, indeß um ihn
Die Seinen fallen; denn vor solcher Menge
Wird Heldenherzen selbst der Muth zu enge.

36.

Wohl sieht Johann die Fahr, die ihn umschwebet,
Den Nuno; wie der weise Feldherr thut,
So lenkt er allhin seinen Blick, belebet
Mit Gegenwart und Worten Aller Muth.
Wie sich in wildem Troz die Löwin hebet,
Wann ihr ein Hirt Massylia's die Brut,
Die sie allein im Lager ließ, gestohlen,
Indeß sie aus war, Futter heimzuholen;

37.

Sie rennt und tobt und brüllt, daß mit Gezitter
Der sieben Brüder Kette donnernd weicht:
So Held Johann, der andre seiner Ritter
Sich wählend, flugs die vordre Hut erreicht:
Genossen ihr in Kampfes Ungewitter,
Ihr tapfern Streiter, denen Keiner gleicht!
Vertheidigt eure Gauen; denn die ganze
Hoffnung der Freiheit ruht in eurer Lanze.

38.

Seht euren König hier, der, euch geleitend,
In Pfeile, Panzer, in die Lanzennacht
Der Feinde rennt, voran der Erste schreitend!
Als ächte Portugiesen schlagt die Schlacht!
So sprach der Held, zum Kampfe sich bereitend,
Und viermal schwang er seinen Speer mit Macht,
Und schleudert' ihn; und von dem Einen Pralle
Brach manches Herz im lezten Seufzerhalle.

39.

Da stürmen, sieh, von edler Scham, von neuer,
Ehrvoller Glut entflammt, die Seinen los,
Muthvoller, als wer je die Abenteuer
Bestand in Mavors' Spiele schreckenlos;
Die Schwerter sprühen, wie getaucht in Feuer,
Harnisch' und Panzer splittern Stoß um Stoß;
Da werden Hieb' empfangen und gegeben,
Als schmerz' es nicht, zu lassen Leib und Leben.

40.

Wohl Mancher ward in's Reich der Nacht gesendet,
In dessen Glieder Tod und Eisen drang;
Der Meister von Sant Jago's Orden endet,
Der manchen Feind in tapfrem Streite zwang;
Der Meister auch, der vielfach Tod versendet,
Von Calatrava, geht den Todesgang;
So die Pereiras auch, die abgefallen,
Und jezt auch ab von Gott und Schicksal fallen.

41.

Auch viel Geringre, namlos, viel aus hohen
Geschlechtern zieh'n hinab zum tiefen Grund,
Wo stets nach Seelen, die der Erd' entflohen,
Der Hund verlangt mit dreifach offnem Schlund.
Und daß am Feinde für sein stolzes Drohen
Noch größ're Schmach und Schande werde kund,
Sinkt Spaniens Panier, den Troz zu büßen,
In Trümmer zu der Lusitanen Füßen.

42.

Da tobt es immer grauser von den Streichen
Der Schwerter, von Gelärm und Tod und Blut;
Vor der Geschwader Menge, die erbleichen,
Verlischt der Blumen eigne Farbenglut.
Schon flieh'n, schon sterben sie; die Lanzen streichen
Die Lüft' hin ohne Ziel, schon stirbt die Wuth;
Schon sieht Castiliens Herrscher sich vernichtet
Und Alles hin, worauf sein Herz gedichtet.

43.

Da lässet er das Feld den Siegerschaaren,
Froh, daß er ihnen nicht sein Leben läßt;
Ihm folgen Alle, die noch lebend waren,
Und Schwingen leiht die Furcht dem flücht'gen Rest.
Des Todes Schmerz, Entehrung, Schmach bewahren
Sie in des Herzens Tiefen eingepreßt,
Gram um verlornes Gut und trauernd Bangen,
Daß Andre stolz in ihrem Raube prangen.

44.

Die Einen schmäh'n in frechem, bitterm Hohne
Den, der zuerst erregt des Krieges Brand;
Laut fluchen Andre dort der harten Frohne
Des Herzens, das, von Habgier übermannt,
Für sich zu nehmen eine fremde Krone,
Das arme Volk zur Höll' hinabgesandt,
Und so viel Frau'n und Müttern, gramzerrissen,
Grausam die Gatten und die Söhn' entrissen.

45.

Drei Tag' im Lager, nach gewohnter Weise,
Ruht, groß an Ruhm, der Siegesheld Johann,
Weiht Gaben dann und manche Pilgerreise
Und Dank dem Gotte, der ihm Sieg gewann.
Doch Nuno, der mit keinem andern Preise
Ruhm vor den Völkern einzuernten sann,
Als mit der Waffen Preis, ein kühner Streiter,
Drang in das Land jenseits des Tago weiter.

46.

Und sein Verhängniß krönet ihn mit Segen,
Und seine Thaten gleichen seinem Sinn;
Denn der Vandalen Land, uns nah gelegen,
Zollt ihm den Raub, und zollt ihm Siegsgewinn.
Sevilha's und so vieler edeln Degen
Feldbanner stürzt zu seinen Füßen hin,
Im Nu zertrümmert, ohne Schuz, verlassen,
Besiegt von Lusitania's Heeresmassen.

47.

Durch solche Sieg' und andre ward in langen
Jahrreihen noch Castilien verheert,
Bis, nach des Volkes sehnlichem Verlangen,
Die Sieger den Besiegten Ruh gewährt,
Da beiden Fürsten, die in Haß befangen,
Der Allmacht Wort als Gattinnen bescheert
Zwo Britenfrau'n von fürstlichem Geblüte,
Erlauchte Schönen in des Reizes Blüte.

48.

Doch mag's der tapfre Geist, erprobt im Kriege,
Nicht tragen, rings sich ohne Feind zu seh'n;
Und ist kein Feind, den er zu Land besiege,
Will er die Fehde mit dem Meer besteh'n.
Der Erste, läßt er seiner Heimat Wiege,
Auf daß die Völker Africa's erseh'n
An seinem Schwert, wie hoch vor Mahom's Säzen
Die heil'ge Lehre Christi sei zu schäzen.

49.

Sieh tausend Vögel auf der Silberwelle
In Thetis' wildem, unruhvollem Spiel,
Dem Wind entfaltend off'ner Flügel Schnelle,
Hinzieh'n, wo Hercul sich gesteckt sein Ziel.
Den Abyla, die stolzen Felsenfälle
Ceuta's gewinnt er, Mahomet's Asyl,
Den er hinaustrieb und Hispaniens Lande
Fortan bewahrte vor Verrath und Schande.

50.

Der Tod vergönnt ihm nicht so viel an Jahren,
Daß Portugal beglücken mag der Held,
Der Glückliche, der sich den Engelschaaren
Des Himmels nach der Götter Schluß gesellt.
Doch Lusitania's Völker zu bewahren,
Gab Gott, der Ihn entrissen, unsrer Welt
Glorwürdiger Infanten hohe Blüte,
Die mehr, als je, den Flor des Landes hüte.

51.

So glücklich aber waren nicht die Tage,
Als Eduard des Thrones Müh'n sich weiht;
Denn also mischt abwechselnd Wonn' und Klage
Und Gut und Böses die ergrimmte Zeit.
Wer sah ein Reich in ewig heitrer Lage?
Wer sah am Glück jemals Beständigkeit?
Doch wollt' es nicht nach solcher Satzung walten
Mit diesem Reich und diesem König schalten.

52.

Er sah den Bruder schmachten in Gefängniß,
Fernando, der voll hoher Thatenkraft,
Die eingeschloss'nen Seinen aus Bedrängniß
Zu frei'n, sich darbot in des Mohren Haft.
Für's Vaterland nur folgt er dem Verhängniß,
Das aus dem Herrscher einen Sklaven schafft,
Daß nicht um ihn sich opfre Ceuta's Veste;
Mehr gilt ihm Staatswohl, als das eigne Beste.

53.

Ein Codrus ließ, auf daß der Feind nicht siege,
Das Leben überwinden durch den Tod,
Und Regulus, daß nicht sein Rom erliege,
Erkor sich für die Freiheit schwere Noth;
Doch wenn Fernando, daß nicht Furcht besiege
Das Vaterland, sich ew'ger Knechtschaft bot:
Nicht Codrus, Curtius nicht, wie hoch gepriesen,
Kein Decier auch hat solchen Muth bewiesen.

Vierter Gesang.   143

54.

Doch Fürst Alfons, der Erb' in diesem Lande,
(Ein Name, groß in Kämpfen unsrer Gau'n,
Weil er den Troz der nahen Heidenbande
Zurückgeschreckt in tiefes Leidensgrau'n,)
Wollt' er nicht wallen nach Jberus' Strande,
Ein unbezwungner Ritter war er, traun!
Denn Africa wird's niemals möglich glauben,
Den Siegeskranz dem Furchtbaren zu rauben.

55.

Er konnt' allein die goldnen Aepfel pflücken,
Was nur dem Einen Hercules gelang;
Die Fesseln, die noch auf die Mohren drücken,
Sind jene Fesseln, die er um sie schlang.
Der grüne Lorbeer und die Palme schmücken
Die Stirn ihm, als herbei der Heide drang,
Um für Arzilla's feste Burg zur Wehre
Zu steh'n, für Tangers Volk und Alcacere.

56.

Denn wie der Muth der Portugiesen immer
Zu Boden schlug, was ihre Klinge fand,
Steh'n, als sie machtvoll eingestürmt, auch nimmer
Der Städte Mauern, stark wie Diamant.
Viel seltne Wunder in der Waffen Schimmer,
Der Feier werth von edler Sänger Hand,
Vollbrachten dort in Kampfes Ungewitter,
Der Unsern Ruhm verherrlichend, die Ritter.

57.

Doch später auch von edlem Ehrsuchtsbrande,
Von bitterm, schönem Herrscherruhm entflammt,
Bekriegt er um Castella's mächt'ge Lande
Fernando, der aus Arragonien stammt.
Es zog heran die feindlich wilde Bande
Der stolzen, bunten Völker, die gesammt
Sich beugten Dom Fernando's Herrscherstabe
Von Cadix an bis zu Pyrene's Grabe.

58.

Da mag Johann, der Jüngling, in den Reichen
Nicht müssig rasten, und er eilt sofort
Dem stolzen Vater Hülfe darzureichen,
Und ward ihm helfend auch ein starker Hort.
Mit heitrer Stirn gelangt' er, ohn' Erbleichen,
Zulezt aus Angst und Noth in sichern Port,
Ward auch der Vater aus dem Feld geschlagen;
Doch Niemand weiß, wer Sieger war, zu sagen.

59.

Denn dieser Sohn, erhaben, groß erfunden,
Vortrefflich, tapfer, ein beherzter Held,
Blieb, als der Feind furchtbar sein Schwert empfunden,
Noch einen ganzen Tag im Waffenfeld.
So wird Octavianus überwunden,
Indeß Antonius den Sieg behält,
Sein Kampfgenoß, als in Philippi's Fluren
Die Mörder Cäsars ihre Rach' erfuhren.

60.

Doch als Alfons der lichten Himmel Krone,
Verfallend ewig dunkler Nacht, gewann,
Folgt' als dreizehnter König auf dem Throne
Von Portugal der zweite Dom Johann.
Der wagte nun, daß ew'ger Ruhm ihm lohne,
Mehr als ein Erdensohn vollenden kann:
Er will Aurora's ferne Mark erspähen,
Die ich nunmehr zu suchen ward ersehen.

61.

Die Boten, die er ausgesandt, durchwallten
Frankreichs, Italiens, Spaniens Herrlichkeit,
Im stolzen Port die Segel zu entfalten,
Den das Gebein Parthenope's geweiht,
Im Port Neapels, dem des Schicksals Walten
Zu Herrschern sezte Völker weit und breit,
Auf daß sich hier am Ende langer Jahre
Das span'sche Zepter glorreich offenbare.

62.

Durch der Sicilier hohe Meerespfade
Zum Sand von Rhodus wird die Bahn gelenkt;
Sie zieh'n von hier zum ragenden Gestade,
Das Magnus' Tod in herbe Schmach versenkt,
Seh'n Memphis und die Lande dann, vom Bade
Der Nilgewässer überreich getränkt,
Und weiter aufwärts Aethiopia's Porte,
Die treu bewahren Christus' heil'ge Worte.

63.

Auch schiffen sie durch jene rothen Wellen,
Durch die Gott ohne Schiff sein Volk entrückt,
Und lassen hinter sich die Bergesschwellen,
Die Nebajoth mit seinem Namen schmückt,
Seh'n Saba, dem die reichen Düft' entquellen,
Das einst Adonis' Mutter so beglückt,
Seh'n auch Arabia's glücksel'ge Reiche,
Das wüste lassend und das felsenreiche.

64.

Sie dringen in des Persergolfes Engen,
Wo noch von Babels Fall die Sage lebt,
Wo sich der Euphrat und der Tigris mengen,
Die ihre Quell' in Höh'n des Ruhmes hebt.
Dann ziehen sie durch weite Meereslängen,
Wohin Trajan zu dringen nicht gestrebt,
Um aufzusuchen Indus' lautre Welle,
Wovon ich noch gar manches Zeugniß stelle.

65.

Sie sahen Völker, fremd und allgewaltig,
Carmanen, Inder und Gedrosen, sah'n
Verschiedne Sitten, Künste, vielgestaltig,
Wie sie die Erde schafft auf jedem Plan.
Doch aus den Müh'n, so rauh und mannigfaltig,
Zeigt sich so leicht nach Hause keine Bahn;
Sie starben dort und ruh'n in ferner Erde,
Und kehrten nicht zum süßen Heimatherde.

66.

Wohl hatte klar des Himmels hohe Waltung
Für Manoel und seinen Ruhm erwählt
Dies edle, schwere Werk, das zur Entfaltung
Erhabner Plane seinen Mannsinn stählt.
Don Manoel, der nach Johanns Verwaltung
Die Krone trug, von gleichem Geist beseelt,
Sann, als er kaum des Reiches Amt empfangen,
Des weiten Meeres Herrschaft zu erlangen.

67.

Und wie er in dem heiligen Gedanken
Der Pflicht, die auf ihn erbte vom Geblüt
Der edlen Ahnherrn, welche sonder Wanken
Das Heimland auszubreiten sich gemüht,
Nicht einen Augenblick begann zu schwanken,
Und wie er einst, als Phöbus' Strahl verglüht,
Und die Gestirne, die voll Glanz erstanden,
Zu Rast und Schlummer luden, da sie schwanden,

68.

Im goldnen Bett der süßen Ruhe pfleget,
Wo der Gedank' auf höh're Wahrheit weist,
Und unablässig im Gemüth beweget,
Was seine Pflicht und sein Geschlecht ihm heißt:
Hat auf sein Auge sich der Schlaf geleget,
Doch nicht gefesselt hat er seinen Geist;
Denn jetzt, indeß er müde schläft, entfaltet
Vor ihm sich Morpheus, mannigfach gestaltet.

69.

Da wähnt er sich so hoch emporzuheben,
Daß er berührt der ersten Sphäre Rand,
Wo viele Welten vor dem Aug' ihm schweben,
Zahlreiche Völker, wild und unbekannt:
Und als er nahe, wo der Tag das Leben
Empfängt, die weiten Blick' hinausgesandt,
Sieht er an alter Hochgebirge Schwellen
Zwei silberklare, große Ström' entquellen.

70.

Es hausten auf des Berges wald'gen Räumen
Der Vögel Wild und reißendes Gethier;
Verwachs'ne Sträuch', ein Wald von dichten Bäumen
Erschwert' und hemmte jeden Zugang hier.
Auf diesen Höhen mag kein Wandrer säumen;
Ihr rauher Anblick zeigt von ferne dir,
Daß nie der Fuß des Menschen diese Stäten
Seit Adams Falle bis zu uns betreten.

71.

Aus jenen Wassern, wie ihm dünkt, entwallen,
Auf ihn die raschen Schritte zugekehrt,
Zwei Männer, sehr von Alter abgefallen;
Ihr Anseh'n, ob auch roh, war ehrenwerth;
Von Tropfen, die dem grauen Haar entfallen,
War ihnen rings der ganze Leib beschwert;
Die Haut war dunkel und von Farbe bläßlich,
Der Bart lang, struppig und von Schmuze gräßlich.

Vierter Gesang.

72.

Der Beiden Stirne krönten Zweig' und Ranken
In nie zuvor gesehener Gestalt;
Der Eine schien, wie müd', im Geh'n zu wanken,
Gleich einem, der aus weiter Ferne wallt;
Die Wasser, die vom Sturze trüb entsanken,
Sie schienen einem andern Land entwallt,
So wie der Strom Alphëus Arethusens
Umarmung sucht im Weichbild Syrakusens.

73.

Der würdevollste von den Zween an Haltung
Sprach so zum König aus der Ferne laut:
O du, auf dessen königliche Waltung
Ein großer Theil der Welt erwartend baut,
Wir, deren Ruf in herrlicher Entfaltung
Des Ruhmes prangt, die noch kein Joch geschaut,
Wir mahnen dich, daß nun die Zeit, zu senden
Um jenen reichen Zoll, den wir dir spenden!

74.

Ich bin der große Ganges, der die Strecken
Des Paradieses seine Wiege nennt;
Der hier ist Indus, der das Felsenbecken,
Das nahe dort, als ersten Ursprung kennt.
Noch kosten wir dich harte Kriegesschrecken;
Doch wenn in dir rastlose Thatkraft brennt,
So werden noch, nach unerhörten Siegen,
Die Völker all' hier deinem Joch erliegen.

75.

Nicht weiter sprach der heil'ge Strom, der hehre,
Als auch das Paar im Augenblick verschwand:
Don Manoel erwacht, der neuen Mähre
Voll Grau'n erbebend, das er nie empfand.
Nun auf der dunkeln, ruh'nden Hemisphäre
Enthüllte Phöbus strahlend sein Gewand;
Der Morgen kam, die Himmel bunt bekränzend
Mit keuscher Ros', in rother Blüte glänzend.

76.

Der König ruft zum Rathe die Vasallen,
Und meldet, welch ein Traumbild ihn umschwebt,
Auch welches Wort dem heil'gen Greis entfallen,
Daß jedes Herz Bewunderung durchbebt.
Die Rüstung zu dem Seezug wird von Allen
Gebilligt, und, von hohem Muth belebt,
Beschließt man, daß die Flott' auf Meere gehe,
Und neue Zonen, neue Land' erspähe.

77.

Und mir, der niemals hoffte, zur Vollendung
Gedeihe je, was mir mein Herz befahl,
Den immerdar zu solch erhabner Sendung
Bestimmt des Herzens ahnungsvolle Wahl —
Nicht weiß ich, wie, durch welche Schicksalswendung,
Noch welches gute Zeichen mich empfahl —
Mir gab dies Amt mein König in die Hände,
Daß ich das große, schwere Werk vollende.

78.

Mit holdem Wort und liebevollen Bitten,
Was uns von Herrschern, gleich Befehlen, zwingt,
Begann er: nur im Kampfe wird erstritten,
Was Hohes, Herrliches der Mensch vollbringt;
Ein Leben nur, das Schmerz und Leid erlitten,
Schafft, daß der Mann des Ruhmes Kranz erringt;
Denn wenn es nicht in schnöder Furcht erschauert,
Dann dehnt sich's länger, ob's auch kürzer dauert.

79.

Dich unter Allen hab' ich zu der Stelle,
Die deiner Thaten würdig ist, erseh'n,
Zu einer Arbeit, ruhmvoll, hart und helle:
Für mich, ich weiß, wirst du sie leicht besteh'n.
Nicht länger schwieg ich und versezte schnelle:
Für dich, o Herr, in Schwert, Eis, Glut zu geh'n,
Gilt mir so wenig, daß es mehr mich quälet,
Daß dieses Leben so geringe zählet.

80.

Ersinne mir die schwersten Abenteuer,
Wie einst Eurystheus auf Herakles lud,
Cleona's Leu'n, Harpyen, Ungeheuer,
Des Erymanthus Schwein, der Hydra Brut;
Und sollt' hinab in's dunkle Land dein Treuer,
Wo Pluto's Auen tränkt die styg'sche Flut,
Und willst du mich zu größ'rer Mühsal fertig:
Für dich, o Herr, ist Geist und Blut gewärtig.

81.

Mit Gaben dankt er mir von hohem Werthe,
Und meinen Willen ehrt sein lobend Wort;
Es lebt und wächst die Tugend, die man ehrte,
Ein Lober drängt zu großen Thaten fort.
Alsbald erbietet mir sich als Gefährte,
In Lieb' und Freundschaft mir ein starker Hort,
Mein Bruder, den man Paul von Gama nennt,
Und der, wie ich, für Ruhm und Ehre brennt.

82.

Es meldet sich Niclas Coelho weiter,
Der drangsalvolle Kämpfe groß bestand;
Die Beiden sind erfahr'ne, wackre Streiter,
Sind ungestüm, voll Einsicht und Verstand.
Schon rüst' ich junge Männer als Geleiter
Mir aus, von Muth und Streitlust all' entbrannt,
Voll hoher Thatkraft alle: so erschienen,
Die sich erboten, solchem Werk zu dienen.

83.

Don Manoel beschenkt sie all' und jede,
Auf daß sie frischern Muthes ihrem Ziel
Entgegengeh'n, und durch erhab'ne Rede
Befeuert, folgen zu dem Wagespiel.
So schaarten sich die Minyer einst zur Fehde
Um's goldne Vließ im schicksalvollen Kiel
Des Schiffes, das zuerst Euxinus' Wogen
Auf Abenteuer kühnen Sinns durchzogen.

84.

Und auf Ulysses' altberühmter Schwelle,
Im Porte, wo mit bittrer Meeresflut
Auf weißem Sand sich mengt die süße Welle
Des Tago, sind in edlem, heiterm Muth,
Voll Kampfbegier, die Schiffe schon zur Stelle;
Kein Bangen dämpft die jugendliche Glut;
Seevolk und Mannschaft eilt, nach allen Seiten
Des Erdenrundes hin mich zu geleiten.

85.

Die Krieger sieht man auf dem Meeresstrande
In mancher Farb', in bunten Kleidern geh'n,
Nicht minder glühend in der Thaten Brande,
Um neue Weltgebiete zu erspäh'n.
Die linden Lüfte ziehen leis' am Rande
Der Schiffe hin, die luft'gen Wimpel weh'n;
Die Schiffe seh'n, vorblickend in die Ferne,
Gleich Argo, schon sich am Olymp als Sterne.

86.

Nachdem wir uns in solcher Art versehen,
Und Alles für die weite Fahrt bestellt,
Bereiten wir uns in den Tod zu gehen,
Der sich dem Schiffer stets vor Augen stellt.
Zu Ihm, der mit des Blickes hehrem Wehen
Allein der Himmel Chöre trägt und hält,
Fleh'n wir um Gnade, daß er uns geleite,
Und Glück und Heil auf unsre Pfade breite.

87.

So zieh'n wir aus des heil'gen Tempels Pforte,
Der an des Meeres Ufer ward erbaut,
Und der den Namen trägt von jenem Orte,
Wo unsre Welt im Fleische Gott geschaut.
Denk' ich daran, o Herr, wie ich die Pforte
Der Heimat ließ, von Zweifelsnacht umgraut,
Voll innern Bangens: glaube mir, den Zähren
Vermag mein Auge dann nicht mehr zu wehren.

88.

Des Tages strömt' in wogendem Gedränge,
Bald um Verwandte, bald um Freunde bang,
Bald um zu schau'n nur, aus der Stadt die Menge,
In deren Blicken Gram und Sorge rang.
Und wir, umwallt vom rauschenden Gepränge
Der Priester in des heil'gen Amtes Drang,
Wir lenken zu den Schiffen unsre Pfade
Im Feierzug und fleh'n zu Gott um Gnade.

89.

Auf solcher rauhen Bahn so langer Dauer
Wart' unser, wähnt man, sichres Todesgrau'n:
So klagen dort in mitleidvoller Trauer,
Laut seufzend hier, die Männer und die Frau'n.
Der kalten Angst und der Verzweiflung Schauer,
Uns nicht so bald im Leben mehr zu schau'n,
Vermehrt der Mütter, Bräute, Schwestern Bangen;
Nie will verzagte Lieb' an Hoffnung hangen.

Vierter Gesang.

90.

Dort Eine ruft: o Sohn, der mir zum Stabe
Gelassen war, den ich als einz'ge Zier
Und Stüze noch im müden Alter habe,
Das enden wird in bittern Thränen hier,
Warum mich lassen, elend, ohne Labe?
Warum, o Trauter, gehest du von mir?
Ein Grab zu graben auf der langen Reise,
Daß du den Fischen werdest eine Speise?

91.

Die stöhnt in losem Haare: du, mein Leben,
Du, ohne den nicht leben kann die Braut!
Warum die Tage, die du mir gegeben,
Die nicht mehr dein, dem wilden Meer vertraut?
Was? Unsrer Herzen zartverbundnes Streben
Vergissest du, von Meeresnacht umgraut?
Und unsre Wonn' und unser leichtes Minnen
Führt auf den Segeln Windeshauch von hinnen?

92.

Mit solchem Wort und andern noch, entsprungen
Aus banger Lieb' und edler Menschlichkeit,
Geleiten uns die Alten und die Jungen,
Sie, denen mindre Kraft ihr Alter leiht.
Der Berge nahes Echo, wie durchdrungen
Von hohem Mitleid, hallt die Antwort weit;
Die Zähren, die des Meeres Ufer baden,
Sind ohne Zahl, wie Sand an Seegestaden.

93.

Wir, ohne nur noch einen Blick zu zeigen
Der Mutter oder Braut in solchem Gram,
(Um nicht zu jammern, noch uns abzuneigen
Vom Werke, das man freudig unternahm,)
Beschlossen rasch die Schiffe zu besteigen,
Und ohne daß man irgend Abschied nahm;
Denn dieser Brauch, dem Herzen süße Weide,
Schmerzt mehr, ob man zurückbleib' oder scheide.

94.

Jedoch ein Alter, würdig anzuschauen,
Der im Gewühl am Meeresufer stand,
Auf uns gezückt der Augen düstre Brauen,
Und dreimal rings das Haupt herumgewandt,
Erhob die Stimme kläglich und mit Grauen,
Daß man im Meere deutlich ihn verstand;
Voll Kunden, die Erfahrung ihm gewährte,
Sprach er die Worte, die sein Geist ihm lehrte:

95.

O Herrscherruhm! O nichtiges Verlangen
Nach jenem Dunst, der sich als Ruhm bekennt,
Trugvolle Lust, von eitlem Wind gefangen
Der schwanken Volksgunst, die man Ehre nennt!
Welch herbe Strafen, und mit Recht, empfangen
Die Thoren, deren Herz für dich entbrennt!
Mit welchen Toden, welchen Müh'n und Qualen
Und Grausamkeiten lässest du sie zahlen!

96.

Du störst die Ruh des Lebens und der Seele,
Säst Harm und Treubruch in der Ehen Schooß,
Verschwendest Gut mit schlauem Machtbefehle,
Verwirrst der Länder und der Reiche Loos.
Wohl bist du werth, daß Hohn und Schmach dich quäle;
Doch nennt dich Alles edel, nennt dich groß;
Sie preisen dich als hohen Ruhm, als Ehre,
Dem blöden Volk zu trügerischer Mähre.

97.

Zu welchem neuen Ungestirne leitest
Du diese Reiche, dieses Volk hinaus?
Wie viel Gefahren, welchen Tod bereitest
Du, hüllend in ein schönes Wort das Graus?
Welch stolze Reiche, goldne Minen breitest
Als leichte Beute du vor ihnen aus?
Mit welchen Palmen, welchen Siegeskronen,
Triumphen, Ruhm, verheißest du zu lohnen?

98.

O du Geschlecht vom Stamme jenes Thoren,
Der nicht allein das heitre Paradies
Durch Sünd' und Ungehorsam dir verloren,
Dich in dies öde, ferne Reich verstieß,
Nein, dich, zu mehr als Irdischem geboren,
Aus deiner stillen Unschuldswelt verwies,
Des goldnen Alters Frieden dir entwandte,
Und in die Zeit voll Blut und Krieg dich sandte:

99.

Wenn doch in solchem lust'gen Unverstande
So gerne schwelgt der leichtberückte Geist;
Wenn du der blinden Mordbegier, dem Brande
Der Wuth, den Namen Kraft und Stärke leihst;
Wenn Einer, der des Lebens süße Bande
Berachtet, dir so groß und würdig heißt,
Ob Jener, der das unschäzbare Leben
Verliehen, bebt' es in den Tod zu geben:

100.

Werft nach dem nahen Mohren aus die Neze,
Der ewig euch mit schwerem Kriege grollt!
Folgt er nicht Mahom's höllischem Geseze,
Wenn ihr allein für Christus kämpfen wollt?
Verlanget ihr mehr Länder oder Schäze:
Steh'n tausend Städte nicht in seinem Sold?
Und seid ihr lüstern nach dem Preis der Siege:
Ist jener nicht beherzt und stark im Kriege?

101.

Anschwellen lasset ihr den Feind am Thore,
Sucht einen andern euch in fernem Land:
Deßhalb entvölkert ihr vom alten Flore
Das Reich, in weite Fern' hinaus gebannt?
Auf daß die Sage schmeichel' eurem Ohre,
Sucht ihr die Mühsal, neu und unbekannt,
Die als Gebieter euch mit reicher Habe
Der Inder, Perser, Araber begabe?

102.

Verflucht der Erste, welcher sich getraute,
Auf hartem Holz zu segeln durch die Flut!
Werth, daß ihm ewig in der Hölle graute,
Wenn das Gesez, das ich befolge, gut!
O möge nie die tönesüße Laute,
Nicht hoher Geister lebensvolle Glut
Dafür ihm Ehre zollen als Vermächtniß,
Nein, mit ihm schwinde Namen und Gedächtniß!

103.

Prometheus brachte vom Olymp das Feuer,
Das er dem Geist des Menschen zugesellt,
Die Flamme, die zu Krieg, (o Ungeheuer
Von Trug!) zu Tod, zu Schmach entflammt die Welt:
Wie besser wär' es uns, und nicht so theuer
Bezahlt' es, o Prometheus, unsre Welt,
Wenn dein Gebilde nicht den Funken hegte,
Der es zu Trieben stolzer Art bewegte!

104.

Nie hätte dann Apollo seinen Wagen
Dem Sohn vertraut, nie durch der Lüfte Kreis
Der Flügel Sohn und Vater hingetragen,
Dem Meer zum Namen und dem Strom zum Preis.
Kein ungemess'nes, kein verruchtes Wagen
In Flamme, Schwert, in Wasser, Glut und Eis,
Bleibt unversucht im Drang menschlichen Strebens:
O traurig Schicksal, grauses Loos des Lebens!

Fünfter Gesang.

1.

Kaum war die Rede von dem hohen Greise
Erschollen, und wir öffneten sofort
Dem Windeshauch, der heiter blies und leise,
Die Flügel, scheidend vom geliebten Port.
Man schlug, wie's auf dem Meere Sitt' und Weise,
Die Segel los, zum Himmel scholl das Wort:
Glück auf die Fahrt! — und mit gewohnter Schnelle
Trug Wind den Rumpf der Schiffe durch die Welle.

2.

Die Zeit war, als der ew'ge Lichtplanete
In das Gestirn des grimmen Löwen trat;
Die Welt, hinsterbend mit den Zeiten, drehte
Im sechsten Alter sich auf trägem Pfad;
In ihm, nach altgewohntem Brauch, erspähte
Sie vierzehnhundertmal den Sonnenpfad
Und andre neunzigmal und andre sieben,
Seit auf dem Meer sich unsre Schiffe trieben.

Fünfter Gesang.

3.

Und mählig schon vor unserm Aug' erblassen
Der Heimat Höh'n, am alten Ort gebannt,
Der klare Tago, Cintra's Felsenmassen;
Lang dehnt sich aus der Blick auf sie gewandt.
Dort blieben unsre Herzen, nicht mehr lassen
Des Grames Weh'n sie aus dem theuren Land;
Jezt, als sich Alles unserm Blick entzogen,
Sah'n wir zulezt nur Luft und Meereswogen.

4.

Bald öffneten wir jener Meere Pforte,
Die kein Geschlecht der Menschen aufgethan,
Sah'n andre Zonen, sah'n die Inselporte,
Wohin der edle Heinrich fand die Bahn;
Der Mauritanen Hochgebirg' und Orte,
Die Lande, die Antäus walten sah'n,
Die blieben links; denn Keiner konnte sagen,
Ob andre Länder uns zur Rechten lagen.

5.

Wir zieh'n vorbei Madeira's Inselstrande,
Die man vom reichen Baumwuchs also nennt,
Die ersten mit Bewohnern unsrer Lande,
Und deren Ruf und Namen Jeder kennt;
Doch, liegt das Eiland auch am Erdenrande,
Gilt keines mehr, für welches Venus brennt;
Denn wahrlich solchem Paradies im Meere
Weicht Paphos, Cypern, Gnidos und Cythere.

6.

Dann lassen wir Massilia's öde Küste,
Worauf der Azeneguen Herde baut;
Nie labt ein frisches Wasser ihr Gelüste,
Noch nähren sie sich von des Feldes Kraut;
Die Fluren wildern ungebaut und wüste,
Weßhalb der Vogel Eisen hier verdaut;
Die Barbarei und Aethiopien scheidet
Dies Land, das jedes Mangels Druck erleidet.

7.

Wir zieh'n vorbei die Gränze, die der Wagen
Der Sonn' erreicht, wann er nach Norden lenkt,
Wo Stämme wohnen, die in frühern Tagen
Mit schwarzer Farbe Phaëthon beschenkt.
Da werden Völker, weit hieher verschlagen,
Von kalter Flut des Senegal getränkt,
Wo wir dem grünen Cap den Namen weihten,
Das Arsinarium hieß in alten Zeiten.

8.

Als die Canarien hinter uns entschwunden,
Die einst den Namen „Glückseiland" empfah'n;
Da ward der Hesperiden Siz gefunden,
Zu diesem strebt alsbald der Flotte Bahn,
Dahin, wo neue Wunder zu erkunden,
Die Schiffe sich dem fremden Strande nah'n,
Wo wir mit gutem Wind zum Hafen kamen,
Und uns Erfrischung auf dem Lande nahmen.

Fünfter Gesang.

9.

Die Insel, die den Namen sich geliehen
Vom heil'gen Jago, bot uns diesen Port,
Vom Helden, der Hispanien Schuz verliehen,
Daß es die Mohren schlug mit grausem Mord.
Von hier bereiten wir uns abzuziehen,
Sobald mit hellem Hauche blies der Nord,
Hin durch des Salzmeers unermeß'ne Wogen,
Nachdem wir süße Rast im Land gepflogen.

10.

Fortan umkreisen wir die weiten Gauen
Von Africa, das sich nach Osten kehrt,
Jalofo's Reich, das auf verschiednen Auen
Vielfache Stämme schwarzer Farbe nährt;
Auch war Mandinga's großes Land zu schauen,
Das uns das reiche Glanzmetall gewährt,
Und Gambia's gekrümmte Welle trinket,
Der in des Atlas breiten Schooß versinket.

11.

Wir lassen die Dorcaden, jene Stelle,
Wo sich vordem die Schwestern angebaut,
Die ganz beraubt der lichten Augenhelle,
Zu drei'n aus Einem Auge nur geschaut.
Du nur, du, die Neptunus in der Welle
Ob ihrer reichen Haare grüßt' als Braut,
Vor allen jezt durch Häßlichkeit zerrüttet,
Hast Ottern auf den glüh'nden Sand geschüttet!

12.

Südwärts hat endlich auf die ganze Breite
Der See die Bahn der Flotte sich gewandt,
Hin an Leona's schroffer Felsenseite,
Am Palmenkap (wie wir's zuerst genannt),
Am großen Strom hin, welcher in die Weite
Forthallend schlägt an unsrer Küsten Strand,
Am Eiland auch, das Jenes Namen träget,
Der seine Hand in Jesu Mal geleget.

13.

Da seh'n wir Congo's große Landreviere,
Die Christi Lehre schon durch uns empfah'n,
Wo klar und breit hinflutet der Zaïre,
Ein Strom, den nie der Alten Schiffe sah'n.
Fern von Callisto's kaltem Pol verliere
Ich mich zulezt auf weiter Meeresbahn,
Nachdem ich schon der heißen Mark enteilet,
Wo unsre Welt sich in zwei Hälften theilet.

14.

Schon war vor unsern Blicken aufgegangen
Ein neuer Stern im neuen halben Rund;
Kein andres Volk sah diesen, und in langen
Jahrreihen ward ihm nie sein Dasein kund.
Wir sah'n vor uns, in mindrer Schöne prangen,
Da kein Gestirn dort blinkt, und minder bunt,
Des Pols Gebiet, wo noch kein Aug' ergründet,
Ob hier nur Meer, ob andres Land sich findet.

15.

So schifften wir, durch jene Zonen dringend,
Durch welche zweimal Phöbus' Wagen zieht,
Zweimal den Lenz und zweimal Winter bringend,
Wann er von einem Pol zum andern flieht;
Durch Windesstille, Stürme, Qual uns ringend,
Die Aeols Wuth erschafft im Meergebiet,
Sah'n wir die Bären, troz der Juno Zorne,
Sich niedertauchen in Neptunus' Borne.

16.

Viel Worte dir zu machen von der grausen
Gefahr des Meeres, die kein Mensch empfand,
Der Donnerhalle fürchterlichem Brausen,
Von Blizen, da die Luft in Glut entbrannt,
Plazregen, Donnern, die mit wildem Sausen
Die Erde spalten, düstrer Nacht entsandt,
Das wär' ein großes, thöricht eitles Streben,
Wär' auch ein Laut von Eisen mir gegeben.

17.

Ich sah die Dinge, die man aus dem Munde
Des Schiffers, dem Erfahrung Leit'rin ist,
Als sicher hört und als wahrhafte Kunde,
Weil er sie nur nach äußrem Scheine mißt,
Und die der Mann, der bloß aus inn'rem Grunde
Der Welt verborgne Wunderding' ermißt,
Von Geist allein geleitet und von Kenntniß,
Für falsch erklärt, auch wohl für Misverständniß.

18.

Das Licht, das lebende, gewahrt' ich klärlich,
Das allezeit dem Seevolk heilig galt,
Wann Ungewitter dunkelt, und gefährlich
Der Sturm sich aufmacht und Geheul erschallt.
Nicht minder war's ein Wunder, unerklärlich,
Vor dem ein hehrer Schauer uns durchwallt,
Zu seh'n, wie Meergewölf' in weiten Bogen
Des Oceans erhabne Wellen sogen.

19.

Ich sah's in Wahrheit, und ich habe Proben,
Mir log mein Auge nicht: emporzuweh'n
Begann ein Dunst, aus feinem Duft gewoben,
Und sich, vom Wind erfaßt, im Kreis zu dreh'n;
Drauf an des Poles höchste Spiz' erhoben,
Erschien's ein dünnes Rohr, das, kaum geseh'n
Von unsern Augen, in die Lüfte gleitet:
Aus Wolkenstoffe schien es mir bereitet.

20.

Der Dunst beginnt allmählig anzuquellen,
Und groß zu werden, wie ein starker Mast,
Nun zu verengen und nun anzuschwellen,
Wann er in sich der Wasser Meng' erfaßt;
Er wallet hin und woget auf den Wellen;
Es thürmt auf ihm sich einer Wolke Last,
Und größer immer ward er, immer grasser,
Je mehr er einschlang von der Flut der Wasser.

21.

So wie man oft den rothen Egel siehet
An eines Thieres Lippen, das die Flut
Des Quelles einschlürft und sich nichts versiehet,
Den Durst sich kühlen mit dem fremden Blut;
Er wächst und wächst, je mehr er in sich ziehet,
Wird voll und dehnt sich aus in raschem Muth;
So schwillt die große Säule hier und weitet
Die schwarze Wolke, die sich auf ihr breitet.

22.

Doch da sie nun sich voll und satt gesogen,
Zieht sie den Fuß in sich zurück vom Meer,
Und fliegt zum Himmel auf in Wasserbogen,
Auf Wellen lagernd mit der Wellen Heer;
Den Wogen gibt sie die geraubten Wogen,
Doch schmeckt man nicht das Salz an ihnen mehr.
Die Schriftgelehrten mögen jetzt ersehen,
Daß solche Wunder der Natur bestehen!

23.

Wenn jene Späher in den Wunderreichen
Der Erde, die besucht so manches Land,
Gleich mir, die Dinge säh'n, die wundergleichen,
So manchem Wind die Segel zugewandt:
Welch große Schriften von der Stern' und Zeichen
Einflüssen hätten wir von ihrer Hand!
Seltsame Ding' in welcher hohen Klarheit,
Und Alles ohne Lüg' und lautre Wahrheit!

24.

Fünfmal erschien, in seines Laufes Schnelle,
Des Himmels erster Lichtplanete schon,
Halbleuchtend jezt, und jezt in voller Helle,
Seit unsre Kiele durch die Meere floh'n;
Da rief aus luft'gem Mastkorb ein Geselle
Von fert'gem Aug Land! Land! mit hellem Ton;
Am Borde springt in lustigem Gedränge,
Ostwärts den Blick gewandt, die frohe Menge.

25.

Schon tauchen, wie der Wolken Luftgewande,
Die Berge vor uns auf in klarem Schein;
Man puzt die schweren Anker, und am Strande
Schon angelangt, zieh'n wir die Segel ein.
Daß unsre Kunde von so fernem Lande,
Wo wir nun steh'n, gewisser möge sein,
Wie durch das Astrolab wir wohl erkunden,
Das jüngst ein tiefer, weiser Geist erfunden:

26.

So landen wir am weiten Saum des Strandes,
Und allwärts hin lenkt unsre Schaar den Pfad,
Voll Gier, die Wunder all des fremden Landes
Zu schauen, das kein andres Volk betrat.
Ich, mit den Lothsen auf des Uferrandes
Sandstrecken spähend, wo wir hingenaht,
Verweile mich, der Sonne Höh'n zu proben,
Und aufzunehmen die gestirnten Globen.

Fünfter Gesang.

27.

Wir seh'n, daß unsre Kiele schon geglitten
Vorüber an des Widders großer Bahn,
Und nun des Südpols Eis mit raschen Schritten,
Dem aller Welt verborgnen Ziele, nah'n.
Da, siehe, kam in unsrer Leute Mitten
Ein fremder Mann mit schwarzer Haut heran,
Den sie gefangen, als er süße Kuchen
Des Honigs im Gebirge ging zu suchen.

28.

Er naht sich uns, im Angesicht Erblassen,
Als hätt' er nie bestanden solche Fahr;
Nicht kann er uns, wir können ihn nicht fassen,
Der wilder ist, als Polyphemus war.
Ich weise nun des Silbers edle Massen,
Die glühend heißen Spezerei'n ihm dar,
Den reichen Schmuck des colchischen Metalles;
Doch nimmer rührt den Blöden dieses Alles.

29.

Dann heiß' ich kleinre Gaben vor ihn stellen,
Küglein, aus hellem Glascrystall gefügt,
Viel kleine Glöckchen, welche lieblich gellen,
Ein rothes Müzlein, dessen Farbe gnügt.
Durch Wink' und Zeichen mag mir bald erhellen,
Daß alles dies gewaltig ihn vergnügt;
Und so entlass' ich ihn mit den Geschenken,
Zur nahen Heimat seine Bahn zu lenken.

30.

Doch was geschah? Des andern Tages zeigen,
Von schwarzer Farbe, nackt und unbedeckt,
Sich Andre, die den rauhen Höh'n entsteigen,
Zu suchen auch, was jener eingesteckt.
Die sind uns bald befreundet und zu eigen,
In solcher Art, daß Einer sich erkeckt,
Velloso, mit den Männern in die Wildniß
Zu geh'n, um anzuschau'n des Landes Bildniß.

31.

Auf seinen Arm vertraut allein der Recke,
Und sicher glaubt er sich in stolzem Wahn;
Doch als er fort ist eine große Strecke,
Und ich, ein gutes Zeichen zu empfah'n,
Bekümmert, umschau', ob ich nichts entdecke,
Seh' ich vom Berg den Abenteurer nah'n;
Die Schritte lenkt er nach des Meeres Wogen,
Weit rascher, als er von uns ausgezogen.

32.

Das Boot Coelho's eilt ihn zu empfangen;
Doch eh' es noch zum Strande hingedieh'n,
Da stürzt auf ihn in heftigem Verlangen
Ein Schwarzer, daß er ihm nicht mög' entflieh'n.
Viel folgen nach; schon sieht er sich gefangen,
Und Hülfe wird ihm nirgendsher gelieh'n;
Rasch eil' ich selbst; indeß mein Kiel sich sputet,
Kommt eine schwarze Band' herangeflutet.

33.

Aus dichter Wolk' auf uns herab ergossen
Sich Pfeil' und Steinblöck' ohne Maß und Zahl;
Und nicht umsonst war's in die Luft geschossen;
Denn dieses Bein erhielt ein starkes Mal.
Doch wir, als hart getroff'ne Streitgenossen,
Erwidern ihnen so mit Einem Mal,
Daß mehr von rother Farbe sie versprüzen,
Als sich gewahren läßt an ihren Müzen.

34.

Und als wir mit Velloso jetzt entrannen,
Zieh'n wir zur Flotte wieder alsogleich,
Erkennend, was die rohen Hunde sannen,
Das böse Volk, an arger Tücke reich,
Durch die nicht beßre Kunde wir gewannen
Von India's ersehntem goldnem Reich,
Als daß wir uns noch fern von ihm befinden;
Die Segel geb' ich wiederum den Winden.

35.

Da sagte zu Velloso wohl ein Recke,
Und alle fingen an zu lachen drauf:
Holla, Geselle, dort die Hügelstrecke —
Da steigt man leicht herab und schwer hinauf!
Das mag wohl sein, erwidert ihm der Recke;
Doch kam ich vorhin etwas rasch in Lauf,
Als ich die Hund' auf euch heran gewahret,
Und dachte, daß ihr ohne mich hier waret.

36.

Darauf erzählt' er, daß die schwarze Truppe,
Von der ich eben sprach, ihn weiter fort
Nicht gehen lassen auf des Berges Kuppe,
Und, kehr' er nicht um, ihn bedroht mit Mord,
Dann sich verborgen hinter eine Gruppe
Von Bäumen, uns, wenn wir am Meeresbord
Erschienen, in das dunkle Reich zu senden,
Um sichrer dann zum Raube sich zu wenden.

37.

Schon fünfmal war die Sonn' hinabgegangen,
Seit wir von dort hinweg auf unserm Zug
Durch unbeschiffte Meerespfade drangen,
Und uns ein Wind mit sanftem Hauche trug:
Als eine Nacht, in der wir ohne Bangen
Hinwachten auf der Kiele scharfem Bug,
Aus düstrer Luft auf unsre Häupter nieder
Die Wolke hing mit schwärzlichem Gefieder.

38.

So furchtbar zog sie an mit trüber Schwere,
Daß unsre Herzen banges Graun durchwallt;
Von ferne dröhnen, heulen schwarz die Meere,
Wie wenn am Fels fruchtlos die Brandung hallt.
Erhabne Vorsicht, rief ich aus, du Hehre!
Welch ein Geheimniß göttlicher Gewalt,
Das Meer und Himmel drohend uns entfaltet,
Da sichtbar eine höh're Macht hier waltet!

Fünfter Gesang.

39.

Noch sprach ich, als in mächtiger Entfaltung
Ein Riesenleib erschien im Lüftereich,
Von häßlicher, gigantischer Gestaltung;
Rauh war sein Bart, sein Antliz kummerbleich,
Die Augen tief und hohl, furchtbar die Haltung,
Die Farbe blaß und fahl, der Erde gleich,
Die Haare voll von Erde, kraus und häßlich,
Die Lippen schwarz, die Zähne gelb und gräßlich.

40.

So groß an Gliedern war er, traun, und ohne
Zu dichten, darf ich sagen, daß er leicht
Den rhodischen Colossus, diese Krone
Der sieben Wunder einst, an Höh' erreicht.
Er sprach zu mir in grausem, dumpfem Tone,
Der (also schien's) aus tiefem Meere steigt;
Das Blut erstarrt uns, und die Haar' empören
Sich mir und Allen, die das seh'n und hören.

41.

Er sprach: o Volk, verwegenstes von allen,
Die auf der Welt für große Thaten glüh'n,
Du, dem so blut'ge Kriege nur gefallen,
Das nimmer ausruht von fruchtlosen Müh'n:
Du lässest die verbot'nen Schranken fallen,
Beschiffest meine weiten Meere kühn,
Die schon so lange Zeit ich hab' und hüte,
Wohin kein Kiel, fern oder nah, sich mühte;

42.

Zu schauen die verborgnen Wundermächte
Des Weltalls und der feuchten Region,
Niemals erspäht vom sterblichen Geschlechte,
Verschlossen auch der Erde größtem Sohn.
Drum höre, Volk, das solches sich erfrechte,
Die Fahren all, die deine Bahn umdroh'n
Im ganzen weiten Meer und auf dem Lande,
Das du bejochst in schweren Krieges Brande!

43.

Ja, wisse, daß die Segel, die der Reise,
Von dir gewagt, sich fürder kühn vertrau'n,
Dies Meer verfolgen wird nach Feindesweise
Mit Stürmen und mit Ungewittergrau'n,
Und daß die Flotte, die verbot'ne Gleise
Zuerst befährt in diesen Meeresau'n,
Ich unvermuthet also strafen werde,
Daß größer sei das Unheil, als die Fährde.

44.

Dort wird (ich hoffe), wenn kein Wahn mich blendet,
Die Rach' an Jenem, der mich fand, vollstreckt;
Doch ist an ihm die Strafe nicht vollendet,
Die eures Starrsinns Ungestüm erweckt;
Nein, euren Schiffen jedes Jahr gesendet,
(Wenn Wahrheit ist, was mir mein Geist entdeckt)
Wird Schiffbruch, Unglück aller Art erstehen;
Der Uebel kleinstes ist, den Tod zu sehen.

45.

Den ersten Helden, der in hohem Prangen
Des Ruhms der Himmel fernen Saum berührt,
Wird hier ein ew'ges neues Grab empfangen,
Wenn Gottes Rathschluß ihn hieher geführt;
Hier werden die Trophä'n, die stolzen, hangen,
Die er sich aus der Türkenschlacht entführt;
Quiloa's und Mombaza's öde Flächen
Droh'n ihre Trümmer hier durch mich zu rächen.

46.

Ein Andrer auch von hehrem Ruf erscheinet,
Ein edler Ritter, frei, der Minne hold,
Und mit ihm geht das schöne Weib vereinet,
Das ihm die Liebe schenkt' als hohen Sold.
Sie ruft ein Stern, der trüb und düster scheinet,
In mein Gebiet hier, welches feindlich grollt,
Und lebend aus dem Schiffbruch läßt die Beiden,
Um ungeheures Misgeschick zu leiden.

47.

Sie seh'n, wie Hunger rafft die theuren Pfänder,
Die er in Lieb' erzeugte, sie gebar,
Seh'n, wie dem holden Weibe die Gewänder
Auszieht der Caffern wilde Räuberschaar;
Sie seh'n der Glut, dem Froste ferner Länder
Entblößt die Glieder, schön, crystallenklar,
Nachdem sie lang die glühend heißen Stäten
Des Sandes mit dem zarten Fuß getreten.

48.

Und nimmer sieht aus solcherlei Bedrängniß,
Aus solcher Noth ihr Auge sie befreit;
Es bannt die beiden Gatten ihr Verhängniß
In diese schaurig heiße Dunkelheit.
Hier werden, wann den Thränen lautrer Bängniß,
Wann Steine sich erweichten ihrem Leid,
Der Beiden Seelen, die sich fest umschlingen,
Dem schönen Unglückskerker sich entschwingen.

49.

So scholl zu mir des Riesen Stimme nieder:
Mehr hätt' er noch vom Schicksal mir vertraut;
Da sprang ich auf: Wer bist du, dessen Glieder
Mich also schreckten, daß mir wahrhaft graut?
Er krümmt den Mund, er dreht die Augen wieder,
Die Luft durchgellt ein großer Schreckenslaut;
Und nun begann er, traurig und erbittert,
Als wär' er vor der Frage bang erzittert:

50.

Ich bin das große Kap, das tief versteckte,
Dem ihr den Namen ließt vom Sturmesweh'n,
Das Ptolemäus, Mela nicht entdeckte,
Noch Strabo, noch ein Andrer mocht' erspäh'n.
Der Africaner ganze Küst' erstreckte
Sich bis zu meinem Kap, das, ungeseh'n,
Des Südes Pole sich entgegenbreitet,
Dem eure Kühnheit solches Weh bereitet.

51.

Wie Aegeus und Enceladus, ein Sprosse
Der Erde war ich, Erbe roher Wuth,
Hieß Adamastor, und war ihr Genosse
Im Kampf mit ihm, der schleudert Donnerglut,
Nicht daß ich Felsen thürmt' auf Felscolosse:
Ich nahm für mich des Oceanes Hut,
Ward Herr der Wogen, die Neptunus theilte
Mit seinem Heer, das ich zu suchen eilte.

52.

Für Peleus' Weib erglüht im Liebesbrande,
Gab ich so großer Wagniß mich dahin;
Die Götterfrauen all' im Himmelslande
Verschmäht' ich um des Meeres Herrscherin.
Mit Nereus' Töchtern sah ich einst am Strande
Sie hüllenlos emporzieh'n, und mein Sinn
Fand sich sofort von ihrem Reiz gefangen,
Und kennt annoch kein anderes Verlangen.

53.

Doch weil's unmöglich war, sie zu gewinnen
Mit meines Leibes häßlich wilder Art,
Wandt' ich auf Waffen, auf Gewalt mein Sinnen,
Und Doris ward mein Leiden offenbart.
Die Göttin sprach aus Furcht für mein Beginnen;
Doch sie mit einem Lächeln, hold und zart,
Versezte: wo wär' einer Nymphe Liebe,
Die solches Riesen Drang gewachsen bliebe?

54.

Doch daß in solchem Kampfe nicht erzitt're
Der Ocean, ersinn' ich Mittel mir,
Mit meiner Ehre tilg' ich dieses Bitt're! —
Die Antwort wurde mir gebracht von ihr.
Ich, der ich nichts von solchem Truge witt're,
(Verblendet ist der Liebenden Begier,)
Ich fühle nur mein Herz in großen Wellen
Von Hoffnungen, von süßen Trieben schwellen.

55.

Des Kampfes hatt' ich harmlos mich begeben;
Verheißen war durch Doris eine Nacht:
Da sah' ich hüllenlos von weitem schweben
Der holden Thetis hehre Götterpracht;
Ich stürme hin, nach meines Lebens Leben
Von fern die Arme breitend, unbedacht;
Und schon begann ich von den schönen Augen,
Den Wangen, Haaren, Küsse mir zu saugen.

56.

O daß dies Wort die Sinne mir nicht raubte!
Von einem Berg umschlungen fand ich mich,
Als ich in meiner Lieben Arm mich glaubte,
Auf öder Heide, wild und schauerlich.
Vor einem Felsen steh' ich, Haupt an Haupte,
Ich, der ein Engelsantliz wähnt vor sich,
Nicht Mensch hinfort, in stumme Ruh gebettet,
An einen Fels ein andrer Fels gekettet.

57.

O schönste Nymphe du des Oceanes!
Wenn meine Gegenwart dich nicht gerührt:
Was rissest du mich aus dem Brand des Wahnes,
Ob Wolke, Berg, Traum oder Nichts ihn schürt?
Grimm eil' ich weg vom Bord des feuchten Planes,
Da Gram und Schmach die Sinne mir entführt,
Nach andern Welten, da mich Niemand sehe,
Der höhne mein Bedrängniß und mein Wehe.

58.

Die Brüder waren schon in jenen Zeiten
Bezwungen und von grauser Qual beengt,
Und Sicherheit den Göttern zu bereiten,
Zum Theil in Felsenklüfte festgezwängt.
Wie mocht' ich fruchtlos mit dem Himmel streiten!
Nur weinen wollt' ich, durch mein Leid gedrängt,
Und fühlte bald ob meines kühnen Blickes
Die Züchtigung des feindlichen Geschickes.

59.

Zu harter Erde wird das Fleisch, zu Steinen
Erstarrt der Riesenbau der Knochen mir;
Gestalt und Glieder, welche dir erscheinen,
Sie dehnten lang sich durch die Fluten hier;
Den Riesenleib zuletzt, den ungemeinen,
Verwandelt' in dies Kap die Rachbegier
Der Götter, und um meine Qual zu mehren,
Umkreiset Thetis mich in diesen Meeren.

60.

So sprach er, und mit schaurigem Gestöhne
Entschwand er unsern Blicken alsobald;
Das Nachtgewölk zerfließt, und mit Gedröhne
Erbraust des Meeres Woge rings und hallt.
Da zu dem heil'gen Chor der Himmelssöhne,
In dessen Obhut wir so weit gewallt,
Die Hände hebend, fleh' ich, vor den Fahren,
Die Adamastor kundthat, uns zu wahren.

61.

Und Phlego schon und Pyroïs durchwallten
Mit andern zwei des Aethers Region,
Als uns die Hochgebirge sich entfalten,
In die gewandelt war der Erdensohn.
Jezt durch des Ostens weite Meere schalten
Wir jene Küst' entlang die Kiele schon,
Wo wir, ein wenig abwärs hingetragen,
Zum zweitenmal uns an das Ufer wagen.

62.

Das Volk, gesezt in jenes Landes Mitte,
Das wohl aus Aethiopen nur bestand,
Erschien uns menschlicher in Brauch und Sitte,
Als andre, deren Tücke wir erkannt.
Mit frohen Festen, munterm Reigenschritte
Nah'n Alle sich daher zum Ufersand;
Die Heerden auch, die wohlgenährten, zahmen,
Die jene weiden, auch die Weiber kamen.

63.

Die Weiber, schwarz gebrannt, erscheinen oben
Auf Stieren sizend; stattlich langsam zieht
Dies Thiergeschlecht, von jenen mehr erhoben,
Als andres Vieh auf ihrem Strandgebiet.
In ihrer Sprach', aus Pros' und Reim gewoben,
Ertönte, wohl gesezt, ihr Hirtenlied
Zu ländlicher Schalmeien süßen Tönen,
Wetteifernd mit des Tityrus Camönen.

64.

So freundlich heiter anfangs ihre Weise,
War ihr Betragen menschlich auch hinfort;
Sie brachten uns für andre Ding' als Preise
Küchlein und Hämmel an des Meeres Bord.
Doch wie zulezt von ihnen meiner Reise
Genossen nicht erfaßt ein klares Wort,
Das vom gesuchten Ziele böt' ein Zeichen:
So lichten wir die Anker und entweichen.

65.

Wir hatten weithin Africa's Gestade,
Die schwarzen, schon umkreist, und um zu nah'n
Des Himmels Mitte, lenkt der Kiel die Pfade,
Fernab vom Südpol wendend unsre Bahn.
Das Eiland lassen wir, wo die Armade
Zuerst hin kam, die auf des Meeres Plan
Nach langem Späh'n der Stürme Kap entdeckte,
Und sich ihr Ziel auf dieser Insel steckte.

66.

Nun schiffen wir, viel lange Tage gleitend
Mit stillem Wind, bald auch vom Sturm besiegt,
Im weiten Meer uns neue Bahnen breitend,
Und nur von kühnen Hoffnungen gewiegt.
So zieh'n wir hin, oft mit dem Meere streitend,
Und wie dort Alles stets im Wechsel liegt,
Stürzt eine Strömung mächtig uns entgegen,
Und nicht mehr können wir uns fortbewegen.

67.

Der Wogen Macht, die uns entgegenrollen,
Daß unsre Flotte sich nach hinten dreht,
Wohl war sie stärker wider uns mit Grollen,
Als Macht des Windes, der uns günstig weht.
Doch Notus, dem des Zornes Muth geschwollen
Vom Kampfe, den er mit dem Meer besteht,
Verstärkt die Hauche mit ergrimmten Winden,
Daß wir die große Strömung überwinden.

68.

Der große Tag erschien im Lauf der Horen,
Woran drei Herrscher aus des Ostens Land
Den König suchten, welcher, neu geboren,
Mit sich zween andre Könige verband:
Da ward von uns ein andrer Port erkoren
Desselben Volkes, das ich schon genannt;
An jenem großen Strom, dem wir den Namen
Des Tages leih'n, an dem wir dorthin kamen.

Fünfter Gesang.

69.

Wir nehmen hier Erfrischung ein, ingleichen
Des Stromes frische Welle; doch gelieh'n
Wird uns auch hier von India kein Zeichen,
Da dieses Volk, wie stumm, vor uns erschien.
Nun sieh, wie manches Land wir schon durchstreichen,
Ohn' uns dem rohen Volke zu entzieh'n,
Und ohne daß wir Spuren oder Kunden
Vom heiß ersehnten Morgenland gefunden.

70.

Bedenke, Herr, wie wir voll düstrer Traue,
Verloren all', hinwallten unsre Bahn,
Zermalmt vom Hunger, von der Stürme Schauer,
Durch Land und Meer, das keine Schiffe sah'n,
Und müde von des Hoffens langer Dauer,
Wie schon getrieben zu Verzweiflungswahn,
In ungewohnten, fremden Weltbezirken,
Die feindlich auf die Menschensinne wirken.

71.

Verdorben und verwünscht ist, was uns nähret,
Bekommt der Menschen schwachem Leibe schlecht,
Und außerdem ist uns kein Trost gewähret,
Der auch nur fern an Hoffnung gäb' ein Recht.
Glaubst du, daß dieses Volk, zu Streit bewehret,
Wär's nicht aus lusitanischem Geschlecht,
Also gebunden durch die Zucht sich glaubte,
Treu seinem König, seinem Oberhaupte?

72.

Glaubst du, sie hätten nicht sich schon erhoben,
Wenn ihr Gebieter ihnen widerstand,
Als Räuber durch die offne See zu toben,
Von Hunger, Wuth, Verzweifelung durchmannt?
Wohl höchlich muß man die Geprüften loben,
Die keine Mühsal, noch so groß, entwandt
Der Portugiesen glänzend hohem Werthe,
Der sich gehorsam stets und treu bewährte.

73.

Des Stromes Port verlassen wir am Ende,
Und segeln wieder durch des Salzes Plan,
Und daß die Flott' in's offne Meer sich wende,
Lenk' ich von jener Küste weg die Bahn,
Auf daß, wenn Notus kalten Hauch versende,
Der Bucht Gewässer uns nicht möge fah'n,
Die hier das Ufer bildet an dem Strande,
Wo Gold entströmt Sofala's reichem Lande.

74.

Das Steuer, hier vorübergleitend, träget
In Nicolaus' Hut in leichtem Flug
Hin, wo das Meer die Küste tosend schläget,
Des einen und des andern Schiffes Bug.
Da wird das Herz, das Furcht und Hoffen heget,
Und so vertraut des schwachen Holzes Trug,
Dem alle Hoffnung, wie es wähnt, gelogen,
Von neuem, heiterm Anblick angezogen.

Fünfter Gesang.

75.

Denn als wir nah zum Ufer hingeleitet,
Wo Thal und Ebne sich uns offenbart,
Da machen, wo zum offnen Meer entgleitet
Ein Strom, die Segel auf und ab die Fahrt.
Wohl war uns große Freude da bereitet,
Daß wir schiffkund'ge Männer nun gewahrt,
Da wir so manches Neue zu erkunden
Von ihnen hofften, wie wir's auch gefunden.

76.

Wohl sind es Aethiopen, doch sie leben
Mit bessern Völkern (scheint es) im Verband;
Wenn sie das Wort in ihrer Sprach' erheben,
Wird als arabisch mancher Laut erkannt.
Mit einem zarten Tuche, das sie weben
Von Baumwoll', hüllen sie des Hauptes Rand;
Mit einem andern, blau von Farbe, decken
Sie jene Theile, die auch sie verstecken.

77.

Und auf Arabisch, das sie schlecht verstanden,
Und das Fernando Martins wohl versteht,
Erzählten sie, oft werd' ihr Meer von Banden
In Schiffen, groß wie unsre sei'n, durchspäht,
Auch daß sie kommen von des Ostes Stranden,
Bis wo gen Mittag sich die Küste dreht,
Und dann von Mittag gegen Ost sich wenden,
Wo weiße Völker, gleichwie wir, sich fänden.

78.

An diesem Volk, mehr an den neuen Kunden,
Erquicken wir gar sehr die Herzen dort;
Und von den Zeichen, die wir hier gefunden,
Den guten, blieb dem Strom sein Nam' hinfort.
Und wie man, solche Stätten zu bekunden,
Oft Male sieht, erhöhen wir am Bord
Ein Denkmal, das ich nach dem Engel nannte,
Den Gott als Führer dem Tobias sandte.

79.

Von Unrath, Austerschalen und vom Tange,
Der ekeln Brut, in Meeresgrund gehect,
Entlasten wir die Schiffe, die so lange
Das Meer befuhren, ganz von Schmuz bedeckt.
Die Wirthe, die mit freundlichem Empfange
Im heitern Eiland unsre Lieb' erweckt,
Versah'n uns allzeit mit gewohnter Speise,
Entfernt von aller falschen Sinnesweise.

80.

Doch ungetrübt und rein und lauter weilet
Dies Hoffen nicht, das freudig an uns sprach
Bei diesem Strand; denn Nemesis ereilet
Vergeltend uns mit neuem Ungemach.
So ward es uns vom Himmel zugetheilet;
Geboren wurden wir mit solcher Schmach
Nothwendigkeit; das Leid allein hat Dauer,
Die Freude nur verkehrt sich bald in Trauer.

Fünfter Gesang.

81.

Denn eine Krankheit, häßlich und voll Grauen,
Wie ich sie niemals sah, riß manchen Mann
Vom Leben fort, der fern in Fremdlingsauen
Für immer eine Grabstatt sich gewann.
Wer, der's nicht sah, wird meinem Worte trauen?
So garstig schwoll das Zahnfleisch ihnen an
Im Munde dort, und immer wuchs es weiter,
Und ging in Fäulung über und in Eiter.

82.

So fault' es hin mit häßlichem Gestanke,
Der rings die Lüfte zu verpesten droht;
Des Arztes Kunst entbehrte da der Kranke,
Auch half kein Wundarzt ihm in dieser Noth;
Doch Jeder, ob er auch unkundig schwanke,
Schnitt in das faule Fleisch, als wär' es todt;
Auch war ein solcher Ausweg nimmer mißlich;
Denn wer es nicht ablöste, starb gewißlich.

83.

Nun lassen wir auf ewig die Gefährten
In dieser unbekannten Dunkelheit,
Sie, die in solcher Noth, auf solchen Fährten
Allzeit mit uns erduldet schweres Leid.
Wie leicht wird eine Ruhstatt dem Verklärten!
Ein jeder Hügel, jede Woge leiht
In ihrem Schooß ein Grab dem edeln Todten,
So wie es unsern Theuren ward geboten.

Fünfter Gesang.

84.

So scheiden wir von dieses Hafens Horte,
Von größrer Hoffnung, größrem Schmerz erfüllt;
Und weiter öffnen wir des Meeres Pforte,
Ob uns kein beſſ'res Zeichen werd' enthüllt;
Dann landen wir an Mozambique's Porte,
Von deſſen Liſt, in böſen Trug verhüllt,
Du ſchon gehört, wie von den Heidentücken,
Womit Mombaza's Völker uns berücken:

85.

Bis hoher Himmel Gnade die Bedrohten
Zu deinem ſichern Hafen hier entrückt,
Wo Kranken Heilung, Leben wird den Todten,
Und ſüße Pflege gaſtlich uns beglückt.
Du haſt uns Ruh und holden Troſt geboten,
Du haſt mit neuem Frieden uns entzückt:
Und ſiehe, nun, wenn du Gehör mir zollteſt,
Verkündet' ich dir Alles, was du wollteſt.

86.

Nun richte, Herr, ob auf dem Erdenrunde
Sonſt einem Volke ſolch ein Weg gelang?
Ob wohl Ulyß mit dem beredten Munde,
Aeneas ſo weit auf der Erde drang?
Mocht' Einer ſo das Meer mit tiefem Grunde
Ausſpäh'n, ob manches Lied ihm auch erklang,
Den achten Theil von dem, was ich geſehen
Durch Kraft und Kunſt und fürder werd' erſpähen?

Fünfter Gesang.

87.

Er, welchen Aganippe's Borne weihten,
Daß Rhodos, Argos, Smyrna, Colophon,
Und Salamis, Athen und Chios streiten
Den seltnen Streit um einen solchen Sohn;
Der Andre, der im Lied Ausonia's Weiten
Verklärte, daß dem hehren Götterton
Der Mincius sein Ohr entschlummernd neigte,
Und Tibris stolz auf seinen Dichter zeigte:

88.

Sie mögen ungemess'nes Lob ersinnen
Für ihre Helden, die umhergeirrt
Bei Polyphemen, Circen, Zauberinnen,
Sirenen, deren Lied in Schlummer girrt;
Auch wie sie der Ciconen Wuth entrinnen,
Und wie Vergessen ihre Sinne wirrt
Im Lande, wo sie Frucht des Lotos pflückten,
Auch wie die Wellen Palinur entrückten:

89.

Sie mögen Schläuch', entbund'ne Stürme bilden,
Von Nymphen sagen, die in Liebe glüh'n,
Von Helden, steigend zu der Nacht Gefilden;
Wie ihre Kost besudeln die Harpy'n;
Denn ob den schöngeträumten Wahngebilden,
Den eiteln, auch die höchsten Kränze blüh'n,
Strahlt über all dem Pompe doch die Wahrheit,
Wie ich sie dir erzählt in nackter Klarheit.

90.

Mit trunknem Ohre hingen All' am Munde
Des Admirals, der so beredt erzählt,
Als er ein Ende gab der langen Kunde
Der hohen Thaten, groß und muthbeseelt.
Des Volkes alte Tapferkeit, im Bunde
Mit Edelmuth, und treuem Sinn vermählt,
Die Herrscher lobt der König, die so muthig
In Kämpfen sich erprobten, wild und blutig.

91.

Das Volk, bewundrungsvoll, erzählt sich wieder
Der Fälle jeden, den es sich behielt,
Die Schaar betrachtend, die voll Muthes wider
So viele Stürm' auf langer Bahn sich hielt.
Der Sonnenjüngling senkt die Zügel nieder,
Die Phaëthon zu seinem Leid erhielt,
Auf daß er süß in Thetis' Armen raste:
Der König kehrt vom Meere zum Palaste.

92.

Wie süß ist Lob, das ein Bewundrer zollte,
Der unsre Thaten im Gesang verklärt!
Dem Großen, das der Ahnen Zeit entrollte,
Strebt jeder Edle gleich zu sein an Werth.
Der Neid, der hehrem, fremdem Ruhme grollte,
Hat oft erhabne Thaten schon gelehrt;
Wer kühn vollbringt das Edle, den entzündet
Das hohe Lob, das fremde That verkündet.

93.

Nicht also ward Achilles' Thatenfeier
Von Alexander hochgeschäzt im Streit,
Als seines Sängers tonbeseelte Leier;
Den preist er nur, der schafft ihm Lust und Leid.
Miltiades' Trophä'n in hoher Feier,
Sie weckten einst Themistocles aus Neid;
Er sagte, daß so sehr ihn nichts entzücke,
Als ein Gesang, der seine Thaten schmücke.

94.

Vasco von Gama ringt, wie er beweise,
Daß alle Seefahrt, so die Welt besingt,
Nicht solchen Ruhm verdiene, solche Preise,
Wie seine, die durch Erd' und Himmel klingt.
Wohl! — Doch daß jener Held der Liebesweise
Des Mantuaners Lohn, Gunst, Ehre bringt,
Das macht es, daß Aeneas' Ruf erschallte,
Und Roma's Namen alle Welt durchwallte

95.

Der Lusitanen Land hat Scipione,
August' und Alexander aufgenährt;
Doch gab es ihnen nicht die Kunst zum Lohne,
Die kalte, rohe Kraft in Milde kehrt.
Octavius, bei Sorgen einer Krone,
Verfertigt Verse, zierlich und gelehrt;
Und Fulvia, sie wähnt sich nicht betrogen,
Daß Glaphyre'n der Gatte vorgezogen.

96.

Dem Cäsar, dem ganz Gallien einst erlegen,
Verrückte nicht der Krieg des Wissens Ziel;
Beredt, wie Cicero, führt' er den Degen
In einer, in der andern Hand den Kiel;
Auch Scipio — wohl mögen wir's erwägen —
Verstand sich gut auf Kunst und Bühnenspiel;
Und Alexander las Homerus' Lieder,
Und fand sie morgens auf dem Lager wieder.

97.

Kurz, niemals ließ ein Tapfrer sich gewahren
Von Wissenschaft und edlen Künsten bloß
Bei Griechen, Römern oder bei Barbaren;
Die zog nur Portugal in seinem Schooß.
Ich sag' es denn, nicht ohne Scham: es waren
So Viele darum nicht als Dichter groß,
Weil Lieder uns und Reime nicht ergezen;
Wer fremd der Kunst blieb, wird sie auch nicht schäzen.

98.

Deßhalb, — nicht, daß Natur entgegenstritte —
Ersteht auch kein Virgil und kein Homer,
Und fürder hebt sich, dauert solche Sitte,
Kein Held Achilles, kein Aeneas mehr.
Doch was noch schlimmer ist in unsrer Mitte:
So rauh, so spröde wurden sie, so sehr
Dem Geiste roher Trägheit unterthänig,
Daß Viele das nicht achten oder wenig.

Fünfter Gesang.

99.

Wohl mög' es unser Gama denn erkennen,
Daß, von des Vaterlandes Lieb' ermannt,
Die Musen ihn im Lied zu feiern brennen,
Weil er zur See das große Werk bestand:
Denn Er, und die nach seinem Stamm sich nennen,
War nie so nah Calliope'n verwandt
Noch Tago's Töchtern, daß die gold'ne Leier
Sie aufgespannt zu seines Ruhmes Feier.

100.

Nur Bruderliebe, lautrer Drang, die Thaten
Der Lusitanen all' im Hochgesang
Zu preisen, mag zu Liedern ihnen rathen,
Stimmt Tago's Nymphen zu dem süßen Klang.
Doch säume Keiner, edler Werke Saaten
Zu streuen, wenn ihn trieb der Seele Drang;
Denn ob er den, ob jenen Pfad erkoren,
Sein Ruhm, sein Werth, er bleibt ihm unverloren!

Sechster Gesang.

1.

Nicht weiß der Heidenkönig, wie er ehren
Durch Feste soll der Segler wackre Schaar,
Auf daß so mächtige Völker hold ihm wären,
Der Christenkönig seiner nähme wahr;
Tief schmerzt es ihn, daß an so fernen Meeren,
Fern von Europa's Ländern, ihn gebar
Das Schicksal, und nicht nahe jenem Porte,
Wo Hercules erschloß des Meeres Pforte.

2.

Und Spiele, Tänz' und andre Festlichkeiten,
Wie sie Melinde's feine Sitte beut,
Und frohen Fischfang, wie damit vor Zeiten
Cleopatra den Helden Roms erfreut,
Läßt er für Lusus' edle Schaar bereiten
In hoher Lust, die jeder Tag erneut,
Auch Festgelag' an wohlbesezten Tischen
Mit Früchten, Vögeln, Fleisch und seltnen Fischen.

3.

Doch Gama fürchtet, daß er länger weile,
Als sich gebühr'; auch lockt ihn weg vom Strand
Der frische Windhauch, und er nimmt in Eile
Piloten sich und Mundvorrath vom Land;
Nicht säumen will er, da noch gute Weile
Sein Ziel ihn an des Salzes Woge bannt;
Da nimmt er Abschied von dem biedern Heiden,
Der ihn beschwört, als Freund von ihm zu scheiden.

4.

Auch bittet er, daß dieser Hafen immer
Den Christenflotten Herberg dürfe leih'n;
Denn höheres Verlangen kennt er nimmer,
Als solchen Helden Reich und Staat zu weih'n;
So lang er athme bei des Lichtes Schimmer,
Werd' er ohn' Unterlaß bereitet sein,
Sammt seiner Krone Schäzen selbst das Leben
Für solchen König, solches Volk zu geben.

5.

Der Admiral erwidert ihm das Gleiche
Und Andres noch, spannt auf die Segel dann,
Und ziehet weiter nach Aurora's Reiche,
Das er so lange schon zu finden sann.
Sein Führer sinnt ihm nicht auf arge Streiche,
Ein treuer Lothse, nein, er zeigt ihm an
Den sichern Weg, daß Gama nimmer bangte;
Und sichrer ging er, als er hergelangte.

6.

Er schiffte durch des Orientes Wogen
Schon auf den Meeren India's und sah
Das Lager Sol's, der steigt in Flammenbogen;
Schon war das Ende seiner Wünsche nah.
Doch Bacchus, der in bösem Sinn erwogen
Die Loose, die bereitet sind allda
Der Lusitanen Volke, würdig dessen,
Glüht auf und tobt und lästert, sein vergessen.

7.

Den ganzen Himmel sieht er fest entschlossen,
Lisboa soll ein neues Roma sein;
Nicht hindern kann er, was die Macht beschlossen,
Der alle Wesen still Gehorsam weih'n.
Da steigt er, in Verzweiflungswuth ergossen,
Vom Himmel, will auf Erden Hülfe leih'n,
Und tritt in's feuchte Reich und in die Hallen
Des Gottes, dem das Meer zum Loos gefallen.

8.

In weiter Höhlen tief entlegnem Grunde,
In grausen Klüften, wo sich birgt das Meer,
Wo wild die Wasser gähren aus dem Schlunde,
Und Antwort brüllen wildem Sturmesheer,
Da thront mit Nereus' holder Schaar im Bunde
Neptun, die andern Götter um ihn her;
Die Wasser gönnten Raum den Regionen,
Worin die feuchten Götter alle wohnen.

9.

Die Gründe, die kein Auge noch erspähte,
Enthüllen Räume seinen Silbers hier;
Weit funkelt auf des Feldes offner Stäte
Aus Glanzkrystall erhabner Thürme Zier.
Je mehr, je näher Blick und Auge spähte,
Je minder wußt' es, ob dies Glanzrevier
Krystallen sei, nicht ob aus Diamante,
Was da so hell im Strahlenfeuer brannte.

10.

Die Pforten sind aus feinem Gold gezimmert,
Mit reichen Muschelperlen übersät,
Und rings von schönen Bildnerei'n umschimmert,
Woran sich Bacchus' düstres Aug' ergeht.
Erst sieht er, wie in bunten Farben flimmert
Das alte Chaos, das wirrvoll sich dreht;
Dann schaut man, wie der Elemente Kräfte
Arbeiten in verschiedenem Geschäfte.

11.

Hoch oben wallt des Feuers hehrer Schimmer,
Das sich von anderm Stoffe nicht ernährt;
Von dort belebt es die Lebend'gen immer,
Seitdem Prometheus es der Welt beschert.
Sofort nach ihm erhebt sich, ruhend nimmer,
Die Luft, die tiefer unten noch verkehrt,
Die unsichtbare; sie durchdringet Alles,
Ob heiß, ob kalt, im Raum des Erdenballes.

12.

Auf Bergen stand die Erde, die, bekleidet
Mit Baumesblüten und der Kräuter Grün,
Zum Leben aufweckt und mit Nahrnng weidet
Geschöpfe, die aus ihrem Schooß erblüh'n.
Das Wasser dann, das Land vom Lande scheidet,
War ausgeprägt in heller Formen Glüh'n,
Mit seinem Naß die Körper all' ernährend,
Und Fische mannigfacher Art gebärend.

13.

Dort eingehau'n erschien der Krieg, der große,
Der Götter und Giganten einst entzweit,
Und Typhon unten in dem tiefen Schooße
Des Aetna, der lauttosend Flammen speit.
Auch sieht man, wie Neptunus' wildem Stoße
Die Erde bebt, als er im edlen Streit
Die junge Welt begabte mit dem Rosse,
Minerva mit des Oelbaums erstem Sprosse.

14.

Nicht lange säumt Lyäus, wuthentglommen,
Bei dieser Dinge Schau; er tritt geschwind
Zum Hause des Neptunus, der vernommen
Von seiner Ankunft und erwartend sinnt,
Und an der Pforte schon ihn heißt willkommen,
Umringt von Nymphen, die verwundert sind,
Zu schauen, wie auf solchem Pfad gezogen
Der Weingott kam in's Reich der Wasserwogen.

Sechster Gesang.

15.

Er sprach: Neptun, nicht mög' es dich erschrecken,
Wenn Bacchus in dein Reich herniedersteigt,
Weil auch an großen und gewalt'gen Recken
Das arge Schicksal seine Macht bezeigt.
Ruf' alle Götter aus des Meeres Strecken,
Bist etwa mehr zu hören du geneigt,
Und mögen all' es hören, alle sehen,
Das bittre Loos, dem all' entgegengehen!

16.

Schon ahnt Neptunus eine seltne Mähre
Zu hören, und läßt flugs die Götterschaar
Durch Triton rufen aus dem kalten Meere,
Die dort und hier am Ufer heimisch war.
Der Triton, der sich rühmte, daß die hehre
Salacia dem Meergott ihn gebar,
War häßlich, schwarz, ein wohlbeleibter Bube,
Des Vaters Bot', und blies vor ihm die Tube.

17.

Die Haare, die von Bart und Haupt sich schlingen
Auf Hals und Schultern, waren rings bedeckt
Mit dichtem Schlamm, woraus die Tropfen dringen;
Nie hatte sie des Kammes Zahn geleckt.
An ihren Spizen sonder Ende hingen
Seeschnecken, schwarze, die der Abgrund heckt;
Den Kopf umgab ihm eine große Schaube
Von der Lagosta, gleich der Pickelhaube.

18.

Ihn bei dem Schwimmen nirgend aufzuhalten,
Schloß kein Gewand den nackten Körper ein;
An dessen Statt, dichtwimmelnd rings, umwallten
Ihn hundert Meergeschöpfe, groß und klein,
Seespinnen, Krebs' und andre Thiergestalten,
Die unter Phöbe's lichtem Strahl gedeih'n,
Meeraustern, moosbewachsne Muscheln, Schnecken,
Die sich den Rücken mit der Schale decken.

19.

Die große, vielgewundne Schnecke leitet
Der Gott zum Munde, daß es mächtig schallt;
Der laute, tönereiche Klang entgleitet
Durch alles Meer, das weit ihn widerhallt.
Schon kam der Götter ganze Schaar bereitet
Zu dem Palast des Gottes angewallt,
Des Gottes, der die Mauern aufgerichtet
Von Ilium, das Griechenwuth vernichtet.

20.

Oceanus, der Vater, im Geleite
Von Töchtern und von Söhnen, zog daher;
Nereus erschien und Doris ihm zur Seite,
Die rings mit Nymphenvolk erfüllt das Meer.
Der Seher Proteus, der auf salz'ger Weite
Der Wasser weidet sein geschwänzies Heer,
Kam auch heran; schon aber hatt' er Kunde,
Was Vater Bacchus sucht im Meeresgrunde.

Sechster Gesang.

21.

Von andrer Seite naht' in holdem Prangen
Neptunus' Weib, Vesta's und Cölus' Kind,
Schön, hehr, im Antliz Lächeln und Verlangen,
Daß sich das Meer bezähmt und staunend sinnt.
Ein Schleier hielt den seltnen Reiz umfangen,
Kostbar, aus feiner Webe, zart und lind,
Der schauen läßt der Glieder lichte Fülle;
Denn solchen Glanz birgt billig keine Hülle.

22.

Auch Amphitrite, schön, wie Blumenblüte,
Wohl wünschte sie da nimmer fern zu sein;
Ihr folgt der Delphin, der so treu sich mühte,
Um ihre Gunst für seinen Herrn zu frei'n.
Ihr Auge, das dem All gebot, es glühte,
Daß vor ihm auch erblich der Sonne Schein.
Sie kommen Hand in Hand, als gleich erwählte;
Denn Beide sind des einen Manns Vermählte.

23.

Auch Ino kam, die Göttin einst geworden,
Nachdem sie floh des Ehgemahles Wuth;
Der schöne Knabe, der dem Götterorden
Sich zugesellte, naht' in ihrer Hut.
Bald vor der Mutter spielt' er auf den Borden
Mit schönen Muscheln, die des Salzes Flut
Allzeit erzeugt, bald auf des Sandes Grunde
Hing er an Panopäa's holdem Munde.

24.

Und jener Gott, der menschlich einst gebor'ne,
Der durch des Krautes zaubernde Gewalt
Zum Fische ward, und den für das Verlor'ne
Die Glorie der Göttlichkeit umwallt,
Er nahte, weinend, daß ihm die Erkor'ne,
Die schöne Scylla, ward zur Mißgestalt
Durch Circe's Trug, erregt vom heißen Triebe;
Denn Alles wagen mag verschmähte Liebe.

25.

Versammelt in den großen, stolzen Hallen,
Den gotterbauten, saßen Alle schon,
Die Götter hoch auf Stühlen von Krystallen,
Der Frauen jed' auf reichgeschmücktem Thron.
Des Grußes Wort' entbeut der Vater Allen,
Zur Seite saß ihm Thebe's großer Sohn;
Das Haus füllt Ambra mit dem würzereichen
Geruche, dem Arabia's Düfte weichen.

26.

Schon hatte sich das stürmische Getose,
Das von den Göttern sich erhob, gelegt,
Als Bacchus aus der Brust verborgnem Schoose
Der Qualen Grund erschloß, der ihn bewegt;
Leicht ist umwölkt sein Blick, das Namenlose
Verkündigend, das still sein Busen hegt.
Da sprach er, Lusus' Volk durch fremde Mächte
Zu senden in des Orcus grause Nächte:

Sechster Gesang.

27.

Du, der von einem Pol zum andern alles
Erzürnte Meer mit Recht als König lenkt,
Der alle Völker zwingt des Erdenballes,
Die Mark zu achten, welche sie beschränkt!
Und Vater Ocean, du, der des Alles
Gebiet' umkreiset und weithin sie tränkt,
Und mit gerechten Sprüchen also waltet,
Daß Jedes nur in seiner Sphäre schaltet!

28.

Und ihr, o Götter, die ihr nie vergebet
Die kleinste Schmach im großen Meergebiet,
Daß ihr sofort nicht rächend euch erhebet
Zur Züchtigung, wer irgend es durchzieht:
Welch arge Trägheit ist's, in der ihr lebet?
Was war es, das zu solcher Milde rieth
Den Herzen, die mit Grund verhärtet grollten,
Wo schwache Menschen kühne Plän' entrollten?

29.

Ihr sahet, wie sie schon des Himmels Weiten
Bestürmt in ungemess'nem Uebermuth;
Ihr saht sie muthvoll alle Segel breiten,
Mit Rudern jagen durch die Meeresflut;
Ihr sahet, und noch seh'n wir alle Zeiten,
Welch Ungeheures sinnt ihr stolzer Muth;
Sie werden Götter noch und wir in wenig
Jahrreihen, fürcht' ich, ihnen unterthänig.

30.

Jetzt sehet ihr ein schwaches Völklein droben,
Das meines Dieners Namen einst empfing,
Von aufgeblas'ner, stolzer Lust gehoben,
Euch trozen, mir, der Erde ganzem Ring;
Ihr sehet eure Meere sie durchtoben,
Was Roma's Volk sich niemals unterfing;
Ihr sehet eure Reiche sie verheeren,
Und eure Sazung ohne Scheu verkehren.

31.

Ich sah, wie vormals, da der Griechen Steuer
Die Bahn zuerst erschloß in euer Meer,
Sich Boreas und Aquilo, sein Treuer,
Und all die Andern gürteten zur Wehr;
Drum, — litten harmlos jenes Abenteuer,
Als eine Schmach, die Winde nimmermehr,
Und ihr, bei größerm Recht in solcher Sache,
Was hoffet ihr? Was zaudert eure Rache?

32.

Doch nimmer wollt' ich, Götter, daß ihr dächtet,
Daß ich für euch vom Himmel niederstieg,
Zu fordern, daß ihr eure Schande rächtet,
Nein, weil auch mir die Stolzen droh'n mit Krieg:
Den Kranz, womit ihr meine Stirn umflechtet,
Den alle Welt mir reichte nach dem Sieg,
Als ich des Indus Völker überwunden,
Seh' ich von diesem Volke mir entwunden.

Sechster Gesang.

33.

Der Gott der Götter und des Schicksals Mächte,
Die nach Gefallen ordnen unsre Welt,
Sie haben höher dieses Volks Geschlechte,
Als irgend eins, im tiefen Meer gestellt.
Da mögt ihr seh'n, o Götter, wie das Schlechte,
Das Unheil Göttern auch zum Loose fällt;
Da seht, wie Niemand ist in mindern Ehren,
Als wer's mit allem Grunde darf begehren.

34.

Drum hab' ich jetzt Olympus' Höh'n verlassen,
Nach Heilung für mein Leid zu späh'n umher,
Ob ich den Ruhm, den sie im Himmel hassen,
Nicht etwa wiederfänd' in eurem Meer.
Mehr mocht' er nicht in klare Laute fassen;
Denn Thränen, häufig rinnend, drangen schwer
Aus seinem Auge, daß alsbald in hellen
Zorngluten flammt das Göttervolk der Wellen.

35.

Der Groll, wodurch urplözlich umgewendet
Das Herz der Götter war, verstattet nicht,
Daß man zu wohlbedachtem Rath sich wendet,
Daß Zögern ihre raschen Plane bricht.
Schon wurde Botschaft von Neptun gesendet
An Aeolus, ihn rufend zu der Pflicht,
Die wuthentflammten Stürme loszubinden,
Daß keine Schiff' hinfort im Meer sich finden.

36.

Gern hätte Proteus, was in diesem Falle
Auch ihm das Beßre dünke, dargelegt;
Und wohl ein tiefes Wort, so glaubten Alle,
War's traun, das ihm den Sehergeist bewegt.
Doch plözlich hob sich mit so lautem Schalle
Gelärm, im Kreis der Götter aufgeregt,
Daß Tethys ausrief, ganz in Wuth ergossen:
Neptunus weiß ja wohl, was er beschlossen!

37.

Schon ließ aus ihres Kerkers Felsenpforten
Hippotades die wilden Stürme los,
Und reizte sie zum Kampf in stolzen Worten
Mit Lusus' Volk, so muthig und so groß.
Nacht lagert auf die Himmel aller Orten,
Da mehr, als je, die Wind' in jähem Stoß
Anbrausen, flugs in neuer Kraft entbrennend,
Thurmhöh'n, Gebirg' und Hütten niederrennend.

38.

Indeß in feuchter Tiefe Rath gehalten
Von Diesen ward, verfolgt' auf ebnem Plan
Des Meeres bei der Lüfte lindem Walten
Die müde Flotte froh die lange Bahn.
Es war die Zeit, wo düstrer Nacht Gestalten
Den halben Kreis des Ostens rings umfah'n:
Die erste Wache legt sich jetzt zur Ruhe,
Und weckt die zweite, daß sie Dienste thue.

39.

Von Schlaf bezwungen kommen die und gähnen
Halbwachend oft, indem sie schlecht bedeckt
Sich an die Segelstangen alle lehnen,
Von scharfer Lüfte rauhem Zug geneckt;
Die offnen Augen mögen kaum sich dehnen,
Der Körper wird gerieben und gereckt;
Sie suchen Mittel, um dem Schlaf zu wehren,
Erzählen sich Geschichten, tausend Mähren.

40.

Wodurch, sagt Einer, könnten wir die Stunde
Verschmerzen, die so lästig auf uns liegt,
Als durch ein froh Geschichtchen in die Runde,
Das uns den schweren, trägen Schlaf besiegt?
Da ruft Lenardo, der im tiefsten Grunde
Der Seele sich mit Liebesträumen wiegt:
Was hätten wir, das uns die Zeit vertriebe,
Für bessere Geschichten, als von Liebe?

41.

Nein, spricht Vellojo, nimmer billig wäre,
Daß man in solcher Noth von Minne spricht:
So schwere Müh'n, die uns umdroh'n im Meere,
Vertragen Lieb' und Tändeleien nicht;
Nein, lieber uns von Kriegen eine Mähre,
Von heißen, grausen; denn zu harter Pflicht
Ruft unser Leben, wie ich wahrgenommen;
So sagen mir's die Kämpfe, die noch kommen.

42.

Sie rufen all' ihm Beifall zu; berichten
Soll denn Belloso, was er tauglich fand;
Ich will's, und tadeln soll man mich mit nichten,
Sagt er, als böt' ich Fabeln oder Tand.
Und daß ihr alle lernt aus den Geschichten
Auch Thaten thun, so groß und weltbekannt,
Erzähl' ich euch von Kindern unsrer Lande;
Und diese sei'n die Zwölf aus Engellande.

43.

Als von Johann, Dom Pedro's edlem Sohne,
Des Reiches leichter Zügel ward gelenkt,
Nachdem er frei und ruhig seine Krone
Erhielt vor Nachbarsmacht, die ihn gekränkt:
Da hatte sich auf England, dessen Zone
Von Winter ewig starrt, herabgesenkt
Erinnys, säte Zwietracht, hart und herbe,
Daß unsre Lusitania Ruhm erwerbe.

44.

An Englands Hofe war es einst gekommen,
Daß unter edlen Herrn und schönen Frau'n
Ein Zwist in heißem Grolle war entglommen,
War's ernste Meinung war es Selbstvertrau'n.
Die Hofherrn, denen es nicht unwillkommen,
Mit kecken Worten dreist um sich zu hau'n,
Erklären darthun wollten sie, es wäre
Bei solchen Damen weder Ruf noch Ehre.

Sechster Gesang.

45.

Und gäb' es Einen, der mit Lanz' und Schwerte
In Schranken oder auf dem offnen Plan,
Für ihre Sache einzusteh'n begehrte,
So böten sie Schmach oder Tod ihm an.
Die Schwachheit ungeübter Frau'n, wie wehrte
Sie solchem Schimpfe! Darum, weil sie sah'n,
Daß eigne Kraft nicht helfen könne, wandten
Sie sich um Schuz zu Freunden und Verwandten.

46.

Doch weil die Gegner große Worte führen
Im Reiche, mag sich Keiner untersteh'n,
Galane, noch Verwandte, nach Gebühren
Für unsre Damen in den Kampf zu geh'n.
Mit schönen Thränen, die den Himmel rühren
Und alle Götter könnten, aufzusteh'n
Zum Schuze der Gebild' aus Alabaster,
Geh'n alle hin zum Herzog von Lancaster.

47.

Der Herzog hatte mit den Portugiesen
Vormals gefochten wider Spaniens Herrn,
Wo sie, vereint ihm, hohe Kraft bewiesen
Und ihrem Muthe lacht' ein holder Stern.
Er hatte, was die Liebe sei, in diesen
Gebieten einst erprobt nicht minder gern,
Da seine Tochter dort den König rührte,
So daß er sie zum Traualtare führte.

48.

Er wollte nicht vertreten ihre Rechte,
Daß innrer Zwiespalt nicht entbrenn' im Land;
Doch sagt er: als ich auszog, im Gefechte
Mein Recht zu wahren an des Ebro Strand,
Ward ich mit Lusus' göttlichem Geschlechte,
Dem edlen Sinn, dem hohen Muth bekannt;
Sie einzig könnten, sollt' ich billig meinen,
Mit Schwert und Feuer euch zur Hülf' erscheinen.

49.

Drum ist es euch genehm, send' ich zu jenen
Für euch, gekränkte Damen, Boten jezt,
Zu melden eure Kränkung, eure Thränen,
In Briefen, höflich glatt und wohlgesezt.
Auch **ihr** müßt durch ein Wort von Liebessehnen
Von eurer Seite dem, was euch verlezt,
Gewicht verleihen; denn ich glaube billig,
Dort habt ihr Hülf' und wackre Stüzen willig.

50.

So der erfahrne Fürst, und nennt mit Namen
Zwölf Ritter ihnen, wohl im Kampf bestellt;
Daß Einen sicher jede von den Damen
Erhalte, wird ein Loosen angestellt;
Denn auch nur zwölf sind's; als die Loose kamen,
Wer einer jeden wäre zugesellt,
Schrieb jede gleich dem ihren nach Gefallen,
All' ihrem König und der Herzog Allen.

Sechster Gesang.

51.

Schon ist der Bot' in Portugal erschienen;
Den ganzen Hof entzückt die neue Mähr;
Der hohe König föchte gern mit ihnen,
Doch seine Würde litt es nimmermehr.
Wohl möchten all' in solchem Kampfe dienen,
Die Höflinge, mit glühendem Begehr,
Und für das Glück heißt ihnen nur geboren,
Wen sie bereits vom Herzog seh'n erkoren.

52.

In jener treuen Stadt, wo nach den Sagen
Der ew'ge Name Portugals erstand,
Ließ eine Fähre, sie durch's Meer zu tragen,
Erbau'n, der an des Reiches Ruder stand.
Die Zwölfe rüsten sich in wenig Tagen
Mit Kleidern, so die neuste Mod' erfand,
Helmbüschen, Waffen, Sprüchen, bunten Bändern,
Mit Rossen und vielfarbigen Gewändern.

53.

Von ihrem König hatten, fortzuwallen
Aus Douro's vielgepriesenem Gebiet,
Sich schon beurlaubt die, so nach Gefallen
Der wohlerfahrne Brittenfürst beschied.
Wohl findet sich bei diesen Rittern allen
In Tüchtigkeit und Kraft kein Unterschied;
Doch Einer nur, der sich Magrizo nannte,
Sprach dies, indem er an die Schaar sich wandte:

54.

Ihr wackern Streitgenossen, ich begehre
Schon längst in fremde Länder auszugeh'n,
Um Völker, Sitten und der Wasser mehre,
Als Deuro's oder Tago's Strom, zu seh'n.
Nun, daß ich meines Wunsches mich gewähre,
So vielerlei gibt ja die Welt zu späh'n,
Geh' ich, verstattet ihr's, allein zu Lande:
Ich werde mit euch sein am Brittenstrande.

55.

Und käm' es denn und würde durch das Ende,
Das aller Dinge Leztes, mir gewehrt,
Daß ich bei euch zu rechter Zeit mich fände,
So würd' ich wenig nur von euch entbehrt.
Ihr thätet dann, wofür ich mich verbände:
Doch wenn die innre Stimme Wahrheit lehrt,
Schwör' ich, daß Berge, Ström' und Glückes Grollen
Mir, dort mit euch zu sein, nicht wehren sollen.

56.

Die Freunde küßt er, als er diese Worte
Gesagt, entfernt sich endlich und durchzieht
Leon, Castilien, sieht die alten Orte,
Die Mars dem vaterländ'schen Muth beschied,
Navarra samt Pyrene's Felsenpforte,
Die Spanien trennt und Gallia's Gebiet,
Sieht Frankreich noch mit seiner Wunder Schaze,
Und kommt zu Flanderns großem Hafenplaze.

57.

Hier weilt er lange, ziehet nicht von dannen,
War's Absicht oder bracht' es Zufall mit,
Indeß die Schaar der elf glorreichen Mannen
Der Nordsee kalte Wogen schon durchschnitt.
Sie steh'n am fremden Ufer der Britannen,
Schon richten all' auf London ihren Schritt;
Der Fürst empfängt mit Freuden seine Gäste,
Die Frau'n ermuntern, pflegen sie auf's Beste.

58.

Der Tag erschien, wo sich die Schaar bereitet,
In Kampf zu gehen mit der Zwölfe Zahl;
Die kommen von des Königs Hut geleitet;
Sie waffnen sich den ganzen Leib mit Stahl.
Zu rächen ihrer Damen Ehre, schreitet
Der Portugiesen Mars im Waffenstrahl;
Die hüllen sich in Farben und in Seide
Mit Gold und reichem, köstlichem Geschmeide.

59.

Doch Jene, der im Loose sich gesellte
Magrizo, der nicht kam, erschien umwallt
Vom Trauerkleide, da sich Keiner stellte,
Der als ihr Ritter bei dem Strauße galt,
Obschon die Elf erklärten, wenn es gelte,
So wollten sie's vollenden dergestalt,
Daß man die Frau'n als Siegerinnen ehre,
Ob fern ein Zweiter auch und Dritter wäre.

60.

Schon sizt, umringt von seines Hofes Schimmer
Der König Englands auf erhab'nem Thron;
Zu drei und drei, zu vier und vier, wo immer
Das Loos sie hingeordnet, steh'n sie schon.
Vom Tago bis zu Bactrus' Flut sah nimmer
Von kühnerm Muth und Streben zwölf Hero'n
Die Sonne noch hervorgeh'n, als die Britten,
So wider die elf Portugiesen stritten.

61.

Die Rosse kauten schäumend an den Stangen
Der goldnen Zäum' und blickten trozig drein;
Die Sonne sendet auf der Waffen Prangen,
Wie auf Krystall und Demant, ihren Schein.
Doch an den Schaaren, die zum Kampf gegangen,
Ersah man wohl, daß ungleich die Partei'n
Der Elfe gegen Zwölf, als frohes Toben
Von allem Volk mit einmal ward erhoben.

62.

Und alle schauten um sich, was es wäre,
Dorthin gewandt, von wo der Aufruhr gellt;
Da sieh, ein Ritter kommt mit Roß und Wehre,
Zum Dienst gerüstet auf dem Waffenfeld,
Spricht mit dem König, bringt den Gruß der Ehre
Den Damen dar; Magrizo war's, der Held;
Er eilt, die Elf als Freunde zu umfassen,
Die, traun, er in Gefahren nie verlassen.

63.

Die Dame, da sie hört, der sei zur Stelle,
Der Schmach von ihrem Ruf und Namen wehrt,
Legt froh Gewänder an vom Thier der Helle,
Das blödes Volk mehr als die Tugend ehrt.
Nun gibt das Zeichen die Trommel' und schnelle
Ist Aller Sinn zu hohem Muth verklärt;
Man spornt, man senkt die Lanzen, läßt dem Pferde
Die Zügel frei, in Funken stiebt die Erde.

64.

Die Rosse stampfen, daß die Schranken zittern,
Und unter ihnen rings der Boden dröhnt;
Und Jedem bebt, wer siehet nach den Rittern,
Das Herz im Busen, nicht an Furcht gewöhnt;
Der fliegt vom Rosse, daß die Steine splittern,
Der fällt zur Erde mit dem Roß und stöhnt;
Der färbt die weiße Wehr mit rother Tusche;
Der schlägt die Kroppe mit des Helmes Busche.

65.

Dem ew'gen Schlaf verfiel mit raschen Schritten
Wohl Einer, dem erlosch der Tage Stern;
Hier wankt ein edler Ritter unberitten;
Dort läuft ein Roß hin ohne seinen Herrn.
Vom Throne fällt das stolze Land der Britten;
Denn zwei bis drei trägt man den Schranken fern.
Dem, der noch kämpfen wollte mit dem Degen,
Steht mehr als Schild und Panzerrock entgegen.

66.

Viel Worte machen, um euch zu berichten
Von grausen Hieben, harter Stöße Wuth,
Das bleibe jenen, die mit Traumgedichten
Die Zeit verschwenden, wie ja Mancher thut.
Genüg' es denn zum Schlusse der Geschichten,
Daß durch erhabnen, weitgepries'nen Muth
Den Unsern blieb der Sieger Preis und Namen,
Und Siegerinnen, und mit Ruhm, die Damen.

67.

Die Zwölfe nimmt in seine Glanzpaläste
Der Herzog auf zu Lust und Heiterkeit;
Die Köch' und Jäger schaffen für die Gäste
Der holden, schönen Damen allezeit;
Denn stündlich und tagtäglich hat man Feste
Für die Befreier ohne Zahl bereit,
So lang sie noch in Engelland verweilen,
Bis heim in's liebe, süße Land sie eilen.

68.

Doch da der Held Magrizo noch verlangte
Nach großen Dingen zu durchzieh'n die Welt,
So blieb er, sagt man, länger dort und prangte
Für Flanderns Gräfin auf des Sieges Feld.
Und weil ihm nicht als einem Neuling bangte
Vor einer Fahr, wo Mars das Zepter hält,
Erlegt er einen Franzmann im Gefechte,
An dem er sich, wie Roms Torquatus, rächte.

69.

Ein Andrer von den Zwölfen ist gegangen
Nach Deutschland hin, und hatte wilden Zwist
Mit einem argen Deutschen, der ihn fangen
Und tödten wollte mit verbot'ner List.
Hier schloß Veloso; doch die Andern drangen
In ihn, zu melden, was sie noch vermißt,
Magrizo's Abenteu'r und Siegstrophäen,
Und das von Deutschland nicht zu übergehen.

70.

Doch wie sie lauschen noch, die Sorgenlosen,
Da bläst der Lothse, der auf's Wetter paßt,
Die Pfeife, daß erwachend die Matrosen
Von hier und dort sich tummeln in der Hast.
Er ließ, da schon die Winde wilder tosen,
Die Segel einzieh'n an dem Vordermast.
Seid wacker, rief er, da der Wind sich blähet
Von jener schwarzen Wolke, die dort stehet!

71.

Noch waren nicht die Segel beigenommen,
So brach der wilde, rasche Sturm herein;
Frisch! ruft er laut, vom weiten Meer vernommen,
Zieht, ruft er, zieht das große Segel ein!
Die Winde warten nicht, in Wuth entglommen,
Bis jen' es einzieh'n; nein, flugs im Verein
Anstürzend, reißen sie's in Stücke schallend,
Als ob das Weltall dröhnt' in Trümmer fallend.

72.

Zum Himmel stieg sofort, graunvolles Halles,
Der jähen Furcht mißtöniges Geschrei;
Denn ein zum Schiffe drangen mächt'gen Schwalles
Die Wasser, als das Segel riß entzwei.
Werft über Bord, so rief der Steurer, Alles!
In's Meer hinab werft hurtig, was es sei!
Die Andern ohne Säumen an die Pumpen!
Frisch, eilig, eh wir in das Wasser plumpen!

73.

Da rannten, an die Pumpen sich zu stellen,
Sofort die Schiffer; als sie hingedieh'n,
Warf sie der Stoß, den fürchterliche Wellen
Dem Schiffe gaben, auf die Seite hin.
Doch war es drei der kräftigsten Gesellen,
Das Steuer zu bewegen, nicht verlieh'n;
Ringsher umschlingt man's mit dem Takelwerke:
Doch nimmer half der Menschen Kunst und Stärke.

74.

Die Winde grollen so, daß nicht entfalten
Sie größre Wildheit können, größre Macht,
Und kämen sie mit allen Graungewalten,
Daß Babels höchster Thurm in Trümmer kracht.
Auf Wasserhöh'n, die höher immer wallten,
Erschien des mächtigen Schiffes hohe Pracht
Ein schwacher Kahn, daß wohl zu Staunen zwinget
Der Anblick, wie sich's durch die Fluten ringet.

Sechster Gesang.

75.

Das große Schiff, das Paul von Gama träget,
Treibt hin, zerschmettert an dem Mittelmast;
Zu Dem, der unser Heil im Fleisch geheget,
Ruft alles Volk, versenkt im Meere fast.
Mit eitlem Jammerschrei die Lüfte schläget
Coelho's ganzes Schiff, von Grau'n erfaßt,
Wie bald der Bootsmann sorglich auch am Schiffe
Das Segel einzog, eh's der Wind ergriffe.

76.

Nun über die Gewölk' empor erheben
Die Wasser sie, wild grollend aus dem Schlund;
Nun wähnt man wiederum, die Schiffe schweben
Hinunter in der Tiefen offnen Mund.
Nord, Ost und West und Süd vereinigt streben
Den Bau der Welt zu rütteln aus dem Grund;
Die schwarze Nacht, die grause, strahlt von Flammen
Erleuchtet, die den ganzen Pol entflammen.

77.

Vom düstern Ufer hallt in dumpfem Klange
Der Halcyonen trauervolles Lied,
Gedenkend ihres Leides, das vor lange
Zornvoll die Meerflut ihnen zubeschied.
Die zärtlichen Delphine flüchten bange
Sich nach den Grotten dort im Meergebiet
Vor Wettern, vor der Winde tollem Bunde,
Der sie nicht sicher läßt im feuchten Grunde.

78.

Nie schuf so grause Donner, als die Rotte
Der Tellussöhn' erstand im wilden Muth,
Der schwarze Künstler, der in Aetna's Grotte
Dem Sohn erschuf der Waffen blanke Glut;
Nicht auf die Erde ward vom Donnergotte
Geschleudert solch entflammter Blize Wuth
In jener Sündflut, der die Zween alleine
Entfloh'n, die Menschen lockten aus dem Steine.

79.

Wie viele Berg' im Wogenschwall versanken,
Der flutet aus den Schlünden aufgerührt!
Wie vieler Bäum' uralte Stämme wanken,
Von Sturmes Toben aus dem Grund gerührt!
Wohl dachten nie der Wurzeln starke Ranken,
Daß sie zum Himmel würden einst entführt,
Und nie der Sand, daß jemals aus der Tiefe
Das Meer ihn schleudernd zu den Höhen riefe.

80.

Nun Gama sah verloren all sein Hoffen,
Wo sich das Ziel so nahe schon erzeigt,
Sah, wie das Meer bald bis zur Höllen offen,
Bald mit erneuter Wuth zum Himmel steigt;
Da schwankt' er ungewiß, von Furcht getroffen,
Und da sich nirgends ihm ein Rath gezeigt,
Rief er zum heil'gen Rath, dem starken Horte,
Der das Unmögliche vermag, die Worte:

81.

Du Gott, Erhalter aller Engelsmächte,
Der Meer, Erd', Himmel hält in seiner Hut,
Du, der gerettet Israels Geschlechte,
Sie führte durch des rothen Meeres Flut,
Der Paulus sicher trug durch Graus und Nächte,
Vor Syrten schüzt' und vor der Wogen Wuth,
Und mit den Söhnen ihn, den zweiten Vater
Der Welt, erhielt, du Retter, du Berather!

82.

Wenn ich die Fahren und die neuen Schrecken
Der Scylla, der Charybdis überwand,
Die Syrten und des Sandes öde Strecken,
Und ruchtbare Ceraunien bestand:
Am Ziele, das wir solcher Arbeit stecken,
Warum von uns die Augen abgewandt,
Da niemals dich verlezten unsre Mühen,
Vielmehr wir nur in deinem Dienste glühen?

83.

O glücklich Jener, der von scharfer Lanze
Der Africaner schon den Tod erlitt,
Als er im Mauritanenland im Glanze
Der Waffen muthvoll für den Glauben stritt!
Denn seine That lebt in des Ruhmes Kranze,
Sein Name theilt sich späten Altern mit;
Er hat in Tode Leben sich erworben,
Ist, dieses ehrend, süßen Tod gestorben.

84.

So rief er: doch den Winden, welche ringen,
Und brüllend, gleich unbänd'gen Stieren, zieh'n,
Wohl wuchsen ihnen mehr und mehr die Schwingen:
Wild pfeifen sie durch hohles Tauwerk hin.
Die Blize, die durch düstre Nacht sich schlingen,
Die Donner ruhten nimmer, daß es schien,
Als ob die Himmel aus den Achsen glitten,
Die Elemente mit einander stritten.

85.

Doch funkelnd schon am Horizonte schreitet
Der Liebe Stern, der vor der Sonne zieht,
Des Tages Bot', und ob der Erde gleitet,
Und alles Meer mit heitrer Stirne sieht:
Die Göttin, die am Himmel ihn geleitet,
Vor der Orions Flammenschwert entflieht,
Erblickt das Meer mit den geliebten Schiffen,
Und wird zugleich von Furcht und Zorn ergriffen.

86.

Daran erkenn' ich Bacchus' Tücke wieder,
So ruft sie, doch vollzieht er solchen Plan
Mir nimmer; liegt doch, was er Arges wider
Die Meinen hegt, stets vor mir aufgethan!
Sie ruft's und steigt zum offnen Meere nieder,
Nur kurze Zeit verweilend auf der Bahn,
Bis sie den Nymphen heiße mit Gewinden
Der Rosen sich die zarte Stirn umwinden.

87.

Vielfarb'ge Kränze sollen um die Wette
Umzieh'n der Nymphen blondgelocktes Haar,
Als ob sich rothe Blüt' entwunden hätte
Aus goldnem Glanz, den Amors Hand gebar.
Die Göttin trachtet, wie sie lock' und kette
Durch Liebeshuld der Wind' unholde Schaar,
Und zeigt die theuern, holden Jungfrau'n ihnen,
Die schöner als die Sterne selbst erschienen.

88.

So kam es auch; denn als sie hingelangen,
Und jene sie erblicken, flugs entschwand
Die Kraft, womit die Winde früher rangen;
Schon dienten sie, von ihnen übermannt;
Die Haare, schön wie Strahlenlicht, umschlangen
Mit Fesseln, schien es, ihnen Fuß und Hand.
Zu Boreas, für den ihr Busen glühte,
Sprach Orithyia, schön wie Blumenblüte:

89.

O wähne nicht, du Toller, daß ich glaube,
Du wahrtest jemals treue Liebe mir;
Denn wahre Lieb' ist milde wie die Taube,
Dem Treuen ziemt nicht roher Wuth Begier.
Gibst du dich solcher Raserei zum Raube,
Dann hoffe niemals, daß ich fürder dir
Hold könne sein; mir kann vor dir nur grauen,
In bange Furcht verkehrt sich mein Vertrauen.

90.

Das Gleiche ward gesagt von Galateën,
Zum wilden Netus; ihr war wohl bewußt,
Daß er beglückt ist, auch sie nur zu sehen,
Und daß er Alles thun mag ihr zur Lust.
Er weiß nicht, soll er's glauben; nicht verstehen
Kann solches Glück das Herz in seiner Brust;
Er achtet wenig, was er thut, ihm gnüget,
Daß sie's gebot, wenn er nur ihr genüget.

91.

Die andern Nymphen zwangen, wie die Beiden,
Die andern Liebenden durch gleiche Kunst;
Sie weih'n der Venus sich mit hohen Eiden,
Besänftigt ist der Groll, des Hasses Brunst.
Sie dann verhieß, gewahrend ihre Leiden,
In ihrer Lieb' unwandelbare Gunst,
Worauf sie schwuren in die schönen Hände,
Auf dieser Fahrt ihr treu zu sein ohn' Ende.

92.

Doch schon umschien des lichten Morgens Helle
Die Höh'n, wodurch der Ganges rauschend zieht,
Als aus dem hohen Mastkorb ein Geselle
Am Bug das Festland deutlich unterschied.
Es schweigt die Windsbraut, ruht die Meereswelle,
Daß eitle Furcht aus jeder Brust entflieht;
Voll Freude ruft der Bootsmann aus Melinde:
Das ist Calcutta, wenn ich recht mich finde.

93.

Das ist fürwahr das Land, wonach ihr spähet,
Das wahre Indien, was dorthin sich streckt;
Und wenn nach Weiterm euer Sinn nicht stehet,
Ist eurer Arbeit hier ein Ziel gesteckt.
Da hält sich Gama nicht mehr; denn erslehet
Ist jezt, wonach er ringt, das Land entdeckt;
Froh sinkt er auf die Kniee, hebt nach oben
Die Hände, Gott zu danken, ihn zu loben.

94.

Dem Himmel dankt er, und mit allem Grunde;
Denn nicht allein erschien ihm jezt das Land,
Das er gesucht so manche bange Stunde,
Für das er solche Drangsal überwand;
Er sah sich plözlich aus des Todes Schlunde
Gerissen auch, den ihm, von Wuth entbrannt,
Der Sturm bereitet' in des Meeres Räumen,
Gleich einem, der erwacht aus schweren Träumen.

95.

Auf solcher Mühsal grausenvollen Bahnen,
In banger Angst und unter hartem Streit,
Erringen, die gefolgt des Ruhmes Fahnen,
Sich höh're Stufen und Unsterblichkeit:
Nicht, wenn sie nur auf Stammbäum' edler Ahnen
Sich stüzen stets aus altersgrauer Zeit,
Und sich in goldnem Bett, auf Zobelpelzen
Der Moscowiter, träg die Glieder wälzen.

96.

Nicht bei des Schwelgers üppigen Gelagen,
Nicht durch Herumzieh'n, das nichts Gutes schafft,
Nicht bei der Lüste Wechsel, dem Behagen,
Wodurch der edle Männersinn erschlafft;
Nicht, wenn sich Gierden unersättlich jagen,
Die so begehrlich stets das Glück erschafft,
Die nicht verstatten andern Weg zu wandeln,
Um in der Tugend Dienste groß zu handeln.

97.

Nur wenn wir kühn mit starkem Arme ringen
Nach Ehre, die der Held sein eigen nennt;
Nur wenn wir wachen und das Eisen schwingen,
Besteh'n, wann Sturm und Meer wuthvoll entbrennt;
Wenn wir getrost die schnöde Kälte zwingen
In Nord und Süd, von allem Schutz getrennt,
Wo wir verdorbne Speis' hinunterstürzen,
Die rauher Arbeit harte Müh'n uns würzen:

98.

Und wenn das Antlitz nimmer mag erbleichen,
Stets heiter ist und fest und unverstellt,
Ob rings um uns auch heiße Kugeln streichen,
Und dem Genossen Arm und Bein zerschellt:
Nur so mag unser Herz den Sinn erreichen,
Der ehrenhaft verachtet Ehr' und Geld,
Wenn Ehr' und Geld vom Zufall ward gespendet,
Nicht von der strengen Tugend zugewendet.

Sechster Gesang.

99.

Nur so wird unser Geist verklärt und helle,
Erfahrung schafft ihm ruhig stillen Sinn;
Fest blickt er dann, wie von erhabner Stelle,
Auf das verworr'ne, niedre Treiben hin.
Und wo das Recht wacht auf des Thrones Schwelle,
Wo keine Willkür wohnt als Herrscherin,
Da wird er, ohne Bitten und Verlangen,
Wie's ihm gebührt, ein hohes Amt empfangen.

Siebenter Gesang.

1.

So waren sie vereinigt zu dem Lande,
Das schon so Viel' ersehnten, hingelangt,
Das Indus' Strömung hier umschließt am Rande,
Dort Ganges, der im ird'schen Himmel prangt.
Auf, tapfres Volk, das längst im Kriegesbrande
Den Siegerpreis zu pflücken hat verlangt,
Schon landet ihr, schon dehnt vor euch das Ganze
Sich aus in seiner Blüten reichem Kranze.

2.

Euch mein' ich, Lusus' edle Kinder alle,
Die solch ein kleiner Theil ihr seid der Welt,
Ein kleiner Theil der Heerde selbst im Stalle
Des Hirten, der des Himmels Rund erhält:
Euch, die Gefahr und Noth in keinem Falle,
Das schnöde Volk zu zwingen, ferne hält,
Die, aller Habsucht baar, stets auf die Klarheit
Der Mutter schau'n, die droben thront in Wahrheit.

3.

Euch Portugiesen, wenig, doch verwegen,
In eurer Unmacht dennoch unverzagt,
Die tausend Toden ihr euch warft entgegen,
Und durch die Welt das Wort vom Leben tragt:
Ein solches Loos warf euch der Himmel Segen,
Daß für die Christenheit ihr Großes wagt,
Wie klein auch euer Häuflein ist, ihr Biedern;
So sehr erhöhst du, Christus, selbst die Niedern!

4.

Die Heerde von des deutschen Landes Söhnen,
Die stolz sich weidet auf den reichen Gau'n,
Seht ihr empört den Folger Petri höhnen,
Und neuen Hirten, neuer Lehre trau'n;
Und nicht zufrieden, blindem Wahn zu fröhnen,
Seht ihr sie stürzen in des Krieges Grau'n,
Nicht um der Türken stolze Brut zu schlagen,
Nein, um das hohe Joch nicht mehr zu tragen.

5.

Ihr seht den harten Britten! Von der alten,
Hochheil'gen Stadt benennt er sich den Herrn,
Worin der Hagar schnöde Horden schalten:
Wer sah die Ehre so von Wahrheit fern?
Er will ein neues Christenthum gestalten,
Er labt sich unter des Arcturus Stern;
Nackt ist sein Schwert zum Kampf mit Christenleuten,
Nicht um das Land, das sein war, zu erbeuten.

6.

Im irdischen Jerusalem erringen
Durst' ein verruchter König einen Thron,
Den nicht verlangt der Lehre nachzuringen,
Die ihm das himmlische verheißt als Lohn.
Was soll von dir ich, schnöder Franke, singen?
Du rühmst der Kirche dich als ersten Sohn,
Nicht, sie zu schirmen und für sie zu werben,
Nein, wider sie zu sein, sie zu verderben!

7.

Ein Recht auf Christenländer zu besizen
Wähnst du, so groß auch deine Mark erscheint,
Und nicht auf sie, die am Cinyphius sizen,
Am Nil, dem alten, heiligen Namen feind?
Dort laß die Schneide deines Schwertes blizen,
Wo man zum Hohn der Kirche sich vereint!
Carl's, Ludwigs Nam' und Land ist dein Vermächtniß:
Für ihre Fehden hast du kein Gedächtniß?

8.

Was sag' ich noch von jenen, die ihr Leben
In Lüsten, so sich niedre Muß' erschafft,
Verlieren und nach eitlem Golde streben,
Vergessend ihrer alten Heldenschaft?
Aus Tyrannei gebiert sich Haß, erheben
Sich Zwiste, zehrend an des Volkes Kraft.
Zu dir, Italia, red' ich, Land, versunken
In Bürgerkrieg, von tausend Lastern trunken

9.

Seid ihr die Zähne, welche Cadmus streute,
Durch das Verhängniß, arme Christenschaar,
Von denen jeder Tod dem andern dräute,
Ob alle gleich derselbe Leib gebar?
Seht ihr das heil'ge Grab nicht eine Beute
Der Hunde, die vereinigt immerdar
Auszieh'n, das alte Land euch abzuringen,
Und hohen Ruhm im Kriege sich erringen?

10.

Seht ihr sie halten am Gebrauch, an Lehren,
Worauf sie fest in starrem Wahn vertrau'n,
Um wider Völker, die den Christ verehren,
Mit nimmer müden Horden loszuhau'n?
Doch unter euch ruht nie, zu sä'n, zu mehren
Der Zwietracht herbe Pflanz', Alecto's Grau'n!
Seht, ob ihr sicher seid vor Fährlichkeiten,
Weil ihr mit ihnen und mit euch wollt streiten!

11.

Wenn zur Eroberung der fremden Lande
Die Gier nach großen Länderei'n euch zieht:
Seht ihr es nicht, wie reiches Gold im Sande
Pactolus euch und Hermus' Strom erzieht?
Assyrer, Lyder sticken Goldgewande,
Goldadern auch birgt Africa's Gebiet:
So mögt ihr denn nach solchem Schaze geizen,
Da Christi Grab euch nicht vermag zu reizen.

12.

Die wilden Mörser, die aus ihren Schlünden
Tod sprühen, so die Mordwuth euch erfand,
Sie mögen ihrer Schrecken Kraft verkünden
Dem Türken an den Wällen von Byzant!
Sie kehre nur nach ihrer Wälder Gründen
Am Caucasus, im kalten Scythenland,
Die Türkenhorde, die im Glanzgefilde
Europa's sich vermehrt durch eure Milde!

13.

Armenier, Georgier, Thraker, Griechen
Fleh'n euch um Hülfe, durch die falsche Brut
Gezwungen vor dem Alkoran zu kriechen
Samt ihren Kindern: (grausamer Tribut!)
Nicht duldet, daß sie schmachten, ängsten, siechen!
Deß rühmet euch mit tapfrem, schlauem Muth!
Und strebet nimmer nach dem stolzen Lobe,
Daß nur an euch sich eure Macht erprobe!

14.

Doch während ihr, des Geizes blinde Knechte,
Ihr Tollen, euch dem Wechselmorde weiht,
Gebricht es bei dem winzigen Geschlechte
Des Lusus nicht an Muth der Christenheit.
Es ragt in Asien über alle Mächte;
An Africa's Gestaden herrscht es weit;
Die Felder pflügt's im vierten Theil der Erden,
Und gäb' es einen sonst, ihm würd' er werden.

Siebenter Gesang.

15.

Seh'n wir indessen, wie fortan die Loose
Der hochberühmten Schiffer sich gewandt,
Nachdem vor Venus' zärtlichem Gekose
Die stolze Wuth empörter Winde schwand,
Nachdem das Land mit seinem weiten Schoose,
So langer Müh'n und Kämpfe Ziel, sich fand,
In welchem sie das Wort vom Kreuz verkünden,
Und neuen Herrscher, neue Sitte gründen.

16.

Als sie dem neuen Lande näher gleiten,
Da werden leichte Boote sie gewahr
Von Fischern, die sie auf dem Pfad geleiten
Von Calecut, das ihre Heimat war.
Die Flotte lenkt sofort nach dieser Seiten;
Denn wohl war diese Stadt in Malabar
Der Städte schönste, wo der König weilte,
Der sein Gebot dem ganzen Land ertheilte.

17.

Dies große Land liegt, in des Ruhmes Prangen,
Vom Ganges hier umströmt, vom Indus dort;
Vom Meere wird es gegen Süd umfangen,
Und von Emodus' Höhlen gegen Nord.
Vielfache Sitten und Geseze zwangen
Die vielen Herrn ihm auf; am einen Ort
Wird Mahom, Gözen werden hier verehret,
Dort Thiere, die des Landes Schooß ernähret.

18.

Dort im Gebirge, das in großen Ringen
So weites Land, ganz Asia durchzieht,
Das so verschiedne Namen mocht' erringen,
Als Orte sind, durch die sich's mächtig zieht,
Da quillt der Born, woraus die Ströme springen,
Die, stolz hinwallend, sterben im Gebiet
Des Indermeeres, rings das Land umhegend,
Und mit dem Namen Chersones belegend.

19.

Spitzsäulen gleich, inmitten beider, strebet
Hinaus des Landes Spize, lang und weit,
An welche Ceilons Insel, die sich hebet
Im Schooß der Meere, seitwärts hin sich reiht;
Und nahe, (wie die Sag' im Volke lebet)
Wo Ganges' Arm hervorquillt, groß und breit,
Ernähren jene, die am Ufer wohnen,
Vom Dufte sich aus zarter Blume Kronen.

20.

Viel Namen haben, andre Sitten hegen
Und Bräuche jetzt die Völker um den Strand;
Die Delier sind, Pataner hier gelegen,
Vor allen andern groß durch Volk und Land,
Decanen, Orianer, die den Segen
Der Sühnung hoffen in dem Wogenbrand
Des Ganges, und die Fluren der Bengalen,
Die mehr als all' in reicher Fülle strahlen:

Siebenter Gesang.

21.

Das wackre Reich Cambaja's auch, (sie sagen,
Daß dies das Land des stolzen Porus war)
Narsinga's Reich, mehr stark durch Gold und Lagen
Von Steinen, als durch eine tapfre Schaar:
Hier sieht man schon aus fernem Meere ragen
Des Berges Rücken, welcher Malabar,
Langhin gestreckt, mit starker Mauer stüzet,
Und vor dem Andrang Canara's beschüzet.

22.

Er nennt sich Gate bei dem Volk des Strandes;
Von seinem Fuß in engem Raume geht,
Sich dehnend, eine schmale Zunge Landes,
Die mit dem Meere wilden Kampf besteht.
Hoch ragt vor andern Städten dieses Landes
Hier Calecut in edler Majestät
Als Haupt des Reiches, prächtig, schön gestaltet;
Und Samorin heißt, der im Lande waltet.

23.

Kaum waren sie gelangt an diese Stelle,
So wird alsbald ein Portugies' entsandt,
Der an den Herrn die Kunde dort bestelle
Von ihrer Ankunft in so fernem Land.
Und als er hinzog auf des Stromes Welle,
Der in das Meer eintritt bei diesem Strand,
Läuft alles Volk, die Kunst und neuen Trachten,
Farb' und Gestalt des Mannes zu betrachten.

24.

Und aus der Menge, die zum Ufer rannte,
Trat ein Verehrer Mahomet's hervor,
Der einen Sohn der Barbarei sich nannte,
Wo sich sein Reich Antäus einst erkor:
Ob der das Volk der Lusitanen kannte,
Als ihm benachbart und bekannt zuvor,
Ob, weil ihn schon gezeichnet hatt' ihr Eisen —
Das Schicksal trug ihn nach so fernen Kreisen.

25.

Den Abgesandten heißt er froh willkommen,
Und sagt auf spanisch, das er fertig kann:
Was trieb dich, daß du so weit hergekommen
In andre Welt aus deinem Lande, Mann?
Und er: wir sind durch tiefes Meer geschwommen,
Worauf kein sterblicher Gedanke sann,
Zu spähn des Indus ferne Stromesweiten,
Und das Gesez des Herrn dort auszubreiten.

26.

Wohl staunt der Reise durch so lange Strecken
Der Mohr, der Monzaide sich benennt,
Vernehmend von den Irren, von den Schrecken
Des Meeres, die der Lusitan' ihm nennt.
Doch als er sah, wie dieser zu vollstrecken,
Was ihm sein Herr gebot, voll Eifer brennt,
Sagt er, der Fürst sei nicht am Ort zugegen,
Indeß der Weg zu ihm nicht weit entlegen.

27.

Und unterdeß man diesem melden werde
Von ihrer Ankunft, möcht' er, falls es ihn
Erfreue, kostend von der Frucht der Erde,
In seiner armen Hütte dort verzieh'n;
Und wenn er sich gelabt an seinem Herde,
Dann woll' er mit ihm zu der Flotte zieh'n;
Nichts könne ja das Leben so versüßen,
Als Nachbarn in der Fremde zu begrüßen.

28.

Was Monzaide fröhlich ihm bescherte,
Empfing des Lusus Sohn voll Freudigkeit;
Als ob die Freundschaft schon seit lange währte,
Ißt er mit ihm und trinkt nnd thut Bescheid.
Zur Flotte, wohl bekannt dem Mohren, kehrte
Er dann zurück, der gab ihm das Geleit;
Und als sie so zu Gama's Schiff gelangen,
Wird Monzaide liebevoll empfangen.

29.

Der Admiral umarmt mit frohen Zeichen
Ihn, als er Spaniens hellen Laut vernahm;
Er sezt ihn neben sich, und nach den Reichen
Und ihren Schäzen forscht er aufmerksam.
Wie einst auf Rhodope das Volk der Eichen,
Zu hören Orpheus nur, zusammenkam,
Der aus der goldnen Lyra lockt die Klänge:
So sammelt um den Mohren sich die Menge.

30.

Ihr Männer, die dem Lande meiner Lieben
So nahe (sprach er) sezte die Natur,
Durch welch Verhängniß, welches Loos getrieben,
Vertrautet ihr euch solchem Pfade nur?
Wohl nicht um Kleines mocht' es euch gelieben,
Durch Meere, die kein andrer Kiel befuhr,
Vom fernen Tago, Minho's fremden Auen
Zu kommen in so weit entlegne Gauen.

31.

Gott ist mit euch in Wahrheit! Er verlanget
Von euch ein Werk, in seinem Dienst vollbracht;
Drum leitet er und schirmt euch, wenn ihr banget
Vor Meer, vor Stürmen, vor des Feindes Macht.
Wißt nun: ihr seid in Indien angelanget,
Wo manches Volk lebt, glücklich, reich bedacht
Mit süßen Düften, leuchtendem Gesteine,
Mit heißen Würzen und des Goldes Scheine.

32.

Hier die Provinz, in deren Port ihr eben
Vor Anker gingt, wird Malabar genannt;
Sie ist der Gözen altem Dienst ergeben,
Der rings verbreitet ist an diesem Strand.
Verschiednen Herrschern ist sie untergeben,
Da sie zuvor zu Einem sich bekannt;
Sarama Perimal war diesen Landen,
Ganz und vereint, am lezten vorgestanden.

33.

Als andre Völker in dies Land vor Zeiten
Fern von Arabia's Busen eingekehrt,
Um Mahomet's Gesez hier auszubreiten,
Das ich von meinen Eltern ward gelehrt,
Gelang es, daß sie für den Glauben weihten
Den Perimal, der, durch ihr Wort bekehrt,
Mit solchem Eifer das Gesez bekannte,
Daß er als Heil'ger drin zu sterben brannte.

34.

Viel Schiffe rüstet er, in die er reiche,
Kostbare Schäz' als Opfergaben lud,
Um hinzuzieh'n, wo des Propheten Leiche,
Der das Gesez uns gab, im Grabe ruht.
Bevor er abfuhr, theilt' er noch die Reiche
Den Seinen aus, weil ihm vom eignen Blut
Kein Erbe lebte, schaffet Hocherfreute,
Aus Armen Reich', aus Knechten freie Leute.

35.

Dem wird des Pfeffers Insel zugeschieden,
Dem Cochim, dem Chalé, dem Cananor,
Wie er mit jedes Dienste war zufrieden,
Dem gibt er Coulam, jenem Cranganor.
Da trat, nachdem schon Alles ausgeschieden,
Ein Diener, den er innig liebt, hervor;
Für diesen bleibt nur Calecut als Erbe,
Jezt reich und groß durch Handel und Gewerbe.

36.

Das gibt er ihm, und Kaiser soll er heißen,
Und all die Andern unterthan ihm sein;
Dann eilt er, sich von ihnen loszureißen,
Um dort dem heil'gen Leben sich zu weih'n.
Und Samori wird seit der Zeit geheißen,
Vor dem die Andern werthlos sind und klein,
Der Diener und sein Stamm, aus dem gekommen,
Der jezt des Reiches Herrschaft übernommen.

37.

Der Gözendienst des ganzen Volkes leidet
An Hirngeburten, seltsam und verkehrt;
Sie gehen nackt, und nur ein Tuch umkleidet
Die Theile, die Natur verhüllen lehrt.
Zwei Stände sind's, in die das Volk sich scheidet;
Nairen heißen, die man höher ehrt,
Die Niedern Poleás, die von der alten
Nairenkaste sich gesondert halten.

38.

Denn sie, die stets dieselben Aemter führen,
Erhalten nie aus dieser ein Gemahl;
Nie darf der Sohn ein andres Amt erküren,
Als das die Väter übten allzumal.
Schmach ist es, wenn ihn jene nur berühren,
Für den Nairen, daß er, wenn einmal
Zufällig Einer ihn berührt, sich badet,
Und sich der Schmach durch tausend Bräuch' entladet.

39.

So mischten sich Judäa's alte Schaaren
Mit dem Geschlechte von Samaria nicht:
Ihr werdet noch seltsam're Bräuch' erfahren,
Als jene sind, wovon ich gab Bericht.
Nur die Nairen weih'n sich den Gefahren
Des Krieges, sie nur huldigen der Pflicht,
Den König zu beschirmen im Gefechte,
Die Tartsche links, das Schwert in ihrer Rechte.

40.

Des Volkes Priester nennen sich Braminen,
Ein alter Namen, überaus geehrt;
Die Lehre Jenes wird befolgt von ihnen,
Der, was die Weisheit sei, zuerst erklärt.
Sie tödten nichts Lebend'ges und bedienen
Sich nie des Fleisches, das uns Andre nährt;
Nur sind sie minder im Verkehr der Liebe
Gebunden, Freiheit herrscht im Reich der Triebe.

41.

Die Weiber sind gemeinsam, doch ergeben
Sie nur den Männern ihrer Kaste sich;
Glückseliges Geschlecht, glückselig Leben,
Das niemals Groll der Eifersucht beschlich!
In solchem Brauch und andern Bräuchen leben
Die Malabaren hier, verschiedentlich;
Groß ist das Land durch Handel, alle Gaben
Von China bis zum Nil sind hier zu haben.

42.

So sprach der Mohr; doch hatte schon durchflogen
Die ganze Stadt die Sage, daß sie nah'n,
Die Völker, die durchwallt die fernen Wogen;
Der König forscht, was Wahres sei daran.
Schon kamen sie daher, (mit ihnen zogen
Von jedem Alter und Geschlecht heran,)
Die Edlen, die der König angewiesen,
Zu geh'n zum Admiral der Portugiesen.

43.

Doch dieser, dem der Fürst das Recht ertheilet
An's Land zu steigen, naht im Festgeleit
Von edlen Portugiesen unverweilet,
Und ihn umwallt ein reichgeschmücktes Kleid;
Auf schöner Farben buntem Schmelze weilet
Der frohen Menge Blick voll Heiterkeit.
Das Ruder, abgemessen, schlägt die helle
Meerwoge jezt, hierauf des Stromes Welle.

44.

Am Ufer harrte, Gama zu empfangen,
Ein Großer, der das Heil des Reiches wahrt,
Der Catual, in ungewohntem Prangen
Des Glanzes, von Nairen rings umschaart;
Er wird am Land von seinem Arm umfangen,
Und eine Bahre beut er ihm zur Fahrt
Mit reichen Polstern, nach des Landes Weise;
Denn auf der Menschen Schultern geht die Reise.

Siebenter Gesang.

45.

So wallte Gama mit dem Malabaren
Zur Stätte, wo der König harret sein;
Die Lusitanen, welche folgten, waren
Geordnet, wie Fußvolk in stolzen Reih'n.
Her strömt das Volk in dicht verworr'nen Schaaren,
Die Fremdlinge zu seh'n, und möchte fein
Gar Manches wissen, hätt' in grauen Tagen
Sich nichts am Thurm von Babel zugetragen.

46.

Der Catual und Gama unterhalten
Von Dingen sich, wie Zeit und Stoff es räth,
Und Monzaïde muß den Sinn entfalten
Der Rede, die aus Jedes Munde geht.
So ging es fort, indeß sie stadtwärts wallten,
Wo sich erhob in stolzer Majestät
Des Tempels hoher Bau, zu dessen Hallen
Sofort die Beiden im Vereine wallen.

47.

Der Götzen alte Bilder ausgehauen
In Holz und kaltem Steine sieht man hie,
Vielfach der Farben, der Gesichter Grauen,
Wie sie geschaffen Satans Phantasie;
So gräßlich sind die Bilder anzuschauen,
Als man Gestalten der Chimära lieh:
Die Christen sind von Staunen wie gehalten,
Gott sah'n sie nur in menschlichen Gestalten.

48.

Mit Hörnern ist des Einen Haupt versehen,
Wie man dem Ammon Libya's gesellt;
Der hat auf Einem Rumpf zwei Köpfe stehen,
Wie man den alten Janus dargestellt;
Viel Arme sind an jenem dort zu sehen,
Wie Briareus erschien der alten Welt;
Der trägt vom Hunde Kopf und Hals und Ohren,
Anubis gleich, den Memphis einst erkoren.

49.

Nachdem die Heiden ihrer Götter Gnade
Erflehten, wie ihr Glaube sie gelehrt,
Ging ohne Weitres ihre Bahn gerade
Hin, wo des eitlen Volkes Fürst verkehrt.
Doch immer wuchs die Meng' auf ihrem Pfade,
Die unsern Admiral zu schau'n begehrt;
Frau'n, Mädchen, Alt und Jung, sieht man sich drängen,
Auf Dächern steh'n und an den Fenstern hängen.

50.

Sie nahen schon, und nicht mit trägem Schritte,
Dem Garten, der von reichem Duft gepflegt,
Die königliche Burg, nach Landessitte,
Nicht hochgethürmt, doch prachtvoll, in sich hegt;
Die Großen haben ihren Sitz in Mitte
Von lieblichen Gebüschen angelegt;
So wohnen die Beherrscher dieser Bande
Wohl in der Stadt zugleich und auf dem Lande.

Siebenter Gesang.

51.

An dieses Gartens stolzer Pfort' entfalten
Sich Dädals Künst' in hoher Trefflichkeit;
Sie zeigen schön in Bildern und Gestalten
Die Wunder India's aus grauer Zeit.
So lebenvoll erschienen hier die alten
Geschichten alle Bild an Bild gereiht,
Daß Jedem, der von ihnen Kenntniß hatte,
Die Wirklichkeit sich zeigte, nicht ihr Schatte.

52.

Ein großes Heer in langem Zuge schreitet
Hier durch die Fluren an Hydaspes' Strand;
Ein Held, der mit belaubtem Thyrsus streitet,
Mit glatter Stirn, regirt das Heer gewandt;
An Stromes Ufer, der vorübergleitet,
Ragt Nysa dort, erbaut von seiner Hand:
Auch Semele (so wahr ist Alles) fände
Des Sohnes Züge, wenn sie nahe stände.

53.

Mehr vorne trinken aus des Stromes Weiten
Assyrier, die unzählbare Schaar,
Die eines Weibes Macht Gehorsam weihten,
Des Weibes, das so schön als lüstern war;
Ein muthig Füllen hat sie dort zur Seiten,
Die Buhlerin, die, aller Züchten baar,
Den eignen Sohn gelockt zu schnöder Liebe:
Verruchte Brunst, blutschänderische Triebe!

54.

Und weiter flattern in die Luft geschwungen
Der Griechen Banner in des Ruhmes Hut,
Die dritte Monarchie, die einst bezwungen
Die Welt bis an des Ganges wilde Flut;
Die Horden zieh'n geleitet von dem jungen
Heerführer, der nicht aus Philippus' Blut,
Nein, aus dem Stamme Jupiters entsprossen,
Vom Lorberkranz die Heldenstirn umflossen.

55.

Indeß die Lusitanen dies besehen,
Begann der Heide so zum Admiral:
Bald kommt die Zeit, wo andre Siegstrophäen
Die, so ihr seht, verdunkeln allzumal;
Da werden neue Thaten hier geschehen
Durch fremde Völker, Wunder ohne Zahl;
Denn unsre Weisen haben dies verkündet,
Da sie der Zukunft Tiefen ausgegründet.

56.

Von diesen hab' ich weiter noch vernommen,
Daß, abzuwehren solch gewalt'ge Macht,
Kein Widerstand der Menschen werde frommen,
Da wider Gott nichts helfe Menschenmacht;
Auch würden, die aus weiter Ferne kommen,
So groß im Frieden, groß in Kampf und Schlacht
Sich zeigen, daß man den Besiegten ehre,
Der solchen Siegern unterthänig wäre.

Siebenter Gesang.

57.

So mit Gespräch erreichten sie das Zimmer,
Wo der Monarch, der keinem andern wich,
Auf einem Bette ruhte, dem sich nimmer
An Kunst und Werth ein anderes verglich;
In der gehalt'nen Miene mahlt der Schimmer
Von seiner Würd' und hohem Glücke sich;
Ein Goldgewand umhüllt ihn, Edelsteine
Umgürten ihm das Haupt in hellem Scheine.

58.

Ein würd'ger Alter reicht an seiner Seiten,
Die Knie' am Boden, von dem warmen Kraut
Die grünen Blätter ihm von Zeit zu Zeiten,
Woran er eben nach der Sitte kaut.
Dem Gama naht in abgemess'nem Schreiten
Sich ein Bramin, im hohen Amt ergraut,
Ihn vorzustellen, wie der Brauch es wollte;
Doch jener winkt' ihm, daß er sizen sollte.

59.

Er sezt sich nah' auf reichem Bett, im Kreise
Die Seinen seitwärts, und der Samori
Betrachtet unverrückt Gewand' und Weise
Des Volkes; denn noch schaut' er solches nie.
Das Wort erhebend, das, gewiegt und weise,
Ihm großes Anseh'n alsobald verlieh
Vor dem Gebieter und den fremden Schaaren,
Spricht Gama dieses zu dem Malabaren:

60.

Ein großer König, thronend an den Orten,
Wo stets im Umschwung, der den Himmel dreht,
Dem einen Halbkreis sich des Tages Pforten
Verschließen, daß ihn dunkle Nacht umfäht,
Vernahm vom Rufe, den das Echo dorten
Nachhallt, daß deine Macht und Majestät
Weithin gebietet India's Geschlechten,
Und wünscht mit dir ein Freundesband zu flechten.

61.

Auf weiten Pfaden hat er mich gesendet,
Dir anzukünden, daß ein jedes Gut,
Das Erd' und Meer in reicher Fülle spendet,
Vom Tago dort bis zu des Niles Flut,
Von Seelands Eis, wo sich die Sonne wendet,
Bis, wo sie stets den Tagen gleiche Glut
Zuscheidet, zu der Aethiopen Reiche,
Dies all sein Land in großer Menge reiche.

62.

Und wolleft du, mit deines Wortes Ehre
Verpflichtet ihm durch Bündniß und Vertrag,
Gestatten, daß dein Land und seins verkehre
Mit Schäzen, wie sie jegliches vermag,
Da so der Reichthum beider sich vermehre,
(Wofür der Mensch arbeitet Nacht und Tag)
Das würde Nuzen deinem Reiche bringen,
Und seinem wahrlich hohen Ruhm erringen.

63.

Und unter euch auf ewig zu bewahren
So treuer Freundschaft eng geschlungnes Band,
Woll' er in allen Nöthen und Gefahren,
Womit der Krieg droh'n würde deinem Land,
Dir nahe sein mit Schiffen, Waffen, Schaaren,
Und dich als Bruder halten unverwandt;
Und ob sich hiezu deine Wünsche neigen,
Das sollest du mit klarem Wort bezeigen.

64.

So sprach der Admiral der Portugiesen,
Worauf dem König diese Wort' entflieh'n:
Viel Ehre werde dadurch ihm erwiesen,
Daß Volk, so ferne, Boten send' an ihn;
Doch daß er hier das Rechte mög' erkiesen,
Woll' er zu Rath noch seine Treuen zieh'n,
Und von dem König und dem Volk nach Pflichten,
Und von dem Land genau sich unterrichten.

65.

Er mög' inzwischen sich von den Beschwerden
Des Weges ausruh'n, und in kurzer Zeit
Werd' Antwort ihm auf seine Botschaft werden,
Und seinem Herrn ein fröhlicher Bescheid.
Schon sezt' indessen allen Müh'n auf Erden
Ihr Ziel die Nacht, und labte weit und breit
Mit süßer Ruh der Menschen matte Glieder,
Sanft fesselnd die entschlaf'nen Augenlider.

66.

In reiche Hallen nimmt sofort als Gäste
Die Portugiesen und den Admiral
Der Inderhäuptling auf, bereitet Feste,
Und hegt und pflegt die Tapfern allzumal.
Der Catual, der allzeit auf das Beste
Vollführte, was sein König ihm befahl,
Will nun vom Land, aus dem die Fremden kämen,
Von ihrem Brauch und Glauben mehr vernehmen.

67.

Sobald Apoll mit seinen Feuerrossen
Emporfährt und erneut des Tages Licht,
Verlangt er von des neuen Volks Genossen
Durch Monzaïde näheren Bericht.
Er forscht ihn aus, neugierig und entschlossen,
Auf klares Wort und sichre Kund' erpicht,
Wer diese Fremden sei'n, da er vernommen,
Daß sie aus seines Landes Nähe kommen.

68.

Drum soll' er ihn ausführlich unterrichten,
Denn seinem Herrn geschäh' ein Dienst hierin,
Auf daß er wisse wohl in's Werk zu richten,
Was hienach gut erkannt sein hoher Sinn.
Der Mohr darauf: gern möcht' ich dir's berichten;
Doch Eines ist nur, weß ich kundig bin:
Fern wohnt dies Volk an Spaniens Gestaden,
Wo sich mein Land und Sol im Meere baden.

Siebenter Gesang.

69.

Fest halten sie, was ein Prophet gelehret,
Den seine Mutter unbefleckt gebar,
Den Gottes Geist als Gottes Sohn bewähret,
Der alle Welt lenkt, groß und wunderbar.
Der Ruhm, der ihre Waffen hoch verkläret,
Ist wohl gekannt in unsrer Alten Schaar,
Und hat sich oft durch ihren Arm bestätigt,
Was auch an meinen Ahnen sich bethätigt.

70.

Denn sie, mit mehr als Menschenkraft gerüstet,
Vertrieben uns aus Tago's reichen Gau'n,
Wo sie mit hohen Thaten sich gebrüstet,
Wie dort, wo Guadiana's Wellen thau'n:
Und nicht damit zufrieden, sie gelüstet
Auch zu besteh'n sturmvoller Meere Grau'n,
Daß wir in Africa nicht sicher leben,
Und Städt' und Mauern ihnen sich ergeben.

71.

Nicht mindre Kraft und klugen Sinn bewährte
Der Lusitan' in jedem andern Krieg,
Ob wider ihn der Spanier sich bewehrte,
Ob sonst ein Volk Pyrene's Höh'n entstieg,
So daß sich nie von einem fremden Schwerte
Dies edle Volk entwinden ließ den Sieg;
Noch fand, ich schwör' es, ohne daß ich prahle,
Sich kein Marcell für diese Hannibale!

72.

Befrage sie, falls ich dir zur Genüge,
Wie du gewollt, nicht Alles dargelegt;
Sie sind ein Volk, das, abhold aller Lüge,
Für Falschheit Haß im biedern Herzen trägt:
Die Waffen sieh, zur Flotte dich verfüge,
Sieh an ihr Erz, das Alles niederschlägt!
Freu'n wirst du dich, die Künste dieser Schaaren,
Zu Krieg und Frieden trefflich, zu gewahren.

73.

Wohl brannte nun der Heide von Verlangen,
Selbst das zu schau'n, wovon der Mohr ihm sprach,
Ließ Boote rüsten, um der Flotte Prangen
Zu sehen, die so kühn das Meer durchbrach.
Die Beiden zieh'n vom Ufer, ihnen drangen
Nairen, die das Meer erfüllten, nach,
Bis sie, zum Admiralschiff hingekommen,
Von Paul am Borde werden aufgenommen.

74.

Purpurn die Wimpel, Flaggen, reich gewoben
Aus Seide, die der Wurm hervorgebracht;
Drauf abgebildet kriegerische Proben
Von Thaten, die der Helden Arm vollbracht;
Zweikämpfe, grause, sieht man hier erhoben
Und Abenteuer mancher heißen Schlacht,
An deren Anblick, als er ward dem Heiden,
Die frohen Augen aufmerksam sich weiden.

Siebenter Gesang.

75.

Er fragt nach Allem; aber sich zu sezen,
Wird er von Gama noch ermahnt zuvor,
Und sich an jenen Freuden zu ergezen,
Die Epicur preist und sein ganzer Chor.
Aus schäumendem Pokal strömt, ihn zu lezen,
Der Trank, den Noah seinem Volk erkor;
Doch mag der Heide nichts davon verzehren,
Da seiner Kaste Bräuch' es ihm verwehren.

76.

Auf daß im Frieden Mavors' Bild erschiene,
Durchdrang die Lüfte der Drommeten Schall;
Und flammend brüllt die höllische Maschine,
Daß bis zum Grund der Meere dröhnt' ihr Hall.
Der Heide merkt' auf Alles; doch die Miene
Blieb stets geheftet auf die Wunder all,
Die dort die stumme Poesie gestaltet,
Und schön in kurzen Bildnerei'n entfaltet.

77.

Nun steht er auf, mit ihm die Gama beide,
Coelho seitwärts, und in's Auge fällt
Dem Mohren jezt in krieg'rischem Geschmeide,
Von hehrem Antliz, ein betagter Held,
Deß Name dauert troz der Zeiten Neide,
So lange Menschen walten auf der Welt;
Ein griechisches Gewand umfließt die Lenden,
Ein Reis als Zeichen hält er in den Händen.

78.

Er hält ein Reis — — Doch bin ich, ha! der Blinde,
Daß ich in tollem, unbedachtem Wahn,
Tagiden, sonder euch mich unterwinde,
Zu geh'n die lange, wechselvolle Bahn?
Euch ruf' ich an, da bei so schwerem Winde
Die hohe See durchwallt mein schwacher Kahn;
Denn helfet ihr mir nicht, so wird mir bange
Vor meines Bootes nahem Untergange.

79.

So lange Zeiten, daß ich schon gesungen
Von eurem Strom und eurer Heldenschaar,
Hat das Geschick zu wandern mich gezwungen,
Stets neue Schmach und Arbeit nahm ich wahr;
Bald mit des Meeres Wuth hab' ich gerungen,
Bald mit des Mars unmenschlicher Gefahr;
Gleich Canace, die folgt des Todes Winke,
Hielt eine Hand den Kiel, das Schwert die linke.

80.

Bald mußt' ich (ha der Schmach!) von fremder Güte
Mich nähren, arm, verachtet und gering;
Bald floh die Hoffnung, die mir schon erblühte,
Daß größre Noth mich, als zuvor, umfing;
Bald an die Küsten rettet' ich die Blüte
Des Lebens, das an dünnem Faden hing;
Durch gleiches Wunder ward mir Heil gegeben,
Wie Juda's König ward das längre Leben.

Siebenter Gesang.

81.

Und nicht genug, o Nymphen, ihr Tagiden,
Daß mich umringten solche Todesmüh'n;
Auch jene, die mein Lied erhob, beschieden
Dem Sänger solchen Lohn für sein Bemüh'n.
Statt daß ich fand den längst ersehnten Frieden,
Daß Lorberkronen meine Schläf' umblüh'n,
Ward ungewohnte Trangsal mir erfunden,
Und ich an dieses harte Loos gebunden.

82.

Seht, Nymphen, solch erhabne Seelen wohnen
In euren Großen an des Tago Bord;
Mit solcher Gnade wissen sie zu lohnen,
Wer sie verherrlicht in des Liedes Wort!
Welch lockend Vorbild künftigen Maronen,
Zu wecken edlen Geistes Flug hinfort,
Um Thaten mit des Liedes Schmuck zu kränzen,
Die würdig sei'n, in ew'gem Ruhm zu glänzen!

83.

Doch wohl bedarf ich's in so schwerem Drange,
Daß eure Gnade nur mir nie gebricht,
Vor Allem jezo, weil ich im Gesange
Von mancher Großthat geben soll Bericht.
Seid ihr mir hold! Euch schwur ich ja schon lange,
Unwürd'ge nie zu feiern im Gedicht,
Und keine Macht je schmeichelnd zu erheben,
Bei Strafe, nie des Dankes Lohn zu heben.

84.

Den, Nymphen, werd' ich nie mit Ruhme krönen,
Der auf das Heil des Volkes nicht bedacht,
Nur eignem Vortheil allezeit zu fröhnen,
Auf Gott nicht achtet noch auf Menschenmacht;
Nie soll von jenem mein Gesang ertönen,
Der, ehrsuchtvoll, nach Würden ringt und Macht,
Nur um bei schnöder Uebung hoher Pflichten
Zwanglos auf Lüste seinen Sinn zu richten.

85.

Auch nicht von ihm, der seine Macht verwendet,
Zu fröhnen eigner, unheilvoller Brunst,
Und der sich glatt in mehr Gestalten wendet,
Als Proteus, haschend irren Pöbels Gunst;
Noch glaubt, o Musen, daß ich je verblendet
Den singen mag, der bei der neuen Kunst
Des Raubs am Volke seinem Herrn zu dienen,
In ernstem, heiligem Gewand erschienen.

86.

Noch jenen, der es recht und billig findet,
Zu halten auf des Königes Geheiß,
Und nicht gerecht und billig das befindet,
Daß sich bezahle seines Volkes Schweiß;
Noch der, nur wenig klug, sich unterwindet,
Und viel damit, als wär' er klug, sich weiß,
Mit räuberischer, karger Hand vermessen
Den Lohn der fremden Arbeit abzupressen.

Siebenter Gesang.

87.

Die Männer fing' ich nur, die, tapfer streitend,
Für Gott und König opfern Leib und Blut,
Noch auf die Nachwelt ihren Ruhm verbreitend,
Den sie verdient durch ihrer Thaten Muth.
Apollo samt den Musen mich geleitend,
Verdopple mir des Geistes alte Glut,
Indeß ich Müder Odem schöpf', um freier
Mich dann zu wenden zu der Thaten Feier.

Achter Gesang.

1.

Der Catual weilt in der Bilder Kreise
Bei'm ersten Bilde, das sein Blick gewahrt,
Das jenen Alten zeigte mit dem Reise,
Mit seinem grauen, lang gekämmten Bart;
Wen meint das Bild hier, und wozu dem Greise
Das Zeichen, das er in der Hand bewahrt?
So fragt er, und in heim'schem Laut zergliedert
Der kluge Mohr, was Paul darauf erwidert:

2.

Die Männer alle, die so stolz an Mienen
Da vor dir steh'n, so kühn von Angesicht,
Sind stolzer einst und kühner noch erschienen
In Werk und That, wovon die Sage spricht;
Wohl sind sie uralt; dennoch glänzt von ihnen
Der Name noch in hellsten Ruhmes Licht;
Der hier ist Lusus, und es rühmt die Sage,
Daß unser Land von ihm den Namen trage.

3.

Ein Sohn des Thebers oder sein Gefährte,
Erobert' er mit ihm so manches Land;
Dort siehst du, wie, stets folgend seinem Schwerte,
Er angelangt ist am Hispanenstrand;
Ihn reizten Douro's, Ana's holdverklärte
Gefilde, jetzt Elysium genannt,
Daß er beschloß, sein abgemühtes Leben
Dem Grabe dort, und Namen uns zu geben.

4.

Du siehest ihn beschattet von dem Reise;
Das ist des Bacchus grüner Thyrsussproß,
Damit es unsern Zeiten noch beweise,
Daß er sein Sohn war oder sein Genoß.
Sieh da den Andern, dem, nach langer Reise
Durch Meer und Sturm, sich Tago's Strand erschloß,
An welchem er die ew'gen Mauern gründet
Und Pallas' Tempel, den der Ruhm verkündet!

5.

Es ist Ulysses, der dies Haus bescherte
Der Göttin, die ihm gab beredten Laut,
Der, wenn er Asia's Troja dort verheerte,
Hier in Europa Lissabon erbaut.
Wer ist der Andre, den die Wuth bewehrte,
Zu mäh'n im Schlachtfeld, rings von Tod umgraut?
Zahlloses Heer fällt unter seinen Streichen,
Der auf den Bannern führt der Adler Zeichen.

17*

6.

Der Heide sprach's. Er war ein Hirtenknabe,
(Antwortet Gama) der uns hier sich weist,
Gewandter mit dem Speer, als mit dem Stabe;
Wir wissen, daß er Viriathus heißt.
Durch ihn geht Roms erhab'ner Ruf zu Grabe,
Da man als Sieger, unbesiegt, ihn preist;
Es mocht' an ihm nicht jene Kunst entfalten,
Womit es gegen Pyrrhus ausgehalten.

7.

Nicht off'ne Fehde, nein, Verrath (o Schande!)
Nahm ihm das Leben, dem die Stolze bebt;
Denn oft zerreißt des Rechtes edle Bande
Die Noth, wenn Ehr' auch sonst im Volke lebt.
Dort sieh den Andern, der, vom Heimatstrande
Verbannt, mit uns sich wider Rom erhebt;
Wohl nahm der Held sich Männer zu Gefährten,
Durch welche Lorbern ewig ihn verklärten.

8.

Siehst du? Mit uns verbunden, überwindet
Die starken Adler Jupiters der Held;
Denn unsrer Heere Siegeskraft empfindet
Schon dazumal das erste Volk der Welt.
Sieh, welch gewandte Listen er erfindet,
Wie fein und klug er nach den Völkern stellt!
Die gotterfüllte Hindin sieh, ingleichen!
Er ist Sertorius, und sie sein Zeichen.

9.

Sieh auf der andern Fahne Den, erkoren
Zu unsrer ersten Herrscher großem Ahn;
Wir machen ihn zum Ungar, doch geboren
Hat Lotharingen ihn, nach Andrer Wahn.
Wann diesem die Gallizier, die Mohren,
Die Leonesenritter unterthan,
Zieht, daß sein Stamm mit Heile sich begabe,
Der heil'ge Heinrich zu dem heil'gen Grabe.

10.

Wer ist der Andre, der mich füllt mit Zittern,
(Fragt staunenvoll hierauf der Malabar)
Der die Geschwader rings, gleich Ungewittern,
Zerstreut, zerschmettert mit so kleiner Schaar?
Vor dem so vieler Mauern Werke splittern,
Der, nimmer matt, sich stürzt in die Gefahr,
Dem so viel Kronen überall und Fahnen
Zu Füßen liegen auf des Sieges Bahnen?

11.

Und Gama spricht: es ist Alfons der Große,
Der Portugal den Mohren einst entwand;
Für ihn schwört Fama bei Cocytus' Schooße,
Daß nie zu Rom ein größ'rer Held erstand;
Der arge Mohr fällt unter seinem Stoße;
Also hat seines Gottes Schluß erkannt,
Für den er solchen Reiches Wall zertrümmert,
Um seiner Enkel Erbtheil unbekümmert.

12.

Wenn Cäsars oder Alexanders Schaaren
Mit so geringer Zahl, so kleiner Macht
Beständen so viel Feind', als jene waren,
Die dieser Große bändigt' in der Schlacht:
Nicht würde, traun, der Nachruhm offenbaren
Die Heldennamen in so hehrer Pracht.
Doch laß mich nicht von seiner Größe melden:
Sieh auf die Wunderthaten seiner Helden.

13.

Der zornvoll hier den Jüngling, den im Streite
Geschlagnen, anblickt, unmuthvoll und bang
Ihn mahnend, daß er neu sein Heer bereite,
Die Schlacht herstell' aus der Zerstreuung Drang:
Der Jüngling eilt, den Alten an der Seite,
Der ihn zum Siege führt aus Untergang:
Der Greis ist Egas Moniz, unter allen
Ein heller Spiegel redlicher Vasallen.

14.

Dort zieht er hin, sich und der Söhne Leben
Zu opfern, nackt, den Strick am Halse nur;
Denn hier der Jüngling will sich nicht ergeben,
Wie Moniz dem Castilier beschwur,
Der so nur die Belagrung aufzuheben
Verheißen, die die Stadt schon hart erfuhr;
Dem Feinde bringt er Söhn' und Weib in Ketten,
Weiht sich zum Opfer, um den Herrn zu retten.

15.

Nicht also that der Consul, der umschlossen
Bei Caudium, gerechter Schmach sich bot,
Als der Samnite, der ihn eingeschlossen,
Ihm durch das Joch zu kriechen stolz gebot;
Er, drob geschmäht von seinen Volksgenossen,
Will, fest und standhaft, nur für sich den Tod:
Doch jener bot (was konnt' er Größ'res geben?)
Sein schuldlos Weib und theurer Söhne Leben.

16.

Sieh den, der aus dem Hinterhalte dringend,
Den König anfällt, der die Stadt berannt,
Und jezt ihn fäht, Entsaz den Städtern bringend;
Glorreiche That, werth, daß sie Mars bestand!
Schau wieder dort ihn auf der Flotte ringend,
Wo Tod den Mohren sendet seine Hand,
Und die Galee'n erobert und ersieget
Den ersten Sieg, seit wir zur See gekrieget.

17.

Juas Roupinho ist es, so zu Lande,
Als auf dem Meere strahlend durch die Glut,
Die er entzündet auf der Mohrenbande
Galee'n, wo Abyla begränzt die Flut.
Schau, wie er kämpfend sprengt des Körpers Bande
Im heil'gen, frommen Krieg mit heitrem Muth;
Der sel'ge Geist geht durch der Mohren Lanze
Zum Himmel ein mit wohlverdientem Kranze.

18.

Siehst du den Zug in fremder Tracht sich breiten,
Der aus der großen, neuen Flotte steigt,
Der Lissabon dem König hilft erstreiten,
Und seines Muthes heil'ge Probe zeigt?
Sieh Heinrich dort, den kühnen Ritter, schreiten,
Die Palme schau, die nah dem Grab entsteigt!
Gott wollte durch ein sichtbar Zeichen mahnen,
Daß Christi Zeugen seien die Germanen.

19.

Ein Priester, sieh, hat dort sein Schwert geschwungen,
Das auf Arronches sieghaft niederfährt,
Zur Rache, daß Leïria jen' errungen,
Die für den Mahom hoben Lanz' und Schwert!
Dom Theotonio ist es. Sieh bezwungen
Auch Santarem, und Ihn, mit Muth bewehrt,
Als ersten steh'n auf jener Mauer Höhen,
Und dort das Banner der fünf Schild' erhöhen!

20.

Sieh auch, wie dort, wo Sancho's Horde dräuend
Das Mohrenheer Vandalia's erschlägt,
Er den Alferez tödtet, und zerstreuend
Den Feind, Hispal's Panier zu Boden schlägt!
Mem Moniz ist's, in sich den Muth erneuend,
Den samt dem Leib des Vaters Grabmal hegt,
Werth solcher Banner; die der Feinde sanken
Vor ihm, und seins erhub er ohne Wanken.

21.

Sieh Jenen, der vom Walle niederrennend,
Zwei Köpfe der erschlagnen Wachen hält,
Und dann durch List, in kühnem Muth entbrennend,
Die Stadt mit seinem Hinterhalte fällt.
Sie hat, die nie erhörte That bekennend,
Des Ritters Bild im Wappen aufgestellt,
Der mit der Hand die Köpfe hält umfangen:
Der Degen heißt Giraldo Sonder-Bangen.

22.

Sieh Jenen, der sich mit Alfons entzweite
Aus Haß, den Lara's Kinder angefacht,
Den Spanier, der mit Mohren sich zum Streite
Verbündet wider Lusitania's Macht!
Die Stadt Abrantes nimmt er im Geleite
Ungläubiger, die ihm gefolgt zur Schlacht:
Doch sieh den Portugiesen dort ihm nahen
Mit wenig Volk, ihn werfen keck und fahen!

23.

Don Martin Lopez heißt der tapfre Degen,
Der hier sich schmückt mit Palm' und Lorberkranz.
Doch sieh den Bischof, kriegerisch verwegen,
Zum Speere ward des Stabes goldner Glanz:
Sieh ihn allein im zagen Heer sich regen,
Mit Mohren zu besteh'n der Schwerter Tanz;
Am Himmel sieh das Zeichen ihm erscheinen,
Den Muth erhöh'n der kleinen Zahl der Seinen!

24.

Cordova's und Sevilha's Herrscher weichen
Dort mit zween Andern, schon erblaßt vorher,
Bevor sie weichen. Traun, ein Wunderzeichen,
Von Gott gethan, von Menschen nimmermehr!
Siehst du? Schon beugt sich Alcacer' ingleichen,
(Kein Wall von Stahle frommt und keine Wehr)
Vom edlen Bischof Lissabons bezwungen,
Den hier der Palme frischer Kranz umschlungen.

25.

Sieh dort den Ritter aus Castilien kommen;
Der, ein geborner Portugiese, zwingt
Die Lande von Algarve, muthentglommen,
Wo Niemand, ihm zu steh'n, die Lanze schwingt;
Er hat mit Leitern Burg und Stadt genommen,
Was ihm durch List und guten Stern gelingt.
Siehst du Tavila's Mauern dort ihn brechen,
Um so der sieben Jäger Mord zu rächen?

26.

Dort nimmt er, sich, mit listigen Gedanken
Silves dem Mohren, der es nahm im Streit;
Pajo Correa ist's, der, ohne Wanken,
Durch List und Kraft erregt der Völker Neid.
Doch auch die Drei betrachte, die von Franken
Und Spaniern gefeiert allezeit,
Bei Lustgefecht, Zweikampf, Turniere glänzten,
Und mit erhab'nen Siegstrophä'n sich kränzten.

27.

Schau, wie sie, Abenteuer frisch zu wagen,
Nach Spanien kommen, wo den Preis allein
Sie aus Bellona's ernstem Spiele tragen,
Das manchem Kämpfer schuf gar bittre Pein.
Sieh dort die stolzen Ritter all' erschlagen,
Die sich gewagt an Einen von den Drei'n,
Der Gonzalo Ribeiro sich benennet,
Und das Gesez der Lethe nicht erkennet.

28.

Den Helden sieh, deß Ruhm so weit gedrungen,
Daß ihm ein jeder ältre gilt gering;
Auf starken Schultern trägt er, unbezwungen,
Sein Land, das nur an schwachem Faden hing.
Schau, wie er roth vom Zorn, der ihn durchdrungen,
Sein Volk, das träge, schlaffe Furcht umfing,
Bedeutet, daß es gern das Joch ertrage
Des eignen Herrn, dem fremden sich versage.

29.

Durch seinen Rath und seines Muths Entfalten,
Den Gott geführt und heiliger Sterne Licht,
Geschieht, was erst unmöglich ward gehalten,
Daß Portugal die Macht der Feinde bricht.
Schau, wie durch Eifer, Geist und kräftig Walten
Er sich den andern schönen Sieg ersicht,
Und jenes Volk, so wild als groß, bezwinget,
Das Bätis dort, hier Ana's Strom umschlinget.

30.

Doch siehst du nicht auch schon die Macht der Seinen
Vernichtet schier, da fern von ihnen weilt
Der fromme Feldherr, der zu des Dreieinen
Allmacht zu fleh'n, von dannen war geeilt?
Sieh jene sich voll Hast um ihn vereinen,
Und ihn ermahnen, daß er unverweilt
Erscheine, Kraft zu bringen ihrer Schwäche,
Weil alle Wehr an solcher Macht sich breche.

31.

Doch siehe, mit welch heiligem Vertrauen
Er ihnen zuruft: noch war nicht die Zeit!
Denn ganz auf Gottes Hülfe wollt' er bauen,
Der ihn zum Siege führ' aus kurzem Streit.
So sagte Numa, da des Landes Gauen
Der Feinde Macht umlagert weit und breit,
Zum Boten, der so Schweres ihm berichtet:
Noch hab' ich nicht mein Opfer ausgerichtet!

32.

Willst du den Namen dieses Helden kennen,
Der also Gott vertraut' als sichrer Wehr:
Man sollt' ihn unsern Scipio benennen,
Doch glänzt er, traun, als Nun' Alvares mehr.
Glückselig Land, sein solchen Sohn zu nennen!
Doch war der Held ein Vater dir vielmehr;
So lang die Welt umkreisen Phöbus' Rosse,
Wird dich verlangen stets nach solchem Sprosse.

33.

Sieh dort den Andern reiche Beut' erwerben
In selben Krieg mit schwacher Heereskraft,
Die Heerde nehmen und den Feind verderben,
Der jene kühn und räuberisch entrafft.
Sieh ihn die Lanze dort im Blute färben,
Nur um den Freund zu lösen aus der Haft,
Der, weil er treu, in Bande war gekettet:
Pedro Rodriguez ist es, der ihn rettet.

34.

Schau, wie der Arge dort den Lohn empfänget,
Der schnöden Trug und falschen Eid gestellt;
Dom Gil Fernandez ist es, der ihn fänget
Und zur Vergeltung seiner Tücke fällt.
Auf Xerez Auen plündert er und senget,
Und überschwemmt mit span'schem Blut das Feld.
Sieh Rui Pereira dort voran sich kehren,
Mit seiner Brust ein Schild für die Galeeren!

35.

Sieh dort die siebzehn Lusitanen streiten,
Sich wacker wehrend auf des Hügels Plan,
Um welche rings Castilier sich breiten,
Vierhundert an der Zahl, um sie zu fah'n;
Doch merkten, sich zum Leide, die bei Zeiten,
Daß Wehr und Angriff jene sich ersah'n.
O That, werth, ew'ge Lorbern zu erhalten,
Groß in der neuen Zeit und in der alten!

36.

Wohl weiß man, wie Dreihundert einst gefochten
Mit tausend Römern in der alten Zeit,
Da Viriathus solchen Ruhm erfochten
Durch kühne Wagniß in so manchem Streit.
Und als sie schön erprobt, was sie vermochten,
Blieb uns dies Erbtheil ihrer Tapferkeit,
Daß wir, auch Wen'ge, Vielen uns nicht beugen,
Wie das von uns wohl tausend Fälle zeugen.

37.

Der Prinzen, die dem Stamm Johanns entsprossen,
Pedro's und Heinrich's Bilder siehst du hier;
Den preist dem deutschen Volk als Kampfgenossen
Der Ruhm, wodurch er täuscht des Todes Gier;
Der hat der Meerflut fernste Pfad' erschlossen,
Und Fama nennt das Lob des Helden ihr;
Der Erste bricht er ein in Ceuta's Thoren,
Und nimmt die Stadt dem stolzen, eiteln Mohren.

38.

Schau, wie Graf Pedro wider ganze Heere
Barbar'n in zwei Belag'rungen sich hält!
Dort stellt sich, schau, ein andrer Graf zur Wehre,
Auf Erden Mars durch Muth und Kraft im Feld.
Vor ungeheurer Kriegsmacht Alcacere
Zu schirmen, achtet nicht genug der Held;
Er schirmt auch seines Königs edles Leben,
Für ihn als Wall das eigne darzugeben.

39.

Noch viele Thaten wären dir erschienen,
Woran die Kunst der Maler sich bewährt;
Doch fehlt' ein Pinsel, Farben fehlten ihnen,
Lohn, Gunst und Ehre, die die Künste nährt.
Die Schuld der Enkel, die den Lastern dienen,
Die ausgeartet, traun, sich abgekehrt
Von ihrer Ahnen Kraft und Glanz, versunken
In Lüsten und von eitlem Sinnen trunken.

40.

Die großen Väter, Ahnherrn jener Söhne,
Die ihrem Blut entsprossen insgesamt,
Im Dienst der Tugend übten sie das Schöne,
Das Haus zu gründen, das von ihnen stammt.
Die Blinden! Denn ob hoher Ruhm sie kröne,
Womit ihr Starkmuth alle Welt durchflammt,
Ruhmloses Dunkel ließen sie den Erben,
Die Ruhe lassend ihnen zum Verderben.

41.

Auch glänzen wohl, mit Gütern reich versehen,
Viel' Andre, nicht entstammt aus edlem Blut:
Der Fürsten Schuld, die oft nach Würden spähen
Für Günstlinge, abhold dem wackern Muth!
Die wollen nicht gemalt die Ihren sehen,
Denn ihnen zieme nicht der Farben Glut;
Und wie den Feind, der hassend sie befehdet,
Verwünschen sie das Abbild, welches redet.

42.

Ich läugne darum nicht, daß Männer leben,
In reichen, edlen Häusern aufgenährt,
Die durch erhab'nes, rühmliches Bestreben
Den Adel stützen, der ihr Haus verklärt.
Und wenn das Licht, in dem die Ahnen schweben,
Nicht höhern Glanz empfing durch ihren Werth,
Mag drum sein alter Glanz doch nicht entschwinden:
Doch wenig solche kann der Pinsel finden.

43.

So deutet Gama jegliche Geschichte,
Die dort der Künstler Bild an Bild gereiht,
Die so vollendet, in so hellem Lichte,
Der hochbegabte Maler konterfeit.
Der Heide folgt mit festem Angesichte,
Wie jener von den Thaten gibt Bescheid,
Fragt tausendmal und hört von lust'gen Schlachten,
Die dort sich ihm darboten zum Betrachten.

44.

Doch hatte schon sich Dämmerung verbreitet;
Die große Fackel endet ihren Lauf,
Birgt sich am Horizont' abwärts und leitet
Den Antipoden schon den Tag herauf;
Da macht, von seiner Edlen Schaar begleitet,
Vom tapfern Schiff der Catual sich auf,
Die Ruhe suchend, die in stillen Nächten
Erquickend winkt den müden Thiergeschlechten.

45.

Wahrsager, ruchtbar durch das falsche Wissen,
Das aus den Opfern Zukunft offenbart,
Die ferne liegt, umhüllt von Finsternissen,
Durch Teufelslisten, Zeichen böser Art,
Sind, wie der König ihnen hieß, beflissen
Mit ihren Künsten, ob sich nichts gewahrt
Vom fremden Volke, das in ihre Lande
Herzog von Spaniens unbekanntem Strande.

46.

Der Dämon mahnt sie durch wahrhafte Zeichen,
Sich vor dem neuen Volke vorzuseh'n,
Von welchem ewige Knechtschaft ihren Reichen,
Vernichtung ihrem Volke werd' ersteh'n.
Der Augur eilt, im Angesicht Erbleichen,
Zum König, dem gemäß, was er geseh'n,
Die grauenvollen Zeichen zu entdecken,
Womit der Opfer Eingeweid' ihn schrecken.

47.

Und einem Manne, welcher, ganz ergeben
Mahom's Gesez im frommen Priesteramt,
Nicht weichend von ererbten Hasses Streben,
Dem Glauben fluchte, der vom Himmel flammt,
Erschien, mit des Propheten Hüll' umgeben,
Des falschen, der von Hagar's Sohne stammt,
Im Traume Bacchus, der von seinem Hassen,
In Zorn erglühend noch nicht wollte lassen.

48.

Und also spricht er: hütet euch, ihr Frommen,
Vor Unheil, das bereitet hat der Feind,
Der durch die feuchte Woge kam geschwommen,
Bevor das Leid noch näher euch erscheint!
So sagte Bacchus; aber bang beklommen
Fährt aus dem Traum der Maure; doch er meint,
Daß ein gemeiner Traum nur ihn umfangen;
Und wieder schläft er, ruhig, ohne Bangen.

49.

Doch wiederkehrend sagt der Gott zum Mohren:
Ihn, der Prophete deines Volkes ist,
Ihn kennst du nicht, dem Treue du geschworen,
Und ohne den so Mancher wär' ein Christ?
Ich wache für euch und ihr schlaft, o Thoren?
So wisset: dieses neuen Volkes List
Wird das Gesez vielfach bedroh'n und mindern,
Das ich verlieh den blöden Menschenkindern.

50.

So lang die Kraft noch schwach im Volke lebet,
Beut Alles auf, um ihm zu widersteh'n;
Denn leicht vermögen, wann sich Sol erhebet,
Nach ihm die scharfen Blicke sich zu dreh'n;
Doch wann er glühend hell am Himmel schwebet,
So bleiben Augen, welche nach ihm seh'n,
Fortan so blind, als ihr es werdet bleiben,
Wehrt ihr es nicht, daß jene Wurzeln treiben.

51.

Der Gott verschwindet und der Schlaf entfliehet;
Der Heide bebt und starrt in bangem Muth,
Springt auf vom Lager, fordert Licht, es ziehet
Ihm durch die Adern heiß des Giftes Wuth.
Kaum streut' Aurora, die vor Phöbus fliehet,
Vom heitern Engelsantliz helle Glut,
Ruft er die Edlen, seines Glaubens Horte,
Und meldet, was ihm träumt', in kurzem Worte.

52.

Und so wie Jeder gut befand, so geben
Sie da verschiednen, oft entgegnen Rath;
Vielfachen Trug erfinden sie und weben
Treulosigkeit, arglistigen Verrath;
Doch lassen sie von offnem Krieg und streben
Das Volk zu fällen auf geheimem Pfad,
Durch feinre Listen und gewandte Ränke,
Die Großen sich erobernd durch Geschenke.

53.

Mit Gaben heimlich und mit Gold verbünden
Sie sich die Edeln all' im Land umher,
Und zeigen mit beredten, klaren Gründen,
Verderben wälz' auf ihren Stamm sich her,
Indem sie von dem Volke viel verkünden,
Das rastlos irre durch des Westes Meer,
Und ohne König, ohne Recht und Glauben,
Von dem nur lebe, was es könne rauben.

54.

Wie muß ein Fürst, der wohl den Staat verwaltet,
Acht haben, daß die Räth' und Freunde schlicht
Und redlich sei'n, mit Treu, die nicht erkaltet,
Begabt und reiner Liebe für die Pflicht!
Denn weil er auf erhabner Höhe waltet,
So kann er von entfernten Dingen nicht
Erhalten bess're noch gewiß're Kunde,
Als die ihm kommt aus treuen Rathes Munde.

55.

Doch möcht' ich nimmer, daß er sich verlasse
Auf treuen Sinn bloß und von Redlichkeit
In armer Hülle sich bestechen lasse;
Ehrsucht ja birgt sich auch im schlechten Kleid.
Der Gute, wie er auch das Unrecht hasse,
Weiß oft in Weltgeschäften kaum Bescheid;
Denn übel stimmt und paßt sich nicht zu ihnen
Harmloser Sinn, der Gotte nur will dienen.

56.

Die Catuale, schnöden Geizes Knechte,
In deren Hand das Wohl des Volkes lag,
Bereiten, angereizt durch Höllenmächte,
Aufschub dem angebotenen Vertrag.
Doch Gama, der, was immer sich erfrechte
Der Mohren Trug, nichts Andres wünschen mag,
Als seinem Herrn zu schaffen sichre Kunden
Vom neuen Welttheil, den er aufgefunden

57.

Er will allein auf dieses hinarbeiten;
Wohl weiß er, käme solche Kund' an ihn,
So werde Waffen, Schiffe, Volk bereiten
Don Manoel, dem Königsamt gelieh'n,
Womit der Länder und des Meeres Weiten
Zu unterwerfen all' ihm leicht erschien;
Denn er war nur gesandt, die fernen Strecken
Des Ostens, eifrig forschend, zu entdecken.

58.

Zum Heidenkönig will er geh'n zur Stunde,
Daß solchem Aufschub werd' ein Ziel gesezt;
Wohl fühlt er, wie das böse Volk im Bunde
Sich Allem, was er wünschte, widersezt.
Kein Wunder war es, wenn sich ob der Kunde,
Der trüglichen, der König ganz entsezt;
Er glaubte, was die Seher ihm beschworen;
Noch mehr, da solches auch bezeugt die Mohren.

59.

Er fühlt die schwache Brust in Furcht erkalten;
Doch wiederum hat auch des Geizes Macht,
Die sich verbarg in seines Busens Falten,
Unendliche Begier in ihm entfacht;
Denn großen Vortheil hofft er zu erhalten,
Wenn er, auf Wahrheit und auf Recht bedacht,
Zu dem Vertrag für lange sich verstände,
Um den der fremde König an ihn sende.

60.

Doch viele Stimmen, die das widerriethen,
Fand er im Rathe, den er deßhalb hält;
Denn in den Männern, die ihn da beriethen,
Uebt' ohne Schranken seine Macht das Geld.
Er läßt den Admiral zu sich entbieten,
Und spricht zu ihm: wenn du mir unverstellt
Und treu die Wahrheit wolltest offenbaren,
Sollst du Verzeihung deiner Schuld erfahren.

61.

Wohl weiß ich, Alles, was du vorgewendet
Von deines Herrn Botschaft, ist eitle Mähr;
Denn nicht ein König hat dich ausgesendet,
Nein, heimatlos durchschweifet ihr das Meer.
Wo wär' ein Fürst, ein Herrscher so verblendet,
Vom lezten Port des Abendlandes her
Die Schiff' und Flotten tollkühn ohne Grauen
Solch ungewisser Ferne zu vertrauen?

62.

Und wenn dein König über große Lande
Gebeut in königlicher Majestät:
Welch hohe Gaben bietest du zum Pfande,
Daß aus des Fremdlings Munde Wahrheit geht?
Mit reichen Gaben knüpfen sich die Bande,
Wo Freundschaft unter Herrschern neu entsteht:
Des Schiffers Wort, der unstät irrt und flüchtig,
Ist nicht als Pfand und sichres Zeichen tüchtig.

Achter Gesang.

63.

Seid ihr verbannt vom Schicksal hergekommen,
Ein Loos, das oft auch edlen Männern fällt:
In meinem Land seid ihr wohl aufgenommen;
Des Tapfern Heimat ist die ganze Welt.
Ja, hättet ihr auf Raub das Meer durchschwommen,
Sagt's, ohne daß des Todes Furcht euch hält;
Denn um des Leibes Nahrung aufzubringen,
Heißt Alles uns des Lebens Noth vollbringen.

64.

So der: doch Gama, weil er schon erspürte,
Welch argen Trug der Mohren Haß ersann,
Der auch allein den König jezt verführte,
Daß schlecht von ihm zu denken er begann,
Sprach mit der Zuversicht, die ihm gebührte,
Die alle Herzen sicher ihm gewann,
Die Worte, die der weisen Brust entsprossen,
Von Venus Acidalia zugeflossen:

65.

Wenn nicht die alte Schuld, der sich in grauer
Urzeit des Menschen Bosheit unterfing,
Der Sünde Gift verbreitet, die voll Schauer
Als schwere Geißel ob den Christen hing,
Daß falscher Sinn, Feindschaft von ewiger Dauer,
Fortan die Kinder Adams all' umfing:
So schlimmer Wahn, vom schnöden Volk ersonnen,
Hätt', o Gebieter, nie dein Herz umsponnen.

66.

Doch nur in großem Kampfe wird erstritten
Ein großes Gut, und wie der Mensch sich müht,
Folgt überall die Furcht der Hoffnung Schritten,
Die bei dem Schweiß der Arbeit ewig blüht;
So neigst auch du dich ab von meinen Bitten,
Verschließest meiner Wahrheit das Gemüth;
Du fändest sie, wenn du nicht Glauben zolltest
Dem falschen Volk, dem du nicht glauben solltest.

67.

Denn wenn ich, schweifend auf dem Meere, lebte
Vom Raube nur, aus Heimatau'n gebannt;
Wie, glaubst du, daß aus solcher Fern' ich strebte,
Wohnstatt zu suchen, fern und unbekannt?
Für welche Hoffnung, welchen Lohn durchschwebte
Ich Meere, kämpfend mit der Wogen Brand,
Dem Eis des Poles und der Gluten Hize,
Die wüthet in des Widders heißem Size?

68.

Wenn Gaben, kostbar und von hohem Werthe,
Als Bürgen du verlangtest für mein Wort:
So wisse, daß ich Kunde nur begehrte,
Wo dir Natur erbaut des Reiches Hort.
Doch wenn das Schicksal mir die Gunst gewährte,
Daß ich begrüßte meiner Heimat Port,
So wird dir stolzer Gaben reiche Spendung,
Womit ich dir bewähre meine Sendung.

Achter Gesang.

69.

Wenn ihr so gar unglaublich es erachtet,
Daß mich ein König send' aus Westen her:
Der hohe, königliche Geist betrachtet
Nichts, was da möglich ist, als groß und schwer.
Drum mein' ich: das, wonach mein König trachtet
Voll edlen Sinnes, fordert billig mehr
Des Glaubens, will, daß keine Zweifel walten,
Um solchen Muth an ihm für wahr zu halten.

70.

Es hatten, wisse, schon vor vielen Jahren
Sich unsre Herrscher eifrig vorgesezt,
Arbeiten zu besiegen und Gefahren,
Die stets sich großen Dingen widersezt:
Und als entdeckt die wilden Meere waren,
Da, nimmer rastend, strebten sie zulezt
Zu wissen, welches Ziel die fernsten Strande
Des Meeres hätten und in welchem Lande.

71.

Ein würdig Werk war dieses für den Sprossen
Des Königs, der am ersten sich gewagt
In's Meer und vom geliebten Siz entschlossen
Die lezten Streiter Abyla's verjagt.
Der hat, voll seltnen Geistes, unverdrossen,
Sich Holz an Holz gefügt, niemals verzagt,
Und durfte finden die gepries'nen Zonen,
Wo Hyder, Has', Altar und Argo thronen.

72.

Der ersten Fahrten glückliches Gelingen
Hob ihre Brust zu immer kühnerm Muth,
So daß sie stets zu neuen Wegen dringen,
Wohin ihr Steuer lenkte durch die Flut.
Nach Africa's entlegnem Süde ringen,
Der nie geseh'n der sieben Sterne Glut,
Wir durch und lassen auf der kühnen Reise
Schon hinter uns die heißen Wendekreise.

73.

Und so mit fester Brust und hohem Streben
Besiegten wir des Schicksals Allgewalt,
Bis wir, die lezte Säule zu erheben,
Zu deinem fremden Land hiehergewallt;
Nie mochten wir der Wogen Macht erbeben,
Wann graus des Meeres Ungestüm erschallt,
Und nahen dir, von dem wir bloß ein Zeichen
Erbitten, unserm Herrn es darzureichen.

74.

Das ist die Wahrheit, König! Traun, ich sänne
Für eines Gutes ungewisses Loos,
Das, also lügend, ich vielleicht gewänne,
Auf Worte nicht, lang, leer und bodenlos;
Nein, umzuschweifen eher wohl begänne
Ich dann im unruhvollen, wilden Schooß
Der Mutter Tethys, gleich Corsarenhorden,
Die von der Arbeit Andrer reich geworden.

Achter Gesang.

75.

Drum wenn, o König, was ich hier erkläret,
Dir wahr erscheint und ächt und unverstellt,
So werd' in Kürze mir Bescheid gewähret,
Und nicht der Rückkehr Freude mir vergällt!
Und gilt mein Wort dir noch nicht als bewähret,
So folge der Vernunft, die Alles hellt,
Die sich durch klares Urtheil läßt erkennen;
Denn Wahrheit ist von Lüge leicht zu trennen.

76.

Aufmerksam wog der Fürst das Selbstvertrauen,
Mit welchem Gama, was er sprach, bewährt;
Drum will er fest und sicher auf ihn bauen,
Und glauben Alles, was er ihm erklärt;
Wohl kann er seiner Rede Macht erschauen,
Aus seinem Anstand ahnt er hohen Werth;
Die Catuale glaubt er hintergangen,
Die schlecht berathnen, die das Gold gefangen.

77.

Auch die Begier, die Früchte zu gewinnen,
Die ihm der Bund mit Lusus' Volk versprach,
Stimmt dem ihn abhold, was die Mohren sinnen,
Und gerne gibt er Gama's Bitten nach.
Am Ende heißt er diesen zieh'n von hinnen
Zur Flotte, daß er ohne Furcht vor Schmach
Zum Lande senden möge von den Schäzen,
Um gegen Specerei'n sie umzusezen.

78.

Auch wünscht er Waaren sich an's Land gesendet,
Die Ganges' Ländern etwa noch entsteh'n,
Wenn er von dorther, wo das Land sich endet
Und Meer beginnt, mit solchen sich verseh'n.
Voll Ehrfurcht von des Königs Antliz wendet
Sich Gama nun, zur Flotte hinzugeh'n,
Wohin er eine Barke will begehren
Vom Catual, da fern die seinen wären:

79.

Ein Boot, um zu den Schiffen ihn zu tragen;
Doch jener Schnöde, der ihm neuen Trug
Bereitet, sann, die Bitte zu versagen,
Auf Hindernisse nur und auf Verzug.
Fernab, wo seines Herrn Paläste ragen,
Geht er mit ihm zum Hafendamm im Flug,
Dort, ohne daß der König es erriethe,
Zu thun, was seine Bosheit ihm gebiete.

80.

Wortreich erklärt er ihm daselbst, er gönne
Ihm gern ein starkes Boot, um abzuzieh'n;
Doch möge, bis der andre Tag begönne,
Er noch mit seiner Abfahrt hier verzieh'n.
Schon ahnte Gama, wie man Aufschub spönne,
Wie Der, zu Haß verschworen wider ihn,
(Was er, bis dahin harmlos, nimmer dachte,)
Gemeines Spiel mit jenen Falschen machte.

81.

Auch dieser Catual war mit Geschenken
Gewonnen von der Mahomsdiener Schaar,
Der Erste, der, die Städte wohl zu lenken,
Vom großen Samori verordnet war;
Von ihm allein verhofften ihren Ränken
Erfolg die Mohren, aller Ehre baar,
Und er, verschworen zu dem schnöden Plane,
Läßt nicht mehr ab von seinem bösen Wahne.

82.

Dom Gama fordert ernstlich, zu den Schiffen
Ihn fortzulassen, doch nichts hilft es all:
So habe, sagt er, frei von argen Kniffen,
Geboten ihm der Sproß des Perimal.
Warum er ihn verzöger' auszuschiffen,
Was er am Borde führ' aus Portugal?
Denn das Gebot, vom König ihm gegeben,
Vermöge nicht ein Andrer aufzuheben.

83.

Der Catual, wie sehr auch Gama bringe,
Horcht' auf die Worte kaum, die dieser sprach,
Und sann im Geiste, wie er ihn umschlinge
Mit Teufelskünsten, jeder ärgsten Schmach;
Bald, ob er bade die verruchte Klinge
Im Blute der Verhaßten, sinnt er nach,
Bald, ob er ihre Schiff' in Glut verzehre,
Daß keins hinfort zur Heimat wiederkehre.

84.

Daß Keiner kehre zu der Heimat Strande,
Das ist der Mohren höllisches Begehr,
Daß, wo sich hinzieh'n jene Morgenlande,
Der fremde Fürst erfahre nimmermehr.
So muß der Admiral verzieh'n am Lande,
Ihn bannt des Mohrenhäuptlings Wort hieher;
Nicht ohne sein Verstatten konnt' er ziehen,
Weil ihm der Heide keinen Kahn geliehen.

85.

Auf Gründe, die ihm Gama stellt entgegen,
Versezt der Mohr, er möge denn sofort
Die Schiffe nah' an's Land sich heißen legen,
Weil ihm die Rückkehr leichter sei von dort.
Nur Feinde, sagt er, nur Piraten pflegen
Zu geh'n vor Anker an so fernem Ort;
Doch seien wahrlich keiner Art Gefahren
Vom treuen, sichern Freunde zu befahren.

86.

Der kluge Gama wird aus Allem inne,
Wie solches nur der Catual begehrt,
Damit er auf die Flotte dann beginne,
In offnem Groll, Angriff mit Flamm' und Schwert.
Vielfache Plane wälzt er nun im Sinne,
Späht Mitteln nach, die, sicher und bewährt,
Ihn schirmen vor Gefahr des Ueberfalles;
Er fürchtet Alles, und erwäget Alles.

87.

Dem Spiegel gleich, der, blank polirt von Stahle
Und von Crystall, hellschimmernd widerprallt,
Der, scharf getroffen von der Sonne Strahle
In vollem Glanz auf andern Flächen wallt;
Wie, wenn an ihn des Kindes Hand im Saale
Vorwizig rührt, in zitternder Gestalt
An Wand und Decke seine Flimmer streifen,
Und schwankend hier, und dort unruhig schweifen:

88.

So schwankt auch ihm, den Feinde rings umdrohten,
Unstät das Urtheil, wenn er denkt an dies,
Daß etwa sein am Strande mit den Booten
Coelho harre, den er solches hieß:
Sofort wird diesem ingeheim geboten,
Zurück zur Flotte, die er kaum verließ,
Zu kehren, daß ihn die verwünschte Tücke
Der wilden Mahomsdiener nicht berücke.

89.

So muß ein Mann sein, der mit Mars' Geschenken
Nachahmen, gleichen will der Helden Schaar;
Auf Alles muß er die Gedanken lenken,
Vorahnen und vermeiden die Gefahr;
Mit kriegerischem Geiste, klugen Ränken
Nehm' er des Feindes, ihn zu täuschen, wahr;
Auf Alles acht' er; denn nie lob' ich jenen,
Der sagen muß: wie konnt' ich solches wähnen?

90.

Der Malabar entließ ihn nicht vom Lande,
Weil er der Flotte Landung nicht gebot;
Der Held, erfüllt von edlem Zornesbrande,
Er fürchtet nichts, womit ihm jener droht.
Wohl würd' er auf sich nehmen Schmach und Bande,
Und was die Bosheit brütet, Noth und Tod,
Eh' er die Schiffe seines Herrn, die Flotte,
Die sicher lag, preisgäb' an diese Rotte.

91.

So wird er diese Nacht noch hingehalten,
Und noch des Morgens, als er fort verlangt
Zum König wieder, aber aufgehalten
Von Wachen wird, die vor ihm angelangt.
Der Heide muß nun andern Plan entfalten,
Da vor der Strafe seines Herrn ihm bangt,
Hört' er die Bosheit, die er ohne Weile
Vernähme, wenn er länger ihn verweile.

92.

Er räth ihm, daß zum Land er lasse bringen
Die Waaren alle, die am Borde sei'n,
Daß Tausch und Umsaz hier von Statten gingen;
Denn wer nicht Handel, suche Krieg allein.
Obwohl ihm nun die Plane nicht entgingen,
Die der Verruchte barg im Herzensschrein,
So willigt' er doch ein; ihm kam zu Sinne,
Daß mit den Waaren Freiheit er gewinne.

93.

Sie werden einig, daß, sie herzutragen,
Vom Heiden Boote würden ausgesandt;
Denn seine Schiffe will er nicht mehr wagen,
Daß sie der Feind zurückbehalt' am Strand.
Die Waaren, die nur irgend ihm behagen,
Zu holen, geh'n die Barken ab vom Land;
Er schreibt dem Bruder, ihm das Gut zu senden,
Um ihn zu lösen aus des Feindes Händen.

94.

Sofort gelangen an das Land die Güter,
Wo sich des Mohren Blicke dran ergeh'n;
Diogo bleibt, Alvaro bleibt als Hüter,
Um sich nach gutem Absaz umzuseh'n.
Ob nun das Gold die niedrigen Gemüther
Mehr achten, als Gebot, als Pflicht und Fleh'n,
Kann, wer drauf merkt, am Heiden hier erfahren:
Der löste nun den Gama gegen Waaren.

95.

So löst' er ihn, im Glauben, er bekomme
Daran ein Pfand, durch das ihm mehr Gewinn
Erwachse noch, als der ihm etwa komme,
Halt' er den Admiral noch länger hin.
Wohl sieht der Heerfürst, daß es ihm nicht fromme,
Zum Land zurückzugeh'n, da fürderhin
Am Ufer ihn nicht bannen darf die Rotte,
Und ruhig weilen will er auf der Flotte.

96.

Von seinen Schiffen will er nicht mehr scheiden,
Bis ihm die Zeit, was dunkel ist, enthüllt;
Denn nimmer traut er dem bestochnen Heiden,
Der niedern Geiz im tiefen Busen hüllt.
Mag hiernach nun die Wißbegier entscheiden,
Wie schnöde Habsucht Alles rings erfüllt,
So Reich als Arm, ein ruchlos feindlich Ringen
Nach Golde, das uns Alles heißt vollbringen.

97.

Der Thrakerkönig mordet Polydoren,
Nur um des reichen Schazes Herr zu sein;
Im festen Bau drang, troz den stärksten Thoren,
Zu Danaë der goldne Regen ein;
Tarpeja war in schnöden Geiz verloren,
Daß sie für Gold, für leuchtendes Gestein,
Die hohe Veste ließ den Feinden offen,
Und starb, von ihrer Schilde Wurf getroffen.

98.

Habsucht entriegelt fester Pforten Wehre,
Verleitet Freund' in Falschheit und Verrath;
Feldherrn verkauft sie an des Feindes Heere,
Verlockt die Besten auf des Lasters Pfad;
Habsucht vergiftet reiner Jungfrau'n Ehre,
Achtlos der Schmach, die ihrem Rufe naht;
Ja, sie verfälscht auch manchesmal das Wissen,
Verblendet den Verstand und die Gewissen.

99.

Sie deutet mehr als sinnreich alle Worte,
Geseze schafft sie, und zerstört sie dann;
Meineiden öffnet sie im Volk die Pforte,
Durch sie wird mancher König ein Tyrann.
Selbst Männer, die nur Gott, dem starken Horte,
Sich weihten, hält die Zauberin im Bann,
Sie tausendmal verblendend und betrügend,
Doch allezeit der Tugend Farbe lügend.

Neunter Gesang.

1.

Lang in der Stadt verblieben jene Beiden;
Doch dort war Keiner, der die Schäz' erstand:
Durch List und Falschheit wehrten es die Heiden,
Daß für die Waaren sich ein Käufer fand.
Ein Wille nur, von dem sie nimmer scheiden,
Beseelte sie, die Fremden hier gebannt
Zu halten, bis die Schiff' aus Mecca kämen,
Und jene zu vertilgen unternähmen.

2.

Im Erythräermeere, wo gegründet
Arsinoe ward durch Ptolemäus' Wort,
Der seiner Schwester Namen so verkündet,
Arsinoe, das Suez hieß hinfort;
Dort ist es, wo sich Mecca's Hafen mündet,
Des hochgepries'nen Mecca, das, ein Hort
Des falschen Glaubens, groß vor allen Stäten
Sich hob am heiligen Wasser des Propheten.

3.

Man nennt Gidá den Hafen, wo die Waaren
Vom rothen Meer' einkehrten allzumal,
Die große, goldne Vortheil' offenbaren
Dem Sultan, der in diesem Reich befahl.
Aus diesem Port geht zu den Malabaren,
Gemäß dem Bündniß, eine schöne Zahl
Von großen Schiffen auf des Indus Meeren,
Mit Specerei'n alljährlich heimzukehren.

4.

Auf diese Schiffe bauten jezt die Mohren;
Die sollten, groß und stark, der fremden Brut,
Die wider ihren Handel sich verschworen,
Die Schiffe sengen all' in wilder Glut.
Die hatten sie zur Hülfe sich erkoren;
Denn keinen andern Wunsch hegt ihre Wuth,
Als daß die Christen hier so lange blieben,
Bis Mecca's Schiff' in ihren Hafen trieben.

5.

Doch wie für Alles, was er will zum Frommen,
Des Weltalls Herr, den keine Macht umschränkt,
Von ferne schafft die Mittel, welche frommen,
Und zu dem vorbestimmten Ziel es lenkt:
So ward in Monzaide's Brust des frommen
Mitleides Neigung jezt von ihm gesenkt,
Auf daß er Gama warne vor Verderben,
Um sich dafür den Himmel zu erwerben.

6.

Er nun, von dem sich jene nichts versehen,
(Er war ja Mohr, wie sie,) war lange schon
Vertraut mit dem, wonach die Falschen stehen,
Enthüllt' ihm, welche Fahren ihn umdroh'n;
Oft sah man ihn zur fernen Flotte gehen;
Voll Mitleid, muß er seh'n, mit welchem Hohn,
Wie sonder Ursach' ihm die böse Rotte
Mit Untergang bedrohe seine Flotte.

7.

Dem klugen Gama sagt er, daß Armaden
Aus Mecca's Port anlangten jedes Jahr,
Die jezt, ihm zu bereiten solchen Schaden,
Ersehnet würden von der Seinen Schaar:
Er sagt ihm, diese sei'n mit Volk beladen
Und mit Vulcanus' Donnern, wunderbar,
Die seine Schiffe wohl vernichten können,
Wofern sie nicht auf schnelle Rettung sönnen.

8.

Der Admiral, dem nicht die Zeit entgangen,
Die zu der Abfahrt ihn entrief von dort,
Da nimmermehr ein Bess'res zu erlangen
Vom König schien, der Neger treuem Hort,
Gebot den Beiden, die zum Land gegangen,
Zurückzukommen an der Schiffe Bord;
Doch heimlich sollten sie vom Ufer kehren,
Damit es ihnen nicht die Feinde wehren.

Neunter Gesang.

9.

Doch lange währt' es nicht, als von den Mohren
Gerücht erscholl, das bald als wahr erschien,
Daß sie gefesselt hätten die Factoren,
Als diese sich bereitet abzuzieh'n.
Schon drang die Botschaft zu den weisen Ohren
Des Admirals, und ohne zu verzieh'n,
Gebot er flugs, daß, die an Bord gekommen,
Juwelen feilschend, würden festgenommen.

10.

Kaufleute waren's, die er lässet binden,
Aus Calecut, reich, alt und weitbekannt;
Lang harrend ihrer Wiederkehr, empfinden
Die Bürger bald, sie sei'n am Bord gebannt.
Doch auf der Flotte dreh'n schon an den Winden
Die Schiffer, und zur Arbeit rings gewandt,
Sind Andre dort am Kabeltau geschäftig;
Die schalten an der Spille rasch und kräftig.

11.

Noch Andre hängen sich an Rah'n und Stangen,
Und lösen schon die Segel mit Geschrei,
Als lauter noch zum Heidenkönig drangen
Die Kunden, daß die Flott' im Abzug sei.
Die Frau'n und Söhne jener, die gefangen,
Sie drängen klagend sich an ihn herbei,
Die, daß man den Gemahl entführt in Ketten,
Die, daß den Vater sie verloren hätten.

12.

Sofort gebot er, die Factoren beide
Samt ihren Gütern allen zu befrei'n,
Den grimmen Dienern Mahomet's zu Leide,
Daß auch die Seinen wieder ledig sei'n.
Genug Entschuldigungen weiß der Heide;
Doch Gama, nicht getäuscht von solchem Schein,
Nahm für die Neger die Gefangnen gerne,
Und zog mit vollen Segeln in die Ferne.

13.

Westwärts entschifft er, ihm war nicht verborgen,
Daß er umsonst betriebe den Vertrag,
Den er zu schließen wünschte, vorzusorgen
Für seines Handels blühendern Ertrag.
Doch da dies Land, das sich erstreckt nach Morgen,
Geöffnet nun vor seinen Blicken lag,
So eilt er heimwärts mit den neuen Kunden,
Den sichern Zeugen deß, was er gefunden.

14.

Er führt an Borde mit sich von den Mohren
Etwelche, die geschickt der Samori,
Als er zurück ihm sandte die Factoren,
Nebst heißem Pfeffer, wie er dort gedieh;
Auch hat er Banda's trockne Blum' erkoren,
Auch Nuß und Näglein, schwarz, wie solche lieh
Maluco's neues Eiland, mit der Rinde
Des Zimmtes, Ceilon's edlem, reichem Kinde.

Neunter Gesang.

15.

Dies Alles dankt er dem getreuen Walten
Des Monzaide, der nicht hinten blieb,
Der, angefacht von himmlischen Gewalten,
Sich in das Buch des Weltheilandes schrieb.
O Glücklicher, dem Seiner Gnad' Entfalten
Den dunklen Irrwahn aus dem Herzen trieb,
Und der, so fern der Heimat, fand die Pforte,
Um einzugeh'n zum wahren Heimatporte!

16.

So stoßen jezt die hochbeglückten Kiele
Vom heißen Strande, nach der Region
Hinlenkend, wo sich an des Südes Ziele
Natur erbaut der guten Hoffnung Thron:
Sie tragen Antwort, heitrer Kunden viele,
Vom fernen Ost zurück nach Lissabon,
Zum andern Male, frohes Muths und zagend,
In grauser Meer' unsichre Bahn sich wagend.

17.

Das Glück, zur süßen Heimat zu gelangen,
Zu all den Seinen, zu des Hauses Hort,
Bericht zu geben von der selt'nen, bangen
Seefahrt, von manchem Volk und Himmel dort,
Des Lohnes zu genießen für die langen
Gefahren und Mühsale fort und fort,
Das fühlt' ein Jeder, wie's zum Herzen drängte,
Daß Lust und Wonne fast die Brust ihm sprengte.

18.

Doch Cyprus' Herrin, die vom höchsten Gotte
Des Lusus Volk zum Schuz verordnet war,
Die stets, ein guter Genius, die Flotte
Bisher geleitet schon so manches Jahr,
Will Ruhm für Arbeit ihrer Heldenrotte,
Belohnung ihr für wohlbestandne Fahr
Nunmehr bereiten und auf wilden Meeren
Ihr Lust und Freuden als Ersaz gewähren.

19.

Nachdem sie nur ein wenig nachgesonnen,
Wie groß das Meer, das jene schon durchflog,
Welch schwere Müh'n, die ihr der Gott ersonnen,
Den einst Amphions Thebe groß erzog:
So sann sie nun im Geiste, lautre Wonnen
Für jeglich Leid, das ihr den Nacken bog,
Und Ruhe zu erseh'n als Lohn für alles
Mühsal im Reich des flüssigen Crystalles:

20.

Erholung nur, um wieder anzufachen
Der theuren Segler müde Menschlichkeit,
Als Zins der Mühen, die noch kürzer machen
Die kurze Dauer unsrer Lebenszeit.
Wohl billig dünkt ihr, solches kundzumachen
Dem Sohne, dessen Allmacht ohne Neid
Herab die Götter lockt in's Erdgewimmel,
Empor die Menschen trägt in heitern Himmel.

21.

Sie will, nachdem sie Alles wohl erwogen,
Ein göttlich Eiland, von der Flut umkränzt,
Bereit ihr halten, das in weiten Bogen
Vom Schmelze grün und bunter Farben glänzt;
Denn viele hat sie dort im Reich der Wogen,
Das Eva's irdischen Bezirk umgränzt;
Noch andre größre ragen aus den Wellen,
Die innerhalb Herakles' Pforten schwellen.

22.

Dort sollen holde Meerjungfrau'n empfangen
Die Ritter, ihres Muthes froh bewußt,
(Sie alle, die voll Jugendschöne prangen,
Der Busen Schmerz und heller Augen Lust,
Mit Reigen und mit Tanze, der Verlangen
Geheimer Lieb' einflöß' in jede Brust,
Um williger sich für die Lust zu mühen
Der Helden, denen all' in Liebe glühen.

23.

Solch eine List ersann sie schon zum Lohne
Anchises' Sprößling, freundlichern Empfang
Ihm zu bereiten dort, wo eine Krone
Durch schlauen Trug die Ochsenhaut errang.
Zum wilden Amor eilt sie, ihrem Sohne,
Von dem allein all' ihre Macht entsprang,
Daß, wie er dort einst ihr durch seine Nähe
Beistand, er jetzt auch ihr zur Seite gehe.

24.

Den Wagen zieh'n die Vögel, deren Lieder
Im Leben schon des Todes Fest begeh'n,
Und jene, deren schillerndes Gefieder
Peristera'n umzog bei'm Blumenspäh'n:
Rings um die Göttin schwärmt es auf und nieder,
Buhlküsse flüstern in der Lüfte Weh'n,
Und linder athmen auf der Göttin Zuge
Die Wind', erheitert von dem sanften Fluge.

25.

Schon auf Idalia's Höhen schwebt die Hehre,
Wo eben jetzt ihr pfeilbewehrter Sohn
Um sich viel' Andre sammelt, die zur Wehre
Sich rüstend, kühn mit schwerem Kriege droh'n
Der aufruhrvollen Welt, auf daß er wehre
Dem großen Irrsal, das viel Jahre schon
Dort waltet, liebend, was im Erdenleben
Zum Brauche, nicht zur Lieb', uns ward gegeben.

26.

Er sah Actäon jagen, so verblindet
Von blöder, toller Lust im Waldrevier,
Daß er sich schöner Menschenform entwindet,
Zu folgen einem häßlich wilden Thier;
Und süße, strenge Züchtigung erfindet
Er ihm und zeigt Diana's holde Zier;
Er hüte sich, sonst fällt er noch der Meute,
Den trauten Hunden, selbst als blut'ge Beute!

27.

Die Großen dieser Erde sah er alle,
Doch keinen um des Volkes Wohl bemüht,
Sah, wie nur sich ein jeglicher gefalle,
Für eigner Liebe Sorgen nur erglüht;
Er sah die Höfling' in des Königs Halle
Nicht lautrer Wahrheit öffnen sein Gemüth,
Nur Schmeichelei'n verkaufen, daß der neue,
Erblüh'nde Weizen nicht sein Volk erfreue.

28.

Er sah, wie jene, die der Armuth sollen
Barmherzigkeit, dem Volke Liebe weih'n,
Nur Würden, nur dem Reichthum Liebe zollen,
Sich brüstend mit der Unschuld ächtem Schein,
Sah schnöder Tyrannei, sah düstrem Grollen
Des Rechts und eitler Strenge Farben leih'n,
Geseze zu des Königs Gunst errichtet,
Nur die zum Heil des armen Volks vernichtet.

29.

Er sah nicht Einen, was er sollte, lieben,
Nur, was er zu gelüsten sich erfrecht:
So will er denn nicht längre Zeit verschieben
Die Züchtigung, die hart sei und gerecht.
Er sammelt um sich seine treuen Lieben,
Er rüstet Heere, fertig zum Gefecht,
Das er besteh'n will mit der blinden Rotte,
Die, schlechtberathen, widerstrebt dem Gotte.

30.

Schon haben der beschwingten Knaben viele
Zu mannigfacher Arbeit sich gesellt;
Der schleift den Stahl, der sicher eilt zum Ziele,
Der spizt den Pfeil, der rasch vom Bogen schnellt.
Arbeitend singen sie vom Liebesspiele,
Viel Wunder sind im Liede dargestellt;
Voll hallt die Melodie, gemess'nen Klanges,
Süß wallt der Laut des englischen Gesanges.

31.

In jener Werkstatt, wo sie den Geschossen
Die Spizen schmieden, treffend ohne Wahl,
Glüh'n Herzen statt der Kohlen, glüh'n, durchflossen
Von Leben, Eingeweid' in reger Qual,
Und Thränen sind, von Liebenden vergossen,
Die Well', in der sie kühlen ihren Stahl;
Die Flammenglut, ein Licht, das ewig währte,
War Sehnsucht nur, die brannte, nicht verzehrte.

32.

Dort üben Andre rastlos Händ' und Arme
An harten Herzen roher Pöbelbrut;
Vielfältig hallen Seufzer von dem Harme
Der schwer getroffnen durch des Pfeiles Wuth.
Heilung empfah'n die Wunden von dem Schwarme
Holdsel'ger Nymphen, welche, sanft und gut,
Nicht bloß den hart getroffnen Leben senden,
Nein, Leben auch noch Ungebornen spenden.

33.

Schön sind die einen, häßlich andre wieder,
Nachdem beschaffen ist der Wunden Kraft;
Oft wird dem Gifte, das durchwühlt die Glieder,
Heilung von bitterm Gegengift geschafft.
Durch weiser Zauberinnen zarte Lieder
Sind Viele noch in rauher Bande Haft;
Und das geschieht nicht selten, wann den Pfeilen
Geheime Kräuter Kraft zur Kraft ertheilen.

34.

Aus solchen Pfeilen, regellos geschossen,
Die ungeübter Knaben Schaar entsandt,
Muß tausendfältig schnöde Liebe sprossen,
Die armes Volk in ihre Fessel bannt;
Bei Helden auch, von hohem Rang entsprossen,
Zeigt manchmal sich sündhafter Liebe Brand,
Wie Biblis' Beispiel lehrt, wie Cinyrea,
Der Syrerknab' und jener in Judäa.

35.

Auch euch ja schlägt oftmals, ihr Erdenmächte,
Das Herz für holde Schäferinnen wach;
Auch, hohe Damen, euch zieh'n rohe Knechte
Verstrickend in Vulcanus' Netze nach.
Ihr Einen harrt auf Stunden süßer Nächte,
Ihr Andern schwingt auf Mauer euch und Dach;
Doch glaub' ich, daß, wo solche Brunst sich reget,
Mehr Schuld die Mutter, als der Knabe, träget.

36.

Doch linde schon in leichtem Wagen schwangen
Die Schwäne sich herab auf grünen Plan;
Dione, der im Antliz Rosen prangen
Umblüht von Schnee, steigt ab, dem Sohn zu nah'n;
Der kühne Schüz, vor dem die Himmel bangen,
Eilt freudig hin, die Mutter zu empfah'n;
Die Amorn alle, seine Diener, müssen
Herbei, der Liebesgöttin Hand zu küssen.

37.

Sie, nicht die Zeit vergeblich zu verschwenden,
Spricht, ihren Sohn umarmend, voller Muth:
Geliebter Sohn, o du, in dessen Händen
All meine Macht allein gegründet ruht,
Durch den ich allzeit Alles mag vollenden,
Du, welchem nichts ist Typhons Donnerglut!
Besondre Noth beflügelt meine Schritte,
Daß ich die Hülfe deiner Macht erbitte.

38.

Du weißt von Lusitania's Abenteuern,
Dem ich schon lange gnädig war und hold;
Denn von den Parcen hört' ich, meinen Theuern,
Daß mir dies Volk einst Ehr' und Liebe zollt:
Und da sie meiner Römer Zeit erneuern
Durch Thaten, die der Zeiten Buch entrollt,
So will ich hülfreich über ihnen walten,
So weit, als unsre Macht sich darf entfalten.

Neunter Gesang.

39.

Und weil sie Bacchus' Tücke, des verhaßten,
Im Indusreich umfing mit Sorg' und Noth,
Und sie von Stürmen, die zur See sie faßten,
Nicht müde nur sein könnten, sondern todt:
So will ich, daß sie auf dem Meere rasten,
Dem selben, das sie furchtbar stets umdroht;
Der Lohn und süßer Ruhm sei das Vermächtniß
Der Arbeit, die verherrlicht ihr Gedächtniß.

40.

Drum wünsch' ich, daß von deiner Pfeile Brande
Des Nereus Töchter all' im Meeresgrund
In Lieb' erglüh'n um Lusus' edle Bande,
Die eine neue Welt uns machte kund.
Ich sammle sie auf einem Insellande,
Das in des Oceanes tiefem Schlund
Ich zubereite, wo sie bei den Tänzen
Der Zephyre die Gaben Flora's kränzen.

41.

Dort mit Genüssen aller Art und Speise,
Mit jungen Rosen, düftevollem Wein,
In Burgen von Crystall nach eigner Weise,
Auf schönen Lagern, schöner sie allein,
Mit jeder Wonne nicht gemeinem Preise,
Erwarten sie der Nymphen frohe Reih'n,
Von Liebe wund, um Alles zu gewähren,
Wonach der Helden Blicke nur begehren.

42.

Ich will, daß in Neptunus' Reich erstehe,
Das mich gebar, ein kühn und schön Geschlecht,
Damit die schnöde Welt ein Beispiel sehe,
Die deiner Macht zu trozen sich erfrecht,
Daß wider dich nicht Heuchelei bestehe,
Nicht eine Demantmauer im Gefecht;
Leid fühlt auf Erden, wer vor dir sich hütet,
Wenn dein unsterblich Feu'r im Wasser wüthet.

43.

So sagte Venus, und ihr zu genügen,
Bereitet sich der lose Knabe schon,
Eilt sich den reichen Bogen anzufügen,
Von dem die goldnen, spizen Pfeile droh'n.
Cyther', im Antliz üppiges Vergnügen,
Empfing im Wagen den geliebten Sohn,
Und löste dem Gespann die Zügel wieder,
Das Phaëthon nachweinte seine Lieder.

44.

Doch wünscht sich Amor die berühmte Dritte,
Die überall Bekannte, noch herbei,
Die, ob sie tausendmal ihm widerstritte,
Doch wieder oftmals ihm Gesellin sei,
Die Riesengöttin von verwegner Sitte,
Wahrhaft und lügenhaft, voll Prahlerei,
Mit hundert Augen, die, woher sie ziehet,
Mit tausend Zungen kündet, was sie siehet.

45.

Sie geh'n sie suchen, und voran zu wallen,
Wird ihr geboten; mit der Tuba Klang
Soll sie das Lob des Seglervolkes schallen,
Mehr, als sie jemals Andrer Lob besang.
Schon eilte Fama mit des Murmelns Hallen,
Das weit hinab in tiefe Grotten drang;
Sie redet Wahrheit, der man gern vertraute,
Weil man die Peitho ihr zur Seite schaute.

46.

Das große Lob, der Ruf, die preisend schollen,
Stimmt um der Götter Herzen, die, bewegt
Von Bacchus' Trug, dem edlen Volke grollen,
Und mählig ward in ihnen Lieb' erregt.
Der Frauen Geist, der, was sie heute wollen,
Des andern Tages leicht zu wandeln pflegt,
Hält nun für Raserei, für Durst nach Blute,
Unheil zu sinnen solchem Heldenmuthe.

47.

Indeß versendet Pfeil auf Pfeil vom Bogen
Der wilde Knabe; ringsum stöhnt das Meer;
Gerad' hinaus durch unruhvolle Wogen
Flieh'n Pfeile dort, hier andre fliegen quer.
Die Nymphen fallen; stiller Brust entflogen,
Ringt heiß empor ein glühend Seufzerheer;
Sie fallen, ohne nur zu seh'n den Freier;
So viel, als Anschau'n, wirkt des Ruhmes Feier.

48.

Zusammen bog er, wild und ungebunden,
Des Mondes Hörner mit des Arms Gewalt,
Die Tethys mehr, als alle, soll verwunden,
Weil mehr, als alle, sie für spröde galt.
Schon wird kein Pfeil im Köcher mehr gefunden,
Kein Nymphchen lebt, das Meeresflut umwallt;
Und fühlt sie Leben noch im herben Leide,
Dann ist es, um zu fühlen, daß sie scheide.

49.

Weicht jetzt, ihr hohen, himmelblauen Wellen!
Denn Venus naht mit Heilung, schaut, heran,
Die weißen Segel zeigend, wie sie schwellen,
Hergleitend auf Neptunus' glattem Plan.
Daß du der Jungfrau'n Flamme dich gesellen
Erwidernd mögest, heißer Liebeswahn,
So thut es noth, daß edle Zucht und Sitte
Erhörung schenke Venus' kühnster Bitte.

50.

Schon rüsten sich in weitem, schönem Kranze
Die Nereïden, und verschlungen zieh'n,
Nach altem Brauch, in anmuthvollem Tanze,
Geführt von Venus, sie zum Eiland hin.
Dort lehrt die Göttin, schön in Jugendglanze,
Was räthlich oft ihr, wann sie liebt', erschien;
Und sie, besiegt von süßer Liebe Wehen,
Wie möchten sie dem Rathe widerstehen!

Neunter Gesang.

51.

Des großen Meeres breite Bahn durchstreben
Die Schiffe zum geliebten Vaterland,
Und frisches Wasser einzunehmen eben
Begehren sie, zu langer Fahrt gewandt,
Als nun vereint, in schneller Freude Beben,
Ihr Aug' ersah der Liebesinsel Strand,
Indeß voll Anmuth durch die lichten Flächen
Der Himmel froh Aurora's Strahlen brechen.

52.

Sie sah'n das Eiland, frisch und schön, vom weiten,
(Wie wenn der Wind ein weißes Segel füllt)
Das Venus führte durch des Meeres Weiten
Dorthin, wo sich die wackre Flott' enthüllt.
Denn daß an ihm sie nicht vorübergleiten,
Und Acidalia's Wille werd' erfüllt,
Entrückte sie voll Allmacht auf den Wogen
Dorthin das Eiland, wo die Schiffe zogen.

53.

Doch schafft sie, daß es unbeweglich weile,
So wie's die Schiffer sah'n in frohem Drang,
Gleich Delos, als die Göttin, froh der Pfeile,
Und Phöbus sich Latona's Schooß entrang.
Dort lenkt nun hin der Schiffe Bug in Eile,
Wo sich das Meer in eine Bai verschlang,
Friedsam, gekrümmt, der weißer Sand entstralte,
Den Venus' Huld mit rothen Muscheln malte.

54.

Drei Hügel, schön und anmuthvoll, erhoben
Sich himmelan in zauberischer Pracht,
Von Blum' und Gras in buntem Schmelz umwoben,
Im Eiland hier, das heitre Wonn' umfacht;
Der Quellen Bäche, klar und lauter, stoben
Vom Gipfel, der in sattem Grüne lacht,
Und leis' hinab hüpft über weiße Kiesel
Voll Melodie ihr flüchtiges Geriesel.

55.

In schönem Thale, das die Hügel spaltet,
Vereinen sich die klaren Quellen dann,
Und bilden eine Fläche, schön entfaltet,
Daß Schön'res keine Phantasie ersann:
Und über ihr hängt Laubwerk, fein gestaltet,
Als wie bereit, zu schmücken sich fortan,
Wenn sichs beschaut in des Krystalles Reine,
Der es in sich abmalt im Widerscheine.

56.

Zum Himmel sieht man tausend Bäume ragend,
Mit Obste, schön und düftereich, geschmückt,
Der Pomeranzen milde Früchte, tragend
Die Farbe, die an Daphne's Haar entzückt;
Nach Stützen sucht, zur Erde niederschlagend,
Der Citrusbaum, von gelber Last gebückt;
Die Prachtlimonen, die von Dufte thauen,
Sind schön gewölbt, wie Busen zarter Frauen.

57.

Die wilden Stämme, die der Hügel Räume
Mit laubigem Gezweige rings umblüh'n,
Sind Hercul's Pappeln, sind die Lorberbäume,
Wofür des Lorbergottes Schmerzen glüh'n,
Die Fichten Cybele's, besiegt durch Träume
Von andrer Liebe, Venus' Myrtengrün:
Der Cyparissus strebt mit scharfer Spize
Zum Himmel auf, dem luftumwogten Size.

58.

Hier schafft Natur Pomona's edle Gaben,
Ungleich an Wohlgeschmacke, zart und fein,
Die, ohne Pfleg' und Wartung noth zu haben,
Viel herrlicher noch ohne sie gedeih'n:
Maulbeeren, die mit süßem Safte laben,
Die Kirsch' in purpurrother Farbe Schein,
Die Pfirsich auch, der Perserheimat Wonne,
Die würziger geräth an fremder Sonne:

59.

Granaten, die in rothem Glanze weben,
Vor dem dein Schimmer, o Rubin, erblaßt;
Der Ulmen Arm' umranken heitre Reben,
Mit roth und grünen Trauben eingefaßt.
Und wollet ihr, o spize Birnen, leben
An eurem Baume, schwer von süßer Last,
So duldet nur den Schaden, den die rohen
Waldvögel euch mit scharfem Schnabel drohen.

60.

Die Teppiche, mit deren zartem Schleier
Sich dort die Erde frisch und ländlich schmückt,
Schuf Achämenia nicht in solcher Feier,
Als ihre Pracht im dunklen Thal entzückt.
Hinab zum klaren, lichtumfloss'nen Weiher
Hat hier Narcissus' Blum' ihr Haupt gebückt;
Auch, Cinyras, dein Sohn und Enkel, blühte,
Für welchen Paphos' Göttin selbst erglühte.

61.

Schwer mochte wohl entscheiden, wer die gleichen
Glutfarben sah an Erd' und Himmel hier:
Verlieh den Blumen ihrer Farbe Zeichen
Aurora, lieh'n den Glanz die Blumen ihr?
Dort malte mit der Liebesfarb' Erbleichen
Zephyr und Flora der Violen Zier,
Und Purpurlilien, junge Rosen stralen,
Wie auf des Mädchens Wange schön sich malen.

62.

Der glänzende Jasmin, die Anemona
Glüh'n, von des Morgens Thränen überthaut;
Die Blume, werth dem Sohne der Latona,
Verkündigt Hyacinthus' Klagelaut.
Daß Chloris dort wetteif're mit Pomona,
An Frucht und Blume wird es klar geschaut;
Und schweben Vögel singend auf zum Himmel,
Webt auf der Erde muntres Thiergewimmel.

63.

Der weiße Schwan singt ruhend am Gestade,
Die Nachtigall antwortet ihm vom Ast;
Und nicht erschrickt Actäon, der im Bade
Der klaren Flut ersieht der Hörner Last;
Dort heben sich aus dichtem Waldespfade
Der Hase, die Gazell' in banger Hast;
Hier trägt im Schnabel zum geliebten Neste
Der Sperling Futter für die kleinen Gäste.

64.

Jetzt landeten die neuen Argonauten
An diesem Strand, den Wonne rings umwallt,
Wo sich die holden Götterfrau'n, die trauten,
Harmlos ergingen schon in Busch und Wald.
Die locken Tön' aus Harfen, süßen Lauten,
Indeß die Flöte dort melodisch hallt;
Noch andre schienen mit dem goldnen Bogen
Nach Wild zu zieh'n, wonach sie doch nicht zogen.

65.

So rieth die Meist'rin ihnen, wohlerfahren,
Sich zu zerstreu'n in diesem Luftrevier,
Daß, wenn die Ritter ihren Raub gewahren,
Sie erst ergriffe sehnende Begier.
Wohl Etliche, die voll Vertrauen waren,
Enthüllten sie verborgner Reize Zier,
Erschienen nackt, im klaren Quell zu baden,
Nachdem sie schmucker Hüllen sich entladen.

66.

Die wackern Knaben, die an's Ufer sprangen,
Weil sie zum Lande längst ihr Sehnen trieb —
(Denn da war Keiner, der nicht voll Verlangen
Nach Wild auszog, der träg dahinten blieb:)
Nicht ahnen sie, daß, ohne Netz und Stangen,
So zartes Wild, so traulich und so lieb,
Als Erycina schon für sie getroffen,
Auf jenen Wonnebergen sei zu hoffen.

67.

Ein Haufe, der mit Röhren, mit Geschossen,
Die Hirsche kühn zu fällen, sich bewehrt,
Warf dorthin sich voll Muthes und entschlossen,
Wo düstre Nacht in Busch und Wald verkehrt.
Noch andre zieh'n, vom Schatten rings umflossen,
Der Phöbus' Strahl vom grünen Anger wehrt,
Entlang des Wassers, das mit leisem Rieseln
Am frohen Strand hinwallt auf weißen Kieseln:

68.

Als sich mit Eins inmitten grüner Weiden
Zu zeigen bunter Farben Glanz beginnt;
Doch kann der Blick bald fühlen und entscheiden,
Daß das nicht Rosen oder Blumen sind,
Nein, Farbe feiner Woll' und bunter Seiden,
Die mächtiger mit Liebeskraft durchrinnt,
In deren Schmuck die Rosenjungfrau'n lachen,
Und schöner noch durch schöne Kunst sich machen.

Neunter Gesang.

69.

Voll Staunen ruft Belloso laut: Gefährten!
Das (ruft er) ist ein seltsames Gethier;
Wenn noch der Heiden alte Bräuche währten,
Göttinnen heilig glaubt' ich dies Revier.
Mehr als der Menschen Sinne je begehrten,
Entdeckt sich uns; wohl deutlich sieht man hier,
Daß große, schöne Ding' auf Erden walten,
Die sich dem Unverstande nicht entfalten.

70.

Laßt uns den Hehren folgen und erproben,
Ob wahre Körper dort, ob Schatten nur!
So rief er; schneller noch als Gemsen hoben
Sie da den Schritt, zu folgen ihrer Spur.
Die Nymphen sind im Walde flugs zerstoben;
Doch minder schnell, als listig von Natur,
Schrei'n sie mit Macht und lächeln halb verstohlen,
Und lassen von dem muntern Trupp sich holen.

71.

Dort spielt der Wind mit einer Nymphe reichen
Goldlocken, hier mit zierlichen Gewand;
Sehnsucht entbrennt, will nimmer, nimmer weichen,
Nährt an enthüllter Glieder Schnee den Brand.
Die fällt mit Absicht und vergibt mit Zeichen,
Der Liebe, nicht des Zornes Unterpfand,
Wenn über ihr ein Jüngling ausgeglitten,
Der durch den Sand gefolgt war ihren Schritten.

72.

Und andre Jüngling' anderwärts ereilen
Die Nymphen, die zum Bade sich zerstreu'n;
Die fangen an, mit Schrei'n die Luft zu theilen,
Als ob sie Angriff' unversehns bedräu'n;
Nackt flieh'n zum Wald die Einen sonder Weilen,
Als ob verlezte Scham sie minder scheu'n,
Denn die Gewalt,) dem Auge so zu spenden,
Was sie verweigern den begier'gen Händen.

73.

Wohl Eine, schneller ihrer Scham zu wahren,
Birgt, was in gleicher Noth Diana that,
Den schönen Leib im Wasser; andre fahren,
Sich in's Gewand zu hüllen, aus dem Bad.
Die Jünglinge, bekleidet, wie sie waren,
Denn durch Verzug begingen sie Verrath
An ihrem Glücke, springen in die Fluten,
Im Wasser schnell zu löschen ihre Gluten.

74.

So wie der Jagdhund, der, wohl abgerichtet,
Getroffnes Wild zu holen aus der Flut,
Am Auge sieht das Stahlrohr aufgerichtet
Auf Reiger oder Schnepf', in raschem Muth,
Bevor der Knall ertönt, in's Wasser richtet
Den Sprung und nach der Beute sich'rem Gut
Laut bellend schwimmt: so stürzen sich die Knaben
Auf sie, die nicht Diana's Tugend haben.

Neunter Gesang.

75.

Ein Krieger, Leonardo, schön gestaltet,
Verschmizt, verliebt, ein ächter Rittersmann,
Mit welchem Amor grausam stets geschaltet,
Und dem er viel Unlust und Eckel spann;
Dem jezt der Glaube fest im Busen waltet,
Daß ihm kein Glück durch Amor blühen kann;
Der doch sich nicht die Hoffnung läßt entwenden,
Daß sein Geschick einmal sich könne wenden:

76.

Ihn zwang sein Loos, nach Ephyre zu streben,
Dem Musterbilde jeder Lieblichkeit,
Die mehr denn alle zaudert hinzugeben,
Was die Natur, um es zu leih'n, ihr leiht;
Schon ruft er ihr ermattend: holdes Leben!
Wie ziemte dir so rauhe Sprödigkeit?
Ich will durch dich den Preis des Lebens missen;
Drum nimm den Leib, dem du die Seel' entrissen!

77.

Die Andern ruh'n, o Schönste, vor Ermatten,
Ergaben sich des Feindes stolzem Sinn:
Du nur fliehst nur vor mir in Waldesschatten?
Wer sagte dir, daß ich dein Folger bin?
Wenn meine Loos' es dir verkündet hatten,
Die mit mir zieh'n nach allen Orten hin,
Glaub' ihnen nicht; denn glaubt' ich meinem Glücke,
Empfand ich tausendmal auch seine Tücke.

78.

Ermatte nicht, auf daß du mich ermattest;
Und willst du mir entflieh'n, so wisse nur:
Mein Loos ist, daß du niemals mir dich gattest,
Selbst ob du meiner harrtest auf der Flur.
So warte: seh'n will ich, wenn du's gestattest,
Wie schlau es mir entzieh'n wird deine Spur;
Und der Erfolg am Ende wird dich lehren,
Welch hohe Mauer scheidet Hand und Aehren.

79.

O flöhst du nicht, daß also nicht entglitte
Das kurze Leben deiner Wohlgestalt!
Denn nur, indem du zähmst die leichten Schritte,
Besiegest du des Schicksals Allgewalt.
Wo wär' ein Fürst, ein Heer so kühner Sitte,
Zu brechen des Geschickes Wuth, die kalt
Mir folgt in Allem, was ich heiß begehrte?
Dies kannst nur du, nicht fliehend meine Fährte.

80.

Hast du mein Unglück dir zum Bund erlesen?
Schwachheit verräth es, Stärkern Hülfe leih'n!
Du nahmst ein Herz, das immer frei gewesen:
O gib es los, und leichter wirst du sein!
Beschwert dich nicht ein solch geringes Wesen,
Das du gebunden trägst im goldnen Schein
Der Locken? Oder ist in deinem Zwinger
Sein Loos gewandelt, seine Last geringer?

Neunter Gesang.

81.

In dieser Hoffnung nur folg' ich dir gerne,
Ob dich vielleicht ermüde sein Gewicht,
Ob endlich doch die traurig harten Sterne
Sich wandeln deines Auges heitrem Licht:
Dann fliehst du' mir nicht mehr in öde Ferne,
Wenn, Holde, deinen Starrsinn Amor bricht;
Du harrest mein, wenn Amor dich getroffen,
Und harrst du mein, hab' ich nichts mehr zu hoffen.

82.

Schon floh die Nymphe, minder, abzuhalten
Den Jüngling, der ihr folgte trüb und bang,
Als um den Klagen, die so süß erschallten,
Zu lauschen, seinem lieblichen Gesang.
Die Blicke wendend, die ganz überwallten
Von Lächeln und des Herzens frohem Drang,
Sinkt sie zu Füßen ihm, der, siegestrunken,
Dasteht, in lauter Liebe ganz versunken.

83.

Welch trunkne Küsse nun im Hain erschollen!
Welch zärtlich Klagen durch die Lüfte tönt!
Welch holde Schmeichelei'n! Welch süßes Grollen,
Das bald in heiterm Lächeln sich versöhnt!
Doch was der Morgen und der Mittag zollen,
Die Venus' Huld mit neuen Wonnen krönt,
Läßt minder sich beschreiben, als gewahren:
Beschreib' es Einer, der es nicht erfahren

84.

So haben denn die Nymphen sich am Ende
Vereint mit ihrer Helden trauter Schaar
Sie schmücken ihr mit reicher Kronen Spende
Von Lorber, Gold und Blumen froh das Haar.
Wie Bräute, reichen sie die weißen Hände;
Mit feierlichem Worte, fest und klar,
Geloben sie, in Tod und Leben ihnen
Mit Ruhm und Wonnen ewig treu zu dienen.

85.

Und Eine, groß vor allen, der sich bücken
Die schönen Nymphen und gehorsam sind,
Sie, wie man aus den Reizen, die sie schmücken,
Ersah, des Cölus und der Vesta Kind,
Rings Erd' und Meere füllend mit Entzücken,
Naht ihm, der würdig solche Braut gewinnt,
Dem Admiral, als Herrin, groß und mächtig,
In Pomp erscheinend, königlich und prächtig.

86.

Denn als sie ihm eröffnet, wer sie wäre,
In hohem Wort, mit hohem Reiz geschmückt,
Sie sei gekommen, weil ihr so das hehre
Schicksal gebot, das waltet unverrückt,
Jeglich Geheimniß, der verbundnen Sphäre,
Dem Erdball und den Meeren eingedrückt,
Ihm aufzuschließen in erhabnen Kunden,
Wie dessen nur sein Volk sei werth erfunden:

Neunter Gesang.

87.

Nimmt sie den Helden bei der Hand und leitet
Ihn auf des Berges göttlich schöne Höh'n,
Wo weit umher ein stolzer Bau sich breitet,
Ganz aus Krystall und Golde, rein und schön.
Des Wonnetages größrer Theil entgleitet
Bei süßen Scherzen, stetem Lustgetön;
Sie pflegt der Lieb' in des Palastes Räumen,
Die andern unter Blumen, unter Bäumen.

88.

So floh den schönen, wackern Streitgenossen
Ein jeder Tag in froher Feier hin,
Von holder, süßer, fremder Lust umflossen,
So langer Kämpf' und Müh'n Vergelterin.
Denn großen Thaten, tapfrer Kühnheit Sprossen,
Bewahrt die Welt als sicheren Gewinn,
Als wohlerrung'nen, an des Zieles Gränze
Erhabne Namen und des Ruhmes Kränze.

89.

Denn Tethys und die Schönen aus dem Meere,
Das Eiland, in Elysium verschönt,
Sie deuten ja nichts Andres, als die Ehre,
Die wonnevoll das hohe Leben krönt.
Welch andrer Preis die Helden noch verkläre,
Ruhm und Entzücken, von Triumph umtönt,
Die Stirn von Palm' und Lorberkranz umsponnen,
Das deuten dieses Inselreiches Wonnen.

90.

Denn die Unsterblichkeit, von der sie singen
Im Alterthum, das edle Männer pflegt,
Das zu den Höh'n des Himmels auf den Schwingen
Des Ruhmes, zu der Sterne Bahn sie trägt,
Zum Lohne, daß in herrlichem Vollbringen
Endloser Arbeit sie zurückgelegt
Den rauhen Pfad auf des Verdienstes Leiter,
Der süß am Ziel ist, anmuthvoll und heiter:

91.

Sie war ja nur Vergeltung, für die hohen,
Die ewigen Werk' entrichtet von der Welt
An Helden, die, der Menschenhüll' entflohen,
Durch Kraft und Rath den Göttern sich gesellt.
Denn Jupiter, Mercur, die zwei Heroën
Thebä's, Quirin, Mars, Phöbus, Troja's Held,
Diana, Ceres, Pallas, Juno, sprossen
Von Menschen, schwacher Menschlichkeit Genossen.

92.

Doch Fama, feiernd solche Thatenproben,
Gab Namen ihnen, über alle werth:
Als Indigeten, zum Olymp erhoben,
Als Götter, als Hero'n sind sie verehrt.
Drum, die ihr achtet, was die Männer loben,
Wenn ihr, wie jene, groß zu sein begehrt,
Rafft euch empor aus trägen Schlafes Banden,
Die freie Geister, Sklaven gleich, umwanden;

93.

Und legt der Habsucht Zügel an für immer,
Bezähmt den Ehrgeiz, der in schnöder Haft
Euch oft gebunden hält, und fröhnet nimmer
Zwingherrngelüsten, wilder Leidenschaft,
Da lautern Goldes, eitler Ehre Schimmer
Nie wahren Werth den Sterblichen verschafft;
Wohl besser ist, daß du Verdientes missest,
Als im Besize dich unwürdig wissest.

94.

Ob ihr Gesez im Frieden wollt erschaffen,
Das nicht an Große schenkt der Niedern Blut,
Ob ihr zum Kampf euch hüllt in blanke Waffen,
Zum Kampfe mit der Saracenenbrut:
Ihr werdet Reiche, groß und mächtig, schaffen,
Mehr hätt' ein Jeder, Keiner mindres Gut;
Reichthümer würden, wohlverdient, euch krönen
Und Ehren, die das Leben so verschönen.

95.

Den Ruhm des Königs würdet ihr verbreiten,
Durch weisen Rath jezt, klug und wohlbewährt,
Jezt durch das Schwert, das, wie vor alten Zeiten
Den Vätern, euch Unsterblichkeit gewährt;
Ihr sollt ja nicht Unmögliches bereiten;
Doch wer da will, kann immer; und verklärt
Wird euer Nam' im Chor der Helden prangen,
Und froh wird Venus' Eiland euch empfangen.

Zehnter Gesang.

1.

Schon lenkte zu des Occidentes Rande
Coronis' lichter Buhle sein Gespann,
Das goldne, dorthin, wo sich an dem Strande
Des großen Sees erhob Temistitan:
Favonius wehrt der Sonne heißem Brande
Mit Hauchen, die lind athmend zieh'n heran,
Die Woge kräuselnd, und mit Leben schmücken
Jasmin und Lilie, so die Gluten drücken:

2.

Als mit den Rittern Hand in Hand geschlossen,
Der Chor der Schönen, traulich und vergnügt,
Zu den Palästen, rings von Glanz umflossen,
Von Edelsteinen strahlend, sich verfügt;
So war es von der Königin beschlossen,
Die Tisch an Tisch, von Speisen voll, gefügt,
Belastet mit der Erde schönsten Gaben,
Der Schiffer müde Menschlichkeit zu laben.

Zehnter Gesang.

3.

Auf reichen Stühlen von Crystalle sizen
Je zwei und zwei, die Nymph' und ihr Galan;
Auf andern, die von lichtem Golde blizen,
Saß Gama mit der Göttin obenan.
Goldschüsseln, tief aus Atlas' Felsensizen
Heraufgezogen, häufen voll sich an
Mit ausgesuchten, göttlichen Gerichten,
Die der Aegypter alten Ruhm vernichten.

4.

Der düftevolle Firnwein im Pokale —
Ihm weichen muß Falerner nicht allein,
Ambrosia selbst, die Lab' an Jovis Mahle
Für aller Götter seligen Verein —
Kraus wirft er Schaum in schöngeformter Schale,
Dem Meisterwerk der Kunst, und tief im Schrein
Der Herzen weckt er helle Lust und Frische,
Hoch perlend in der kalten Flut Gemische.

5.

Manch heiteres Gespräch belebt die Kreise
Bei süßem Lächeln, bei sinnvollem Scherz,
Der sich erhob bei jeder leckern Speise,
Und weckt zu froher Eßbegier das Herz.
Musik ertönt in zauberischer Weise,
(Wodurch der armen Geister ew'ger Schmerz
In Pluto's Haus nachließ' in seinem Grimme,)
Vereint mit Lauten einer Engelsstimme.

6.

Die schöne Nymphe sang, und wie der Lieder
Wohllaute durch die Burgpaläste flieh'n,
Antworten ihr die Instrumente wieder
In gleichem Klang, in süßen Harmonie'n.
Die Winde senken plözlich ihr Gefieder
In stiller Feier; leise murmelnd zieh'n
Die Wasser; bei der Töne Gruß entschliefen
Die Ungeheuer in der Höhlen Tiefen.

7.

Sie hob mit süßem Laut zum Himmelssaume
Die Ritter, die noch kommen in die Welt,
Sie, deren Bilder Proteus hell im Raume
Des runden Globus schaute dargestellt;
Den hatte Zeus ihm jüngst beschert in Traume,
Worauf er ferner Zeiten Loos' erhellt
Im Flutenreich, enthüllend die Gesichte;
Die Nymphe wahrt' im Busen die Geschichte.

8.

Nur dem Cothurnus, nicht dem Soccus eigen
Ist, was die Nymphe hört' im weiten Meer,
Wovon Demodocus und Jopas schweigen,
Der bei Phäaken, in Carthago der.
Nun wolle du, Calliope, dich neigen
Zu diesem lezten Werke, groß und schwer,
Und als der eiteln Mühe Lohn mir Matten
Des Liedes fast entschwundne Lust erstatten.

Zehnter Gesang.

9.

Die Jahre flieh'n hinab, schon ist vorüber
Mein Sommer bald, und läßt dem Herbste Raum;
Der Geist erstarrt vom Schicksal immer trüber,
Und seines Flügels Walten ahn' ich kaum.
Mich zieht mein Gram zu Lethe's Strom hinüber,
Zu träumen dort den ewig schweren Traum;
Doch was ich hege für mein Volk im Busen,
Vollende du mir, Königin der Musen!

10.

Die schöne Göttin sang: vom Tago fliegen
Durch's Meer, dem Gama's Kiel erschließt die Bahn,
Armaden, so die Meergestad' ersiegen,
Um welche stöhnt des Indus Ocean;
Die, die's verschmäh'n, sich ihrem Joch zu schmiegen,
Die Könige, fühlen in des Stolzes Wahn
Der tapfern Arme Zorn, der Schwerter Blinken,
Bis sie sich beugen oder sterbend sinken.

11.

Sie sang von Einem aus dem Priesterstande,
Der mit der Kron' in Malabar erscheint,
Der, nicht zu brechen die beschwornen Bande,
Die mit den edlen Rittern ihn vereint,
Verwüsten seh'n muß seine Städt' und Lande
Vom Samori, dem allgewalt'gen Feind,
Durch Grausamkeit und Groll, durch Schwert und Flamme;
Denn solchen Haß hegt der dem neuen Stamme.

12.

Sie sang, wie dort aus Belems Hafen gleitet
Und Heil aus solcher Noth ihm schaffen will,
Unwissend, was er seinem Meer bereitet,
Pacheco, Lusitania's Achill.
Der krumme Kiel, sobald er ihn beschreitet,
Fühlt seine Last, die Meere feiern still,
Wann die Gebälke tiefer in die Gleise
Der Wasser dringen wider ihre Weise.

13.

Doch wird er, nahend schon des Ostens Enden,
Mit weniger Getreuen starker Hut
Dem Heidenkönig Cochim's Hülfe spenden
In des gesalznen Stromes krummer Flut,
Wird Tod den höllischen Nairen senden
Bei Combalam, des Ostens weite Glut,
Der durch dies Häuflein Solches sieht vollstrecken,
Zur Kälte wandelnd in dem Grau'n der Schrecken.

14.

Der Samori ruft neues Volk zur Wehre;
Da nah'n die Fürsten aus Bipur, Tanor,
Vom Felsenland Narsinga's, und voll Ehre
Zu steh'n im Kampf geloben sie zuvor.
Zum Kriege ruft er die Nairenheere
All zwischen Calecut und Cananor,
Die beide falschem Glauben Treu geschworen;
Der Heide ficht zu Land, zur See die Mohren.

Zehnter Gesang.

15.

Und nochmals wird er alle niederschlagen
Zur See, zu Land, Pacheco, groß und kühn,
Und Todesgrau'n in ihre Reihen tragen,
Ganz Malabar bewundernd ihm erglüh'n.
Noch wird den Kampf einmal der Heide wagen,
Und ohne Rast bereit zu neuen Müh'n,
Den Seinen gram, Gelübde thun vergebens
Den tauben Göttern, ledig alles Lebens.

16.

Schon wird der Held nicht bloß die Pässe wahren;
Er legt in Glut auch Tempel, Haus und Stadt:
Der Hund, entbrannt in Zorn, daß jene Schaaren,
Die Städte zu vertilgen, nimmer matt,
Schafft, daß die Seinen nicht ihr Leben sparen,
Und auf Pacheco los, der Flügel hat,
Zwiefach im Nu sich werfen; doch er flieget
Von dem zu dem, stürzt Alles hin und sieget.

17.

Der Samori wird selbst zur Stätte wallen,
Zu schau'n den Kampf, erhöh'n der Seinen Glut;
Doch jezo fliegt ein Schuß mit lautem Schallen,
Und färbt auf hoher Tragbahr' ihn mit Blut.
Nicht Rath, noch Macht, kein Mittel frommt von allen;
Hoch achtet er Pacheco's Heldenmuth:
Drum steht sein Sinn nach Giften, nach Verrathe;
Doch minder schafft er stets nach Gottes Rathe.

18.

Zum siebtenmale zieht er, zu bestehen
Des Lusus unbesiegbares Geschlecht;
Doch dieses beugen keines Kampfes Wehen,
Der nur die Gegner durch Verwirrung schwächt.
Gebälk, Maschinen, nie zuvor gesehen,
Bereitet er zum furchtbaren Gefecht,
Vernichtend auf die Schiffe zu gelangen,
Die seinem Angriff bis dahin entgangen.

19.

Glutström' erhebt er, Felsen gleich, im Meere,
Zu tilgen ihre ganze Flott' in Brand;
Doch Geist und Kriegskunst wandelt alle Wehre
Des Heldenmuthes flugs in eitlen Tand.
Kein Sohn des Mars, bewehrt mit Schwert und Speere,
Der sich der Erd' auf Ruhmes Schwing' entwand,
Gleicht ihm, dem Alle gern die Palme weihen:
Mag Griechenland und Rom es mir verzeihen!

20.

Denn zu bestehen so viel grause Schlachten
Mit wenig mehr als hundert Kriegern nur,
Mit List und Künsten, feinen, wohlbedachten,
Zu tilgen so viel mächtiger Hunde Spur,
Das wird man für erträumte Fabeln achten,
Auch meinen wohl, daß aus der Himmel Flur
Auf seinen Ruf die Götter niederstiegen,
Und ihm verlieh'n Kraft, Muth, Gewalt zum Siegen.

21.

Nicht Jener, der Darius' großen Heeren
Auf Marathons Gefilden Tod gebracht,
Der Sparter nicht, der mit viertausend Speeren
Den Engpaß von Thermopylä bewacht,
Nicht Cocles, den Ausonia's Länder ehren,
Der widerstand Etruriens ganzer Macht,
Der Brücke Hort, nicht Quintus Fabius, waren
Gleich ihm im Kriege tapfer und erfahren.

22.

Doch jezo stimmt' in dumpfe Trauer leise
Die Nymph' herab der holden Stimme Ton,
Und sang, von Thränen schwer, in banger Weise
Vom Undank, von des Heldenmuthes Hohn.
O Belisar (so sang sie), der im Kreise
Der Musen stets errang den schönsten Lohn:
Sahst du den Kriegsgott selbst in dir geschändet,
Hier ist er, der in gleichem Schicksal endet!

23.

Hier ist ein Held, durch ungerechtes Leiden,
Der Treue Lohn, durch Thaten dir verwandt!
Wir seh'n erhabne Geister in euch beiden
Zu niederm Hohn, in dunkle Schmach gebannt,
Seh'n im Spital, auf armen Lagern scheiden,
Wer um Gesez und Thron als Mauer stand.
So thun die Könige, vor deren Schlüssen
Gerechtigkeit und Wahrheit schweigen müssen.

24.

So thut ein König, wenn er, nur geblendet
Von mildem äußerm Schein, der ihn vergnügt,
Den Preis, der Ajax angehört, verschwendet
An des Ulysses Wort, das gleißt und trügt.
Doch räch' ich mich: denn, ward der Lohn gespendet
Dem Manne bloß, der süße Schatten lügt,
Wenn weise Ritter nicht ihr Preis erfreute,
So wird er bald habsüchtiger Schmeichler Beute.

25.

Doch du, der solchem Mann mit solchem Lohne
Bezahlt, o König, nur bei diesem hart,
Dir bieten wollt' er eine reiche Krone,
Obwohl von dir kein rühmlich Loos ihm ward.
So lang die Welt von Leto's Strahlensohne
Umkreiset, täglich seines Lichtes harrt,
Wird, traun, von allen Völkern ihm gehuldigt,
Du wirst darob der Habgier nur beschuldigt.

26.

Dort (sang sie) naht ein Andrer mit der Ehre
Des Königsnamens und mit ihm der Sohn,
Der hohen Ruhm erstreitet auf dem Meere,
Wetteifernd mit des alten Roms Hero'n.
Geschlagen wird durch Beider Arm und Wehre
Quiloa's reiche Stadt mit Schmach und Hohn,
Verjagt der Zwingherr, treulos übermüthig,
Und ihr gesezt ein König, sanft und gütig.

Zehnter Gesang.

27.

Durch sie wird auch Mombaza, stolz im Prangen
Kostbarer Bauten, mit der Häuser Pracht,
Zur Sühne schwerer Thaten, längst begangen,
Mit Schwert und Brand versengt und wüst gemacht.
An Indus' Strand, wohin die Schiffe drangen,
Zahllos zu kämpfen wider Lusus' Macht,
Wird dann mit Segeln, mit der Ruder Schwingen
Lorenzo's Arm glorreiche That vollbringen.

28.

Mast, Segel, Steuer an den Schiffen allen
Des Samorin im stolzen Flutenreich
Wird er zertrümmern mit den Eisenballen,
Die glühem Erz entfahren, Donnern gleich.
Kühn auf des Feindes Hauptschiff wird er fallen,
Die Enterhaken werfend, und sogleich
Hinein sich stürzen, und vierhundert Mohren
Mit Lanz' und Degen, er allein, durchbohren.

29.

Doch Gottes Vorsicht, im Verborgnen waltend,
Die ihrer Diener Werth allein erkennt,
Führt ihn, wo weder Muth noch Geist erhaltend
Dem Schicksal wehrt, das ihn vom Leben trennt.
Bei Chaul, wo mit Blut und Kampfe schaltend,
Das ganze Meer in Schwert und Flamme brennt,
Dort wird ihm, mit dem Leben heimzukehren,
Cambaja's und Aegyptus' Flotte wehren.

30.

Die Macht der Feinde, die nur zu besiegen
Durch Ueberzahl vermag den hohen Muth,
Der Winde Still' und Meersgefahren kriegen
All wider ihn mit grauenvoller Wuth.
Die alten Helden, ihrer Gruft entstiegen,
Nah'n alle, dort zu schau'n die edle Glut;
Dort wird ein andrer Scävola gefunden,
Der, auch verstümmelt, nicht wird überwunden.

31.

Die eine Hüfte hat aus ihrem Bande
Gesprengt ein Schuß, der blinden Fern' entsandt;
Noch ist sein Arm kraftvoll zum Widerstande,
Noch ist der hohe Muth ihm nicht entwandt,
Bis eine Kugel schmetternd löst die Bande,
Die seine Seel' am Körper festgebannt,
Und sie, des Kerkers los, im Flug entschwindet
In Höh'n, wo sie als Siegerin sich findet.

32.

Geh' ein zum Frieden aus des Krieges Brausen,
O Seele, die verdient so heitern Lohn!
Dem Körper, der in Trümmern liegt voll Grausen,
Bereitet sein Erzeuger Rache schon.
Ich höre des Geschützes Sturm erfausen;
Carthaunen, Bomben und Balisten droh'n,
Für ewig herbe Qualen auszurotten
Die Mameluken und Cambaja's Rotten.

Zehnter Gesang.

33.

Schon kommt der Vater, Groll im Busen fühlend,
Von Gram geleitet und von Lieb' und Wuth,
Die grauenvoll in seinem Innern wühlend,
Im Auge Wasser weckt, im Herzen Glut.
Des edlen Zornes Flamm' in Rache kühlend,
Füllt er des Feindes Schiffe rings mit Blut;
Der Nilstrom hört den Kampf in seinen Gründen,
Der Indus wird ihn seh'n, der Ganges künden.

34.

So wie der Stier, der zu des Kampfes Streichen
Sich rüstet, stolz erprobt der Hörner Wucht
Am Stamm erhabner Buchen oder Eichen,
Und hoch in Lüften seine Kraft versucht:
So wezt Francisco, nimmer zu erweichen,
Bevor er eingeh' in Cambaja's Bucht,
An Dabul's reicher Stadt des Schwertes Schärfe,
Das ihres Trozes Kühnheit niederwerfe.

35.

In Dio's Port eindringend ohne Weile,
Groß durch Belag'rungen, durch manche Schlacht,
Zerstreut er Calecuta's Flott' in Eile,
Die Ruder nur, nicht Panzer mitgebracht.
Und ob Meliqueaz Flott' auch ferner weile:
Mit Kugeln aus Vulcanus' tiefem Schacht
Weist er den Weg ihr zu der kalten Stätte,
Des feuchten Elements geheimem Bette.

36.

Doch Emir Hocems Flotte, die vom Stoße
Der Rächer wird ereilt in rascher Wuth,
Sieht Arm' und Beine schwimmend in dem Schooße
Des Meers, getrennt vom alten Lebensblut.
Wie Feuerflammen, wird der siegesgroße
Heerhaufe glüh'n in blinder Kampfesglut.
Was dort das Ohr hört, was die Augen sehen,
Ist Rauch und Schwert, ist Flamm' und Todeswehen.

37.

Doch wehe! Solchen Sieges helle Krone,
Womit er heim wallt zu des Tago Strand,
Seh' ich mit ihres Ruhmes hehrem Lohne
Ihm dort vom schwarzen, düstern Loos entwandt.
Das Kap der Stürme, das in seiner Zone
Von ihm Gebein und Namen hält gebannt,
Erröthet nicht, den Heldengeist zu morden,
Was nicht Aegypten wagt' und Indus' Horden.

38.

Dort werden rauhe Kaffern das erringen,
Was nie vermocht erfahrner Feinde Plan,
Und spitzgebrannte Pfähl' allein vollbringen,
Was Bogen nicht, was Kugeln nicht gethan.
In Gottes tief verborgne Schlüsse dringen
Die Völker nicht in eitlem, blindem Wahn;
Sie nennen's Zufall, dunkler Mächte Walten,
Wo rein sich Gottes Schlüsse nur entfalten.

Zehnter Gesang.

39.

Doch welch ein Licht beginnt dort aufzuwallen —
(Sang nun die Nymph' und heller scholl ihr Lied,)
Wo Lamo's, Oja's, Brava's Städte fallen,
Wo blutig roth Melinde's Woge zieht,
Durch Cunha's Arm! Ja, niemals wird verhallen
Sein Nam' im ganzen weiten Meergebiet,
Das Austers Inseln, San Lorenzo's Strande
Umspült und Südens hochgepries'ne Lande!

40.

Das ist der Schimmer von der Waffen Blize,
Mit welchen Albuquerque's Arm besiegt
Den Perser, der dummdreist in Ormuz' Size
Sich sträubend nur dem sanften Joche schmiegt.
Da wird man seh'n, wie sich des Pfeiles Spize
In Lüften dreht und rauschend rückwärs fliegt,
Den Schüzen treffend, weil Gott selber streitet
Für den, der seiner Kirche Wort verbreitet.

41.

Die Salzgebirge schüzen dort im Streiten
Nicht vor der Fäulniß, die den Körpern droht,
Die auf Gerum's, Mascate's Meeresweiten,
Bei Calajate treiben, starr und todt,
Bis sie zur Unterwerfung sich bereiten
Vor solches Armes Kraft, bis dem Gebot,
Die Perlen Bareins als Tribut zu geben,
Das Volk des Feindes lerne nachzuleben.

42.

Welch ehrenvolle Palmen seh' ich flechten,
Womit Victoria seine Stirn umschlingt,
Wenn ohne Furcht und muthig in Gefechten
Er Goa's ruhmvoll Inselland erringt!
Er läßt den Raub, des Schicksals harten Mächten
Gehorsam, hoffend, bis es ihm gelingt,
Ihn heimzufordern; denn des Muthes Siegen
Wird das Geschick, wird Mavors selbst erliegen.

43.

Schon bricht er, sieh, durch Goa's Mauern wieder,
Handhabend Lanzen, Kugeln, Flammenglut,
Und öffnet mit dem Schwert die dichten Glieder
Graunvoller Heiden, wilder Mohrenbrut.
Die stolzen Krieger werfen Alles nieder,
Wie Stier' und Leu'n, die Hunger jagt' in Wuth,
Am Tag, dem ewig Preis und Ruhm gebühret,
Der würdig Catharina's Namen führet.

44.

So bist auch du den Helden unverloren,
Obwohl du reich bist, ob du siedelst dort
Im Schooß Aurora's, der dich einst geboren,
Malaca, vielgeprics'ner Schäze Hort!
Ob Dolche du zur Waffe dir erkoren,
Ob Pfeile schufest, tragend Gift und Mord:
Malajen, Javer, die verliebten, dreisten,
Sie werden all noch Luxus Folge leisten.

Zehnter Gesang.

45.

Noch hätte die Sirene nicht geendet
Das Lob von Albuquerque's hohem Geist,
Da denkt sie einer Unthat, die ihn schändet,
Obwohl sein Ruf die ganze Welt umkreist.
Der Held, der glorreich manche Jahr vollendet,
Und dem das Schicksal ewigen Ruhm verheißt,
Muß mehr als freundlicher Genoß den Seinen,
Denn als ein Richter, streng und ernst, erscheinen.

46.

In einer Zeit, wo Hunger, Rauhigkeiten,
Krankheiten, Pfeile, glüher Blize Wuth,
Unwetter, Ort so manches Weh bereiten
Dem Krieger, der Gebot'nes willig thut,
Gehört es zu den rohen Grausamkeiten,
Verräth Unmenschlichkeit und Uebermuth,
Mit Todesqual zu treffen einen Schuldigen,
Den Lieb' und schwache Menschlichkeit entschuldigen.

47.

Nicht schnöder Ehbruch war ja das Vergehen,
Blutschande nicht, die alle Scham verhöhnt,
Nicht reinen Jungfrau'n war Gewalt geschehen,
Nur Liebe war's, die niedern Dirnen fröhnt.
Wenn Männer stolz auf rohem Troz bestehen,
Sonst nicht zu wilder Grausamkeit gewöhnt,
Wenn ihre Wuth nicht läßt vom eignen Volke,
Wird heller Ruf getrübt von dunkler Wolke.

48.

Von Lieb' erglüht sah Philipps Sohn Apellen,
Gab ihm sein Lieb, Campaspe, freudenvoll;
Und er war nicht von seinen Kampfgesellen,
Noch fühlten je die Städte seinen Groll.
Auch Cyrus merkte, wie von heißen Wellen
Der Lieb' Araspas für Panthea schwoll,
Die er in Hut genommen und versprochen,
Kein frech Gelüsten werd' ihn unterjochen.

49.

Doch als der König ihn gewahrt' am Ende
Von unbezwingbar'm Liebesfeuer krank,
Vergab er ihm, und bei des Kampfes Wende
Bezahlt' Araspas thätig ihm den Dank.
Gewalt auch nur vereinte Judith's Hände
Balduin dem Eisernen; doch Karl, der Frank,
Ihr mächtiger Vater, läßt ihn frei entwandern,
Auf daß er leb' und Herrscher sei von Flandern.

50.

Doch weiter eilt die Nymph' im langen Sange,
Und singt von Soarez, in dessen Hand
Die Banner weh'n, daß Schrecken rings umfange
Arabia's Au'n am rothen Meeresrand.
Medina's gräuelvolle Stadt wird bange,
Wie Mecca, Gidda, wie der lezte Strand
Von Abessynien; Barborá befähret
Die Noth, die Zeila's Hafenplaz erfähret.

Zehnter Gesang.

51.

Auch Taprobana's Inselreich, das hehre,
Mit altem Namen ragend aus der Flut,
So stolz, wie jezt, und hoch gekrönt mit Ehre,
Beut seiner Rinde Würzgeruch und Glut;
Tribut von ihm empfangen Lusus' Heere,
Wann, groß und glorreich, sie voll Siegermuth
Im Port Columbo's auf dem Thurm erheben
Ihr Banner und die Eingebornen beben.

52.

Sequeira wird das rothe Meer durchstreichen,
Und neue Bahnen öffnet er sofort,
Wird dich, du großes, stolzes Land, erreichen,
Dich, Candace's und Saba's Heimatort,
Wird Mazuá seh'n mit den wasserreichen
Cisternen und den nachbarlichen Port
Von Arquico, wird ferner Inseln Strecken,
Die neuen Wunder für die Welt, entdecken.

53.

Menezes folgt; doch dieses Landes Hafen
Fühlt minder schwer, als Africa, sein Schwert;
Der stolzen Ormuz Fehle wird er strafen,
Die fürder zwiefach ihm Tribut gewährt.
Auch du wirst mit dem Titel eines Grafen,
Mit edlen Ehren einst zurückgekehrt
Zum Lohn der Irrfahrt hier, o Gama, schalten,
Und dieses Land, das du entdeckt, verwalten.

54.

Doch jene Noth des Schicksals, die zu fliehen
Niemals vermag des Sterblichen Gewalt,
Wird dich der Welt und ihrer Tück' entziehen,
Vom Glanz der königlichen Würd' umwallt.
Dann wird ein Andrer mit dem Reich beliehen,
An Jahren jung, an grauer Weisheit alt,
Heinrich Menezes wird hier glücklich thronen,
Und ewiges Gedächtniß einst ihm lohnen.

55.

Nicht nur die Malabaren wird er schlagen,
Panane sammt Coulete fällt sein Speer,
Trozt Kugeln kühn, die durch die Luft getragen,
Sich rächen nur an tapfrer Brüste Wehr;
Die sieben Feinde, die am Herzen nagen,
Besiegt er durch der Tugend edles Heer,
Obsiegt der Unenthaltsamkeit, dem Geize,
Der solches Alter lockt mit eignem Reize.

56.

Doch wenn die Stern' ihn wiederum entrufen,
Folgst du, des Mascarenhas tapfrer Geist!
Du wirst erklimmen ew'gen Ruhmes Stufen,
Wenn Unbill dir das Zepter dort entreißt.
Daß jene, die dir solches Unheil schufen,
Dein hohes Lob bekennen, so verheißt
Das Schicksal dir als Herrscher nur die Krone
Der Palmen, nicht verdientes Glück zum Lohne.

Zehnter Gesang.

57.

Am Reiche Bintam's, das Malaca's Schaaren
So bittre Noth in langen Zeiten schafft,
Wirst rächen du die Schmach von tausend Jahren
Auf Einen Tag durch edler Herzen Kraft.
Arbeiten, übermenschliche Gefahren,
Der Kugeln Saat, die sich dem Erz entrafft,
Bollwerke, Päffe, Gruben, Pfeile, Speere,
Sie weichen alle deines Armes Schwere.

58.

Doch Geiz und Ehrsucht, die in kühnem Streben
Dreist hebt ihr Antliz wider Gott und Recht,
Wird nicht mit Schande deinen Ruhm umweben,
Unlust nur schafft dir jener Laster Knecht.
Wer mit der Allmacht, die ihm ward gegeben,
Grundlos zu schnöder Unbill sich erfrecht,
Der sieget nicht; denn wahrhaft siegen heißet,
Wenn man sich strengen, nackten Rechts befleißet.

59.

Doch auch Sampajo werde noch erhoben,
Der Held, zu großen Thaten aufgeweckt;
Er wird, ein Blizstrahl, auf dem Meere toben,
Das er von tausend Feinden sieht bedeckt.
Bei Bacanor besteht er blut'ge Proben
In Malabar, daß Cutial' erschreckt
Abziehen muß, von d'Eza's Arm besieget,
Dem seiner Flotte zahllos Heer erlieget.

60.

Die Flotte Dio's auch, vor welcher zagen
Die Helden Chaul's, die so kühn, so groß,
Wird er durch Hector von Silveira schlagen,
Vernichten ganz, mit seinem Auge bloß,
Durch Portugal's Hector, von dem sie sagen,
Am Strand Cambaja's, niemals waffenlos,
Werd' er ein Unhold sein Guzara's Horden,
Was Troja's Held den Griechen einst geworden.

61.

Sampajo wird das Steuer übergeben
An Cunha, der es lange lenkt hinfort;
Indeß vor ihm die Mauern Dio's beben,
Baut er Chalé der Thürme sichern Hort.
Ihm wird sich Bazaim, die Burg, ergeben,
Nicht ohne Blut; wohl zagt Melique dort,
Zu sehen, daß allein des Schwertes Schärfe
Die stolze Burg ihm stürmend niederwerfe.

62.

Noronha folgt auf ihn, vor dessen Winken
Von Dio flieht der Rumer wilde Schaar,
Von Dio, das, voll Muth, wo Schwerter blinken,
Anton Silveira rettet aus Gefahr.
Noronha wird des Todes Opfer sinken;
Dann nimmt ein Zweig von dir, o Gama, wahr
Des Reiches, und vor seines Schwertes Streichen
Wird schreckenvoll das rothe Meer erbleichen.

Zehnter Gesang.

63.

Aus deines Stephans Händen dann erringet
Die Zügel Einer, der, von Namen hehr,
Schon in Brasil dort züchtigt und bezwinget
Die welschen Räuber auf gewohntem Meer.
Drauf wenn er sich zum Herrn am Indus schwinget,
Stürmt er der Mauern Damans stolze Wehr,
Und tritt in's Thor, das er zuerst erschlossen,
Mit Glut bedeckt und tausend Wurfgeschossen.

64.

Cambaja's Herr, der Stolz im Busen nähret,
Wird ihm die Burg im reichen Dio leih'n,
Um vor dem Mogul, der ihn hart beschweret,
Zu starkem Schutz gewärtig ihm zu sein.
Dann rückt er aus, mit stolzem Muth bewehret,
Daß nicht der Heidenkönig dring' herein
Nach Calecut, daß die, so mit ihm ziehen,
Bedeckt mit Blute, nach der Heimat fliehen.

65.

Den König und die Seinen wird er jagen,
Zerstören ihm die Veste Repelim,
Und dann ein andres großes Werk noch wagen
Unweit dem Vorgebirge Comorim.
Mit Schwert und Flamme wird er niederschlagen
Die Flotte des verhaßten Samorim,
Der stolz sich dünkt die Welt zu überwinden;
Auch Beadala wird sein Joch empfinden.

66.

Und hat er Indien so von Feindesschaaren
Gereinigt, eilt er, kühn zu herrschen dort;
Da trifft er nirgend Widerstand noch Fahren,
Ihm zittern Alle, Keiner wagt ein Wort.
Baticalá nur will die Straf' erfahren,
Die Beadala traf mit rauhem Mord:
Bald steht sie da, in Blut und Leichen gräßlich,
Die Stadt, von Flamm' und Rauch entstellt und häßlich.

67.

Das thut Martin, der mit des Muthes Proben
Den Namen auch von Martis Namen trägt,
Den überall der Waffen Werke loben,
Wie er im Rath erfahrne Weisheit hegt.
Dann folgt ihm Castro, welcher, hoch erhoben,
Allzeit des Portugiesenbanners pflegt,
Der Folger ähnlich, dem er folgt, Erbauer
Von Dio der, der Schirmer seiner Mauer.

68.

Denn Rumer, die von Rom den Namen tragen,
Auch Abessynen, Perser, roh und wild,
Vielfach im Aeußern, vielfach im Betragen,
(Denn zahllos Volk ist's, das die Fest' umschwillt,
Erheben ob dem Himmel eitle Klagen,
Daß solch ein Häuflein Stand hält im Gefild:
Die Rotte schwört im Blut der Lusiaden
Die krausen Knebelbärte sich zu baden.

69.

Der Schlangen, Widder, Katapulte Schrecken,
Der Minen Grau'n, das aus Verborgnem droht,
Hält Mascarenhas aus mit seinen Recken,
Die freudig harren auf gewissen Tod,
Bis nah' und näher größre Fahren schrecken,
Und Castro nun, ein Retter aus der Noth,
Die Söhne hingibt, daß sie Ruhm erringen
Auf ewig und sich Gott zum Opfer bringen.

70.

Der Sprossen Einer, die gepriesen dauern,
Fernando, wird, wo mit Gekrach entbrannt
Die Flamm' in Stücken luftwärts hebt die Mauern,
Jach aufgehoben zu des Himmels Rand.
Wenn Winterfrost die Erde füllt mit Schauern,
Und starr die feuchten Pfade hält gebannt,
Erschließt Alvaro sie, besiegt Gefahren,
Meerfluten, Stürm' und dann der Feinde Schaaren.

71.

Und sieh, es kommt der Vater dort, durchschneidend
Die Wogen mit dem Rest von Lusus' Macht;
Mit Kraft und Weisheit, sicher noch entscheidend,
Schlägt er, gekrönt vom Glück, die hohe Schlacht.
Die stürmen Wäll' hinan, die Pforte meidend,
Dort öffnen sie die Reih'n, wild, ungeschlacht:
Großthaten thun sie, werth der höchsten Feier,
Die würdig nie Geschichte preist noch Leier.

72.

Dann wird Cambaja's König im Gefilde
Ihn als den unerschrocknen Siegesheld
Erproben, zitternd, ob ihm auch das wilde
Vierfüß'ge Heer zur Seite sich gestellt.
Nur schwach geschirmt ist von Hydalcans Schilde
Sein Land, das vor des Siegers Arme fällt;
Auch Dabul an der Küste wird bezwungen
Und Ponda's Veste, von der Wüst' umschlungen.

73.

Den Helden und viel andern andrer Orte,
Des Ruhmes alle, der Bewund'rung werth,
Zu Land erprobt als wackre Kriegeshorte,
Wird dieser Insel Luft dereinst beschert:
Wenn scharfer Kiel erschloß der Wogen Pforte,
Und Wind durch siegesfrohe Wimpel fährt;
Sie finden diese Nymphen, diese Speise;
Denn Ehr' und Ruhm sind schwerer Thaten Preise.

74.

So sang die Nymph' und all die andern zollen
Ihr Beifall jezt in Liedern, hell und laut,
Die, feiernd das Vermählungsfest, erschollen,
Das man beging, in Lust und Liebe traut.
So weit die Räder der Fortuna rollen,
 So sangen all' in Einem hellen Laut)
Gebricht, o glorreich tapfres Volk, dir nimmer
Ruhm, Tapferkeit und hoher Ehre Schimmer.

Zehnter Gesang.

75.

Doch als der Körper nöthiges Begehren
Sich an der Speisen edler Kost gestillt,
Und der enthüllten Thaten Ruf zu ehren,
Die Harmonie'n erklungen, süß und mild:
Begann, um höhern Ruhm noch zu gewähren
Dem Tag, der so mit Wonn' und Glanz vergilt,
Tethys, in Würd' und heitrer Anmuth blendend,
Also zum frohen Admiral sich wendend:

76.

Die höchste Weisheit hat voll Huld beschlossen,
Du sollest mit des Körpers Aug' erspäh'n,
Was niemals eitle Wissenschaft erschlossen
Den Sterblichen, die in der Irre geh'n.
Du mit den Andern folge mir, entschlossen,
Dort auf dem Berg euch klüglich umzuseh'n.
So spricht sie, und auf steilem Pfad geleitet
Sie jenen, wo der Fuß nur mühsam schreitet.

77.

Nicht lange geh'n sie, als auf hohem Rücken
Sie schon sich fanden, wo, von Glanz belebt,
Die Au'n Smaragden und Rubinen schmücken,
Wo (wähnt das Aug) der Götter Fuß gewebt.
Dort seh'n sie hell des Lichtes Strahlen zücken
Durch eine Kugel, die am Himmel schwebt,
So daß ihr Mittelpunkt in klarster Reine
Durchsichtig, gleich der Oberfläch', erscheine.

78.

Sie ist aus unbekanntem Stoff gewebet;
Doch sieht man vielgewundne Kreis' um sie
Geordnet, die der Gottheit Stab belebet,
Der ihnen allen nur Ein Centrum lieh.
Sich wälzend, ob sie sinkt, ob sich erhebet,
Sinkt sie doch niemals und erhebt sich nie,
Und überall beginnt sie gleich gestaltet,
Und endet so, durch Gottes Kunst entfaltet:

79.

Vollkommen, Eins, und durch sich selbst getragen,
Gleichwie das Urbild, das sie aufgestellt.
Doch kaum sieht Gama diese Kugel ragen,
Als Wunsch und Staunen ihn gefesselt hält.
Die Göttin sprach: in Kleinem aufgetragen
Lass' ich vor deinem Aug den Riß der Welt
Allhier vorübergeh'n, auf daß du sehest,
Woher du kommst, wohin du strebst und gehest.

80.

Du schauest hier des Weltbau's große Gleise,
Mit Elementen, von der Luft umkränzt;
So schuf die Gottheit ihn, die hohe, weise,
Die anfanglose, die kein Ziel begränzt.
Was jene Kugel rings umgibt im Kreise
Und ihre Fläche, die so schön erglänzt,
Ist Gott; doch das, was Gott sei, faßt nicht Einer;
Denn so weit dringt von Menschengeistern keiner.

Zehnter Gesang.

81.

Der erste Kreis dort, der die andern kleinen
Ringsher umwindet, die er in sich schließt,
Der weithin strahlt mit solchen Glanzes Scheinen,
Daß Aug' und Geist erblindend sich verschließt,
Heißt Empyreum, wo den engelreinen
Geschiednen Geistern jene Wonne sprießt,
Die nur der Edle fasset und erreichet,
Der auf der Welt nichts Andres sich vergleichet.

82.

Hier sind der wahren Götter hehre Reihen;
Denn ich, Saturn und aller Götter Schaar
Samt Jupiter sind eitle Fabeleien,
Die blinder Wahn der Sterblichen gebar.
Wir dienen nur dem Liede Reiz zu leihen;
Und bot uns Menschenwiz ein Beß'res dar,
War's dies, daß ihr uns zu den Sternen stelltet,
Und diesen unsre Namen zugesellet.

83.

Und da die Vorsicht, heilig und erhaben,
Die hier in Jupiter sich dargestellt,
Durch tausend Geister, voll besondrer Gaben,
Das ganze Weltall ordnet und erhält,
Wie die Propheten uns bekundet haben
Durch manches Beispiel, das sie aufgestellt,
Daß gute Geister leitend uns beglücken,
Die bösen, wo sie können, uns berücken:

84.

Schmückt hier des Bildners wechselvolle Weise,
Ergözend jezt, nun lehrend den Verstand,
Mit Namen sie, die, zu der Götter Preise,
Für diese schon die alte Kunst erfand.
Der Engel Schaaren in des Himmels Kreise
Sind Götter auch im heiligen Lied genannt,
Wo selbst, obwohl sie ihnen nicht gebühren,
Die bösen solch erhabne Namen führen.

85.

, Genug! Der Gott, der seine Diener sendet,
Sein Werk zu schaffen, herrscht als Einer nur.
Nun fahr' ich fort, was seine Hand vollendet,
Dir aufzuthun, die Tiefen der Natur.
Nächst unter diesem Kreis, der nie sich wendet,
Wo reine Geister geh'n der Freude Spur,
Wallt hier ein andrer, von so leichter Regung,
Daß er unsichtbar wird: die Urbewegung.

86.

Durch seinen Umschwung, ewig rasch und rege,
Geh'n alle, die er drinnen hegt im Schooß;
Nacht wirkt und Tag die Sonn' auf ihrem Wege
Durch dieses Kreises fremde Schwingung bloß.
Nächst unter ihm wälzt sich ein andrer träge,
So langsam und des Joches niemals los,
Daß, während Sol zweihundertmal vollendet
Den Lauf, er mühsam Einen Schritt nur endet.

Zehnter Gesang.

87.

Sieh dort den andern unter ihm, verzieret
Mit heller Körper Strahlenglanz, sich dreh'n,
Die jener auch mit seinem Schwung regieret,
Und die in ihren Achsen funkelnd geh'n.
Wohl kannst du seh'n, wie ihn umschlingend zieret
Der Gürtel, breit, von Gold; zwölf Thiere steh'n
Auf ihm gebildet, die in Strahlen glänzen,
Und Phöbus Wohnung leih'n in engen Gränzen.

88.

Sieh das Gemälde nun von andern Seiten,
Wie's hier in funkelnden Gestirnen wallt,
Sieh Cynosura, sieh den Wagen gleiten,
Andromeda, des Drachen Graungestalt;
Cassiopea sieh ihr Licht verbreiten,
Auch des Orion stürmische Gewalt,
Den Schwan, der singt des eignen Todes Feier,
Den Hasen und die Hunde, Kahn und Leier.

89.

Nächst unter jenem großen Himmelskreise
Siehst du Saturns, des alten, Himmel dort;
Dann ziehet Jupiter auf ferne Reise,
Mars unter ihm, des Kriegers Freund, sofort,
Des Himmels heitres Aug' im vierten Gleise,
Venus, der süßen Liebe steter Hort,
Mercur, der hohe Rednerkunst entfaltet,
Und dann zuletzt Diana, dreigestaltet.

90.

Verschiednen Lauf in diesen Kreisen allen
Gewahrest du, dort langsam, hier geschwind,
Und daß sie bald vom Centrum fern entwallen,
Bald ihre Bahnen nah der Erde sind.
So hat der Gottheit Allmacht es gefallen,
Die Feuer schuf und Schnee und Luft und Wind,
Die, wie du siehst, mehr sich nach innen neigen,
Und denen Erd' und Meer als Centrum eigen.

91.

In diesem Centrum, wo die Menschen hausen,
Die, nicht begnügt, in kühnem Wagespiel
Zu widersteh'n des festen Landes Grausen,
Die See erproben mit verwegnem Kiel,
Erschaust du, wie die Meer' in wildem Brausen
Die Länder spalten, wo der Völker viel
Verkehren, wo der Fürsten manche schalten,
Und Sitten vielfach und Gesetze walten.

92.

Europa sieh, das christliche, erhaben,
Durch Friedenskünst' und Muth vor Andern groß!
Sieh Africa, reich durch der Erde Gaben,
In Rohheit ganz versenkt und bildungslos,
Das Kap, das, jetzt noch eurem Blick vergraben,
Natur verpflanzt hat in des Südens Schooß:
Sieh jenes ganze Land, fast unermessen;
Da wohnt ein Volk, wild, aller Zucht vergessen!

93.

Sieh dort Benomotapa's große Weiten,
Durch die der nackte, wilde Neger jagt,
Wo für des Glaubens heiliges Verbreiten
Gonzalo kühn in Schmach und Tod sich wagt!
In dieser Hemisphäre Dunkelheiten
Wächst das Metall, wofür das Volk sich plagt.
Schau, wie dem See Cuama dort entfließet,
Aus welchem sich der Nilstrom auch ergießet!

94.

Sieh dort der Neger Hütten ohne Thüren,
Die auf des Königs Obhut voll Vertrau'n,
Im engen Haus ein harmlos Leben führen,
Und auf den Treusinn ihrer Nachbarn bau'n.
Sieh dort den ungeschlachten Trupp sich rühren,
Der, wie ein schwarzes Krähenheer, zu schau'n,
Die Burg umlagert in Sofala's Mitten,
Wofür von Nhaja muthvoll wird gestritten.

95.

Sieh jene Sümpfe, die Geburt des Niles,
Wovon der Alten keiner uns belehrt!
Die Well', Erzeugerin des Crocodiles,
Nezt Abessyner, wo man Christum ehrt.
Schau, wie man (o des neuen Wunderspieles!)
Stark ohne Mauern dort dem Feinde wehrt!
Sieh Meroë, groß und gefeiert weiland;
Jezt heißt Nobá dem eignen Volk das Eiland.

96.

Im fernen Land hier wird der Sproſſen Einer
Von dir im Türkenkampf berühmt und groß;
Chriſtoph's erhabner Namen iſt auch ſeiner;
Doch Nichts erlöst ihn von dem harten Loos.
Sieh dort den Meerſtrand, wo Melinde deiner
Gaſtfreundlich einſt gepflegt im theuren Schooß;
Den Rapto ſieh, er flieht in wildem Tanze
(Sie nennen ihn dort Oby) nach Quilmanze.

97.

Sieh dort das Kap, Aromata den Alten,
Jezt Guardafu von Heimiſchen genannt,
Wo rothen Meeres Münden ſich entfalten,
Das aus der Tiefe ſich die Farb' entwandt,
Das, Aſia von Africa zu ſpalten,
Als eine Mark hinſtrömt in's weite Land;
Die beſten Völker hier in Africa
Sind Arquico, Suanquem und Mazua.

98.

Auch ſieh das ferne Suez, das vor Zeiten
Geprieſen ward als Wohnſtatt der Hero'n;
Arſinoe nannten Andre den geweihten
Wohnſiz, wo jezt Aegyptus' Flotten droh'n.
Sieh dort die Flut, durch deren offne Weiten
Vor dem Aegypter Moſes einſt entfloh'n;
Hier nimmt den Anfang Aſia, groß und prächtig,
Durch Länder ſtark, durch Königreiche mächtig.

Zehnter Gesang.

99.

Schau, wie der Glanz von Sina's Höhen blendet
Mit Catharina's heiligem Gebein!
Sieh Toro, sieh Gidá, wo nirgend spendet
Ein Quell die Flut, süß und krystallenrein.
Auch sieh der Enge Pforten, die sich endet
Im dürren Adem, dem das Felsgestein
Arzira's angränzt, das im Schimmer leuchtet,
Und das des Himmels Regen nie befeuchtet.

100.

Die drei Arabien sieh, die langen Strecken,
Durch die sich schweifend braunes Volk ergießt,
Von wo der Rosse Zucht, in Kriegesschrecken
Behend und wild, von hohem Stamm entsprießt.
Sieh hier die Küste sich bis dort erstrecken,
Wo sich der Perser Meeresenge schließt,
Und dort das Kap, das sich Fartaque nennt,
Ein Name, den hier auch die Stadt bekennt.

101.

Sieh hier Dofar, das aus dem edlen Lande
Duftvollen Weihrauch für Altär' erzieht!
Doch merke jezt dort auf dem andern Rande
Dir Rozalgate's unfruchtbar Gebiet,
Dann Ormuz' Reich hier, das sich ganz am Strande
Hinstreckt, den preisen wird des Ruhmes Lied,
Wenn einst des Türken Flotten und Galeeen
Den nackten Stahl von Castel Branco sehen.

102.

Sieh Asaboro's Vorgebirg sich heben,
Jezt von den Schiffern Mozandam genannt;
Allda beginnt des Meeres Well', umgeben
Von Persis und Arabia's reichem Strand.
Sieh, wo im Grund die reichen Perlen weben,
An Farb' Auroren gleich, das Inselland
Von Barem, sieh dort Phrat und Tigris fließen,
Und sich in die gesalzne Flut ergießen.

103.

Blick' hin nach Persis' großen, edlen Reichen,
Das hoch zu Roß, zum Kampfe stets bereit,
Schmach achtet des Geschüzes Wehr, ingleichen,
Wenn nicht der Arm stets Schwielen hat vom Streit.
Auch Gerums Insel sieh, ein klares Zeichen,
Was schaffen mag der stete Lauf der Zeit;
Denn von Armuza's Stadt, die dort gewesen,
Hat sie sich Ruhm und Namen drauf erlesen.

104.

Dom Philipp von Menezes wird gepriesen
Hier einst als Held, in Waffen kühn und groß,
Wenn er mit wenig seiner Portugiesen
Zahllose Parsen weiht dem Todesloos.
Da wird am Feind der Helden Kraft bewiesen
Von Pedro Sousa, der des Armes Stoß
Ampaza fühlen ließ, das seinem Degen,
In Graus und Trümmer stürzend, schon erlegen.

Zehnter Gesang.

105.

Doch lassen wir die Meeresengʼ entgleiten
Und Jasqueʼs Kap, das einst Carpella hieß,
Mit jenes ganzen Erdstrichs öden Weiten,
Dem die Natur nicht huldreich sich bewies;
Carmania hieß jenes Land vor Zeiten.
Sieh dort den Indus, den die Sage pries,
Der Höhʼ entfließen, neben der von andern
Anhöhʼn des Ganges Wellen niederwandern.

106.

Den Golf Jaqueteʼs, tief inʼs Land hin quellend,
Ulcinde sieh, voll reicher, goldner Frucht,
Des Meeres Flut, urplözlich mächtig schwellend,
Die Ebbe, die enteilt in rascher Flucht.
Sieh dort, in großem Reichthum dar sich stellend,
Cambajaʼs Land mit seiner Meeresbucht;
Viel andre Städte will ich übergehen,
Ihr könnet diese später noch besehen.

107.

Sieh Indiaʼs hehre Küste sich erstrecken
Südwärts zum Vorgebirge Comorin,
Und gegenüber Taprobanaʼs Strecken,
Jezt Ceilon; einst hieß jenes Kap Corin.
In diesem Meer sind Lusitaniaʼs Recken,
Die nach dir einst hieher gewaffnet ziehʼn,
Siegsehren, Städte, Ländereiʼn verheißen,
Die viel Geschlechter ihnen nicht entreißen.

108.

Endlos sind die Provinzen zwischen beiden
Stromufern hier, wo manches Volk verkehrt,
Die einen — Mahom's Diener, andre — Heiden,
Die sein Gesez der böse Geist gelehrt.
Narsinga dort — wie ist es zu beneiden! —
Bewahrt die Reste, heilig, hochverehrt,
Thomas, des Ritters in dem Glaubensstreite,
Der seine Hand gelegt in Jesu Seite.

109.

Hier war die Stadt gelegen, die sich nannte
Meliapor, schön, groß und reich an Gut,
Die zu den alten Gözen sich bekannte,
Wie das verhaßte Volk noch heute thut.
Als jenes Wort, für das die Welt entbrannte,
Der Held verkündigt und voll Glaubensmuth
Schon tausend Land' erweckt durch seine Lehre;
Da lag die große Stadt noch fern vom Meere.

110.

Und als er predigt' hier und Heil und Frommen
Den Kranken schafft' und Todte rief an's Licht,
Kam eines Tags auf offner See geschwommen
Ein Holz von unermeßlichem Gewicht.
Der König, der ein Bauen unternommen,
Wünscht es für solchen Zweck und zweifelt nicht,
Mit Elephanten, mit der Arme Schaffen,
Mit Hebeln es zum Land emporzuraffen.

Zehnter Gesang.

111.

Das Holz war überschwer, nicht Menschenkräfte
Genügten, es zu rühren nur vom Ort;
Doch mindrer Müh zu solcherlei Geschäfte
Bedarf der Herold von des Glaubens Wort,
Löst am Gewand den Gürtel, daß er hefte
Ihn um das Holz, und hebt und schleppt es fort,
Dahin, wo sich erbaut ein stolzer Tempel,
Der allen fortan bleibe zum Exempel.

112.

Wohl wußte Thomas, wenn der fromme Glaube
Den Berg von seiner Stelle rücken heißt,
Gehorcht dem hohen Wort der starre, taube,
Wie Christus lehrt und durch die That erweist.
Die Menge wird dem Staunen da zum Raube,
Wie der Bramin' es auch als Wunder preist;
Solch heilig Leben schauend, solche Zeichen,
Befürchtet er, sein Anseh'n möcht' entweichen.

113.

So nennen sich die Priester jener Heiden,
Sie, deren Herz von bittrem Neide schwoll;
Sie spinnen tausend Pläne, daß er scheiden
Vom Leben oder nicht mehr lehren soll.
Trugfaden webt (wie mocht' er solches meiden?)
Ihr Obrer selbst, schafft Werke, gräuelvoll,
Zum Zeichen, daß kein größrer Feind geboren,
Als Heucheln, das der Tugend Haß geschworen.

114.

Er gab dem eignen Sohn den Tod und klagte
Thomas, der schuldlos war, des Mordes an,
Rief falsche Zeugen, die man schnell befragte;
Schon wird das Todesurtheil kundgethan.
Der Heilige, der nicht um Hülfe zagte,
(Denn Gottes Allmacht darf er betend nah'n)
Fleht vor dem König, vor der Großen Kreise,
Daß Gott sich durch ein Wunder ihm erweise.

115.

Den Leichnam heißt er bringen, um in's Leben
Zu rufen ihn, zu fragen, wer es war,
Der ihn gemordet, und ihm so zu geben
Ein Zeugniß, hell und zweifellos und wahr.
Da seh'n den Jüngling Alle sich erheben
Im Namen Jesu, der uns Heil gebar;
Er dankt dem Thomas, seinem Auferwecker,
Und nennt den Vater als des Mords Vollstrecker.

116.

Dies Wunder wirkt solch Staunen bei der Rotte,
Daß sich der Fürst im Bade Christo weiht,
Und Viel nach ihm; die singen Thomas' Gotte
Ein Loblied, Andre küssen ihm das Kleid.
Der Priester Herz, erfüllt von Haß und Spotte,
Durchwühlt mit seinem Gifte so der Neid,
Daß sie zulezt des rohen Volkes Horden
Bereden, ihn in blinder Wuth zu morden.

Zehnter Gesang.

117.

Er predigt' einst im Volk die frohe Kunde;
Da ward durch sie ein Aufruhr angefacht;
Geordnet hatt' ihm Christus diese Stunde,
Und rief den Dulder aus der Erdennacht.
Wild treffen Stein', auffliegend in der Runde,
Ihn, der zu Allem sich bereit gemacht;
Ein Böser eilt, in rasche Wuth verloren,
Den rohen Speer ihm durch die Brust zu bohren.

118.

Dich wird der Ganges, dich der Indus weinen;
Dich weinte jedes Land, wohin du drangst;
Dich weinen mehr die Geister noch, die reinen
Im Kleid des Glaubens, die du dir errangst;
Die Engel, singend, lächelnd, sieh! erscheinen,
Dich zu empfah'n im Glanz, den du erschwangst!
Wir fleh'n zu dir, erbitt' uns Gottes Gnade,
Und schirme deiner Lusitanen Pfade!

119.

Und ihr nun, die ihr's waget, euch zu nennen
Die Boten Gottes, nach des Thomas Bild:
Wie wärt ihr's, ohne Christum zu bekennen,
Sein Wort zu streu'n in heidnisches Gefild?
Seid ihr das Salz, und wollet euch nicht trennen
Vom Vaterland, wo kein Prophete gilt:
Womit den Kezerei'n in unsern Zeiten
(Von Heiden red' ich nicht) das Salz bereiten?

120.

Doch lass' ich ab, von diesem Stoff zu sagen,
Und fahr' in jener Küste Zeichnung fort.
Bei dieser Stadt, berühmt aus alten Tagen,
Krümmt sich des Gangesstromes Binnenport.
Sieh dort Narsinga, reich und mächtig, ragen,
Orixa sieh voll bunter Kleider dort!
Prachtvoll ergießt sich an des Busens Münde
Des Ganges Flut in die gesalz'nen Gründe:

121.

Des Ganges, wo die Eingebornen baden
Im reinen Strom, von Zuversicht belebt,
Der Schuld, wie groß sie sei, sich zu entladen,
Der sie des Wassers heilig Bad enthebt.
Schau, wie an fruchtbar üppigen Gestaden
Bengala's Cathigam sich stolz erhebt;
Auch siehe, wie, mit reichem Gut versehen,
Die Küsten sich von da nach Süden drehen.

122.

Sieh Arracam, das Reich, sieh dort die Küste
Pegu, von Ungeheu'rn in alter Zeit
Bewohnt, den Graungeburten frecher Lüste
Von Weib und Hnnd, die sich durch Sünd' entweiht.
Hier tragen sie am Ort, wo das Gelüste
Sich regt, ein Erz, hintönend weit und breit;
Die Königin hat solchen Brauch erfunden,
Vor dem des Lasters arger Gräul entschwunden.

123.

Sieh hier Tavai, die Stadt, allwo die Zone
Von Siam's ausgedehntem Reich beginnt,
Tenassari, Quedá, der Städte Krone,
Wo man des Pfeffers Würze sich gewinnt.
Und weiter hebt sich auf des Ruhmes Throne
Malaca, wo die Hafenorte sind,
In die sie aus des Meers Provinzen allen
Mit ihres Handels reichem Schaze wallen.

124.

Von diesem Lande, sagt die alte Kunde,
Trennt' einst Sumatra's Inselreich das Meer,
Das eindrang mit der Wogen offnem Munde;
Denn beide Länder waren Eins vorher.
Man nannt' es Chersones; in tiefem Grunde
Erzeugt' es Adern Goldes, und daher
Ward ihm der Name „golden" einst erlesen:
Noch Andre sagen, Ophir sei's gewesen.

125.

Doch sieh, wo Cingapura's Spize schwebet,
Und wo die Bahn den Schiffen sich verengt,
Wie da die Küste wieder nördlich strebet,
Sich krümmt und weit nach Osten vor sich drängt;
Patane, Pam, Siam, das weit sich hebet,
Und diese Länder in sein Joch gezwängt
Mit andern mehr; sieh Menams Wogen fließen,
Die sich aus Chiamai's See'n ergießen.

126.

In diesem Erdstrich sieh die vielen Namen
Von tausend Völkern, nie zuvor gekannt;
Auf weitgedehnten Felsen Awer, Bramen,
Die Laër, mächtig groß an Zahl und Land!
Sieh fern auf Bergen andrer Völker Samen,
Von rauher Sitte, Queer zugenannt;
Sie essen Menschenfleisch und brennen Male
Dem ihren ein (o Grau'n!) mit glühem Stahle.

127.

Sieh durch Camboja Mecom's Woge fluten,
Der als der Ströme Fürsten sich erklärt;
Ihm spenden andre Ström' in Sommers Gluten
Sein Wasser, das die Fluren rings verheert;
Dem kalten Nil gleich, schwellen seine Fluten;
Das Völkchen, das an seinem Strand verkehrt,
Glaubt unbedacht, mit Lohn werd' einst und Qualen
Den Thieren auch ein andres Leben zahlen.

128.

Er wird dereinst mit sanftem, lindem Arme
Aufnehmen die Gesäng' in seinem Schooß,
Die naß dem Schiffbruch, düstrem, trübem Harme,
Entronnen sind, der Klippen wildem Stoß,
Dem Hunger, den Gefahren, wann der Arme
Entfloh'n des Kerkers ungerechtem Loos,
Dem seiner Laute volles, helles Klingen
Mehr Ruhm hinfort als Erdenglück wird bringen.

Zehnter Gesang.

129.

Sieh dort die Küste, die Champá sich nennet,
Und ihren Wald voll düftereicher Frucht;
Sieh Cauchichina, das der Ruf nicht kennet,
Sieh Ainam's ungekannte Meeresbucht;
Sieh dann das stolze Reich, vom Ruhm genennet
Ob seines Reichthums ungeahnter Wucht,
China's Gebiet, das bis zur kalten Zone
Vom heißen Wendekreise trägt die Krone!

130.

Dort dehnt der Bau der nie geglaubten Mauer
Sich zwischen diesem und dem Nachbarland,
Der königlichen Macht, der stolzen Dauer
Ein weltbekanntes, sichres Unterpfand.
Hier erbt das Zepter schon seit alter, grauer
Urzeit vom Vater nicht auf Sohnes Hand:
Den wählen sie, der wacker sich erwiesen,
Und als erfahrner Ritter wird gepriesen.

131.

Noch bergen dir sich viele Länderweiten,
Bis sie die Zeit dem Dunkel einst entreißt.
Doch laß die Inseln nicht vorübergleiten,
Wo die Natur noch reicher sich erweist:
Die mittle sieh längs China dort sich breiten,
Von wo man sie entdeckt, die Japan heißt:
Sie birgt in sich die feinen Silberschäze,
Wird einst erhellt vom göttlichen Geseze.

132.

Sieh fern der Eiland' unermess'ne Räume
Verstreuet auf des Ostens weiter Flut,
Tidor, Ternat' und seines Gipfels Säume,
Der luftwärts hebt der Feuerwogen Glut;
Sieh voll der heißen Näglein dort die Bäume,
Noch nicht erkauft mit Portugiesenblut,
Die goldnen Vögel, die nicht niedersteigen
Zur Erden und nur todt sich wieder zeigen.

133.

Sieh Banda's Inseln rothe Farben kränzen,
Womit die Frucht einladet zum Genuß,
Den Schwarm der Vögel, der bei frohen Tänzen
Hier als Tribut empfängt die grüne Nuß.
Auch sieh Borneo, wo die Thränen glänzen
Am Baum, des dicken, trocknen Safts Erguß;
Camphora wird der edle Saft genennet,
Ein Name, den das Eiland auch bekennet.

134.

Dort ist auch Timor mit dem Sandelbaume,
Dem Holz, an Heilkraft und an Düften reich;
Sieh Sunda's Küsten, die mit Einem Saume
Sich bergen in des Südens steilem Reich.
Der Wüste Volk in jener Länder Raume
Erzählt von einem Strom, der wundergleich,
Wo er allein, getrennt von andern, walle,
Das Holz versteine, das in ihn entfalle.

Zehnter Gesang.

135.

Sieh auf der neuen Insel, wo den Klüften
Entdampft der Gluten zitterndes Gebild,
Den Quell des Oeles, sammt den Wunderdüften
Des Balsams, der aus Stämmen thränend schwillt,
Von Dufte trunkner, als was an den Lüften
Arabia's der Myrrha Baum entquillt:
Sieh, Alles hat sie, was die andern haben,
Auch Seide beut sie, beut des Goldes Gaben.

136.

In Ceilon schau, wie bis zum Wolkenrande
Der Berg emporstrebt und dem Aug' entflieht;
Als heilig achten ihn ringsum die Lande,
Weil man den Menschentritt im Felsen sieht.
Dort wächst sie bei Maldiva's Inselstrande,
Die Pflanze, hoch im tiefen Meergebiet,
Vor deren Frucht sofort das Gift entweichet,
Das heftig brennend durch die Adern schleichet.

137.

Gradüber sieh vom Strand des rothen Meeres
Socotora, durch Aloën bekannt,
Nebst andern Inseln, auch in eures Heeres
Gewalt, an Africa's sandvollem Strand,
Von wo des Wunderbalsams köstlich hehres
Geheimniß in die Welt wird ausgesandt:
Dort magst du San Lorenzo's Reich erkennen,
Das Andre Madagascar auch benennen.

138.

Das sind im Morgenland die neuen Orte,
Die euer Arm der Welt hinfort gewinnt,
Seit ihr den Meeren aufgethan die Pforte,
Die eurem Muth jezt weithin offen sind.
Doch billig hört ihr noch mit kurzem Worte,
Was dort ein Lusitan' im West beginnt,
Der, wenn sein König vielfach ihn mißhandelt,
Die Bahn auf nie geträumtem Pfade wandelt.

139.

Das große Land seht ihr zusammenhangend
Sich von Callisto's Pol nach Süden zieh'n,
Mit des Metalles reichen Schachten prangend,
Dem Phöbus' blonde Farbe ward gelieh'n.
Castilien, mit Freundschaft euch umfangend,
Wird ihm den Hals mit starrem Joch umzieh'n;
Viel Reich' und Völker sind ihm zugeschieden,
In Sitten und Gebräuchen unterschieden.

140.

Doch wo sich's weiter ausdehnt, wird ingleichen
Für euch ein Land mit rothem Holz ersteh'n;
Des Kreuzes Namen gebt ihr diesen Reichen,
Die eure Flotten einst vor andern seh'n.
Längs diesem Strand, den eure Kiel' erreichen,
Wird ferne Länder aufzusuchen geh'n
Don Magellan, der sich als Portugiesen
Wohl durch die That, doch nicht durch Treu, bewiesen.

141.

Ist ihm des Weges Hälfte dann entschwunden,
Der von der Linie bis zum Südpol reicht,
So wird von ihm ein Menschenstamm gefunden
Im nahen Land, der fast Giganten gleicht.
Und weiter wird er jene Straß' erkunden,
Jezt seines Namens Erbin; er durchstreicht
Auf ihr das Meer und wird in Lande dringen,
Die Auster birgt mit seinen kalten Schwingen.

142.

Bis hier, o Portugiesen, ward zu wissen
Verstattet euch, was auf des Meeres Flut,
Das ihr so kühn dem Dunkel habt entrissen,
Vollbringen wird der Helden tapfrer Muth.
Jezt, da ihr allen Müh'n und Hindernissen
Entrannet, daß für euch in Liebesglut
Das Herz der ewigen Bräute sich gehoben,
Die eurem Haupt des Ruhmes Kränze woben:

143.

Jezt mögt ihr zieh'n, denn günstig weh'n die Winde,
Still wogt die See, zum theuern Heimatport.
So sprach sie; da verlassen sie geschwinde
Der Liebesinsel anmuthreichen Bord.
Sie sorgten, daß Vorrath an Bord sich finde;
Mit ihnen zieh'n die Heißgeliebten fort,
Die Nymphen, die für ewig sie beglücken,
So lang die Strahlen Sol's die Welt durchzücken.

144.

So wallten sie durch stille Meereswogen,
Indeß der Wind, stets linde, niemals grollt,
Bis sich die Erde, die sie großgezogen,
Allzeit ersehnt, vor ihrem Blick entrollt.
In Tago's heitre Mündung eingezogen,
Wird Lohn und Ruhm dem Vaterland gezollt,
Dem lieben König, der sie ausgesendet,
Und froh nunmehr sich neue Titel spendet.

145.

Nicht weiter mehr, o Muse! Denn die Leier
Ist mir verstimmt, rauh ward der Stimme Ton,
Nicht vom Gesang! Nein, weil des Liedes Feier
Nur Tauben tönt, dem rohen Volk ein Hohn!
Die Gunst, wodurch der Genius sich freier
Aufschwingt, ist nicht des Vaterlandes Lohn,
Das in des Geizes Wonne starrt versunken,
Von dumpfer Trauer, niedrer Rohheit trunken.

146.

Wohl will des Schicksals unergründlich Schalten,
Daß ihm die Lust, der frohe Stolz gebricht,
Durch den der Geister Flügel sich entfalten,
Der stets zur Arbeit schafft ein froh Gesicht.
Deßhalb, o König, den der Himmel Walten
Zum Throne rief, zu königlicher Pflicht,
O trachte du, (kund sei's den Völkern allen!),
Nur Herr zu sein von trefflichen Vasallen!

147.

Schau, wie sie froh auf allen Pfaden eilen,
Mit wilder Löwen, tapfrer Stiere Muth
Ihr Leben bietend Kugeln, Wachen, Pfeilen,
Dem Schwert, dem Hunger und der Sonne Glut,
Dem Eispol und des Erdrunds heißen Theilen,
Der Gözendiener und der Mohren Wuth,
Dem Schiffbruch und den Fischen und den Tiefen,
Und wo sie sonst verborgne Fahren riefen.

148.

Bereitet, dir in Jeglichem zu dienen,
Gehorchen sie dir stets, wenn noch so fern,
Wie hart auch immer die Gebot' erschienen,
Sich Ruhe nicht vergönnend, frisch und gern;
Wohl wissend, daß dein Auge weilt auf ihnen,
Beständen sie mit dir den schwarzen Herrn
Der Hölle selbst, daß du unfehlbar siegtest,
Und Sieger stets, an ihrer Seite kriegtest.

149.

Beglücke sie mit deiner Huld, erfreue
Mit Gnaden sie, mit heitrer, milder That;
Erleichtre sie, wo streng die Sazung dräue,
So öffnet sich zur Heiligkeit der Pfad;
Erhebe Männer von geprüfter Treue,
Die Sanftmuth einen mit erfahrnem Rath,
In deine Nähe, weil sie wohl verstehen,
Wie, wann und wo die Sachen steh'n und gehen.

150.

Die Deinen alle schirm' in ihren Pflichten,
Vertheile sie nach Wandel und Talent;
Der Priester mög' auf nichts die Sinne richten,
Als Gott zu bitten für dein Regiment,
Die Sünde tilgen, fasten, unterrichten,
Taub achten, was die Welt als Ruhm erkennt;
Ein Priester, heimisch in dem Heiligthume
Des Herrn, strebt nie nach Gold und eitlem Ruhme.

151.

Die tapfern Ritter halt' in hohen Ehren,
Weil sie mit heißem, unerschrocknem Blut
Nicht nur sich müh'n des Glaubens Reich zu mehren,
Nein, auch das Reich, geschirmt von deiner Hut;
Denn Jene, die nach weit entlegnen Sphären
In deinem Dienste zieh'n voll Heldenmuth,
Besteh'n zwei Feinde: rohe Männerschaaren
Und (was noch mehr ist) furchtbare Gefahren.

152.

Nie dulde, Herr, daß Gallier, Deutsche, Briten,
Daß Welsche sagen in des Stolzes Wahn,
Dem Portugiesen zieme nicht Gebieten,
Nein, das Gehorchen steh' ihm besser an.
Laß Rath dir nur von Wohlerfahrnen bieten,
Die lange Monde, lange Jahre sah'n;
Denn wissen Viel und Manches auch die Weisen,
Mehr weiß ein Kluger in des Lebens Kreisen.

153.

Du weißt, wie Phormio, der schulgelehrte
Weltweise, ward verlacht von Hannibal,
Als er vor ihm entwickelt' und erklärte
Des Krieges Kunst in breitem Wörterschall.
Die Kriegeskunde von gediegnem Werthe
Wird nicht gelernt in Phantasieenschwall,
Durch Träumen, Herr, durch müssiges Betrachten,
Nein, nur durch Seh'n, durch Uebung und in Schlachten.

154.

Doch ich, was red' ich Nied'rer, ich Gemeiner,
Von dir, o Herr, im Traume nicht gekannt?
Wohl weiß ich ja, daß auch dem Munde Kleiner
Ein hohes Loblied manchmal sich entwand.
Auch mangelt mir's im Leben nicht an feiner
Kenntniß, an welterfahrenem Verstand,
An Geiste nicht: hier siehst du beide walten,
Die selten nur sich im Verein entfalten.

155.

Zu deinem Dienst hat sich mein Arm bewehret,
Zu deinem Lob die Muse mich beschwingt;
Das fehlt mir nur, daß deine Huld mich ehret,
Von der die Tugend ihren Preis erringt.
Wenn diese mir des Himmels Gunst gewähret,
Wenn dir die That, des Liedes werth, gelingt;
(Wie mir mein ahnungsvoller Geist vertraute,
Wenn er dein gottgeweihtes Streben schaute;)

156.

Daß mehr, als vor dem Antliz der Meduse,
Des Atlas Höh'n vor deinem Blicke graut,
Daß siegend dich die Flur von Ampeluse
Als Herrn Marocco's und Trudante's schaut:
Dann hebt die frohe, die gepries'ne Muse
Vor aller Welt dich in des Liedes Laut,
Daß Alexander dich beneiden könnte,
Und nicht Achillen mehr sein Glück misgönnte.

Anmerkungen.

Die Lusiaden (os Lusiadas), d. h. die Söhne des Lusus, die Lusitanen oder Portugiesen, nannte Camoens sein Heldengedicht; erst die späteren Herausgeber des Werkes haben aus den Lusiaden eine Lusiade gemacht. Der ursprüngliche Titel findet sich zuerst wieder in der vor mir liegenden Ausgabe des Gedichtes, die zu Rio de Janeiro im J. 1821 erschienen ist.* Auch sind, was der Dichter schon in den Einleitungsstanzen bestimmt ausspricht, die Thaten der Lusiaden oder Portugiesen der Gegenstand des Epos, weniger Vasco da Gama's erste Seefahrt nach Indien, wie man gewöhnlich annimmt: diese bildet nur den Rahmen zu dem Gemälde, in welchem der portugiesische Dichter die Großthaten seiner Volksgenossen uns vorführt.

Eine Lebensbeschreibung des Camoens und eine Charakteristik seiner Werke giebt Bouterwek in dem vierten Bande seiner Geschichte der Poesie und Beredsamkeit seit dem Ende des dreizehnten Jahrhunderts.

---

* Dies ist ein Irrthum. Schon die Sedezausgabe aus der Universitätsdruckerei zu Coimbra v. 1800 hat auf dem Titel Lusiadas d. L. d. C., und der Titel der besten kritischen Ausgabe, welche Dom Joze Maria de Souza-Botelbo zuerst 1817 in Quart besorgt und 1819 wiederholt hat (Paris, F. Didot), ist: os Lusiadas, poema epico de L. d. C.

Spätere Anmerkung.

Erster Gesang.

St. 1. Die Insel Taprobana der älteren Erdbeschreiber, mit einheimischem Namen Lanka genannt: der Dichter meint die Insel Ceilon, nicht Sumatra. Vergl. 10, 107.

St. 6. Angeredet wird hier und in den folgenden Stanzen der König Sebastian, dem Camoens sein Heldengedicht weihte. Auf einem Zuge wider die Mauren in Africa, die seine Vorfahren niemals bezwingen konnten, verlor er, 24 Jahre alt, im J. 1578 die Schlacht bei Alcassar und wahrscheinlich (wenn wir dem Berichte spanischer Geschichtschreiber glauben dürfen) auch das Leben.

Daselbst. Du neue Schreckniß für den Speer der Mohren.

Mohren, Mauren, Mouros heißen dem Dichter alle Africaner ohne Unterschied.

St. 7. In deinem Wappen sieh, wie Er gestaltet Den Sieg dir zeigt.

Anspielung auf die Schlacht in der Ebene von Ourique (Urik) im J. 1139, worin Alfons I. fünf maurische Fürsten schlug, und darauf vom Heere zum König ausgerufen ward. Den Tag vor der Schlacht war ihm Christus, Sieg verheißend, in den Wolken erschienen; zum Zeichen davon nahm er das Kreuz in das Wappen des Reiches auf. Vgl. 3, 53. 54.

St. 8. Ismaels Gezüchte heißen die Mauren wegen ihrer vorgeblichen Abkunft von Ismael, welchen Hagar, Sara's Magd, dem Abraham gebar. — Der heilige Strom ist der Ganges.

St. 11. Roger (Rüdiger), Roland, Rodamont, die Helden des Bojardo und des Ariost.

St. 12. Nuno Alvarez di Pereira, der tapfere Feldherr Johanns I., der, durch ihn Sieger bei Aljubarota, den durch die Stimme des Volkes errungenen Thron wider

Anmerkungen zum ersten Gesang. 381

die Castilier behauptete. — Egas Moniz, Erzieher Alfons
des I., ein ausgezeichneter Feldherr, wie sein Zeitgenoß,
Dom Fuas Roupinho, der besonders durch den Entsaz
der von Aben Juceph, dem Könige von Marocco, be=
lagerten Stadt Porte de Mois berühmt wurde.

Daselbst. **Magrizo mit elf andern Lususföhnen**
sind die zwölf portugiesischen Ritter, die nach England
zogen, um die Ehre der dortigen Frauen zu vertreten.
Ihrer wird 6, 42—67, gedacht. — Die Zwölf aus
Frankenland sind die zwölf Paladine Carls des Großen.—
Der Trojerheld ist Aeneas.

St. 13. **Alfons den Ersten sieh, vor dessen Lanze
Ein jeder fremde Waffenglanz erbleicht.**
Alfons I. Henriquez mit dem Zunamen des Eroberers,
Portugals erster König. Eine seiner glänzendsten Thaten
war die Eroberung Lisboa's mit Hülfe kreuzfahrender
Engländer im J. 1147. Er starb nach 57 jähriger Re=
gierung im J. 1185, 75 Jahre alt.

Daselbst. **Sieh Ihn, der, prangend in des Sieges Kranze,
Bestand und Ruh verschaffte seinem Reich.**
König Johann I., Pedro's des Strengen unehlicher Sohn,
der, von Nuno unterstützt, im J. 1385 bei Aljubarota
die Castilier schlug. Größer, als dieser erste Johann, war
Johann II., der kraftvollste König, der je in Portugal
herrschte. — Alfons III. regierte über Portugal von
1248 bis 1279. — Alfons IV., Sohn Dionys des An=
bauers, regierte von 1325 bis 1357. Obwohl tapfer und
kriegskundig, war er ein undankbarer Sohn, ein ungerechter
Bruder, ein grausamer Vater. Sein Gedächtniß brand=
markt der Mord der schönen Ines de Castro, die mit
seinem Sohne Pedro nach Constantia's Tode sich heimlich
vermählt hatte, und deren Schicksal Camoens im dritten
Gesang verewigt hat. — Alfons V. regierte von 1438 bis
1481. Stets mit Eroberungsplänen schwanger, von welchen
er wenig Ruhm erntete, lebte er beinahe nur im Feld=
lager; er endete in düsterer Schwermuth an der Pest.

St. 14. Duarte Pacheco Pereira unternahm drei Züge nach Indien, den ersten mit Vasco da Gama, den zweiten mit Pedro Cabral, den dritten und glorreichsten mit den beiden Albuquerques. — Die Almeida's sind Francisco de Almeida, Graf von Abrantes, erster portugiesischer Unterkönig in Ostindien, und sein Sohn, Lorenz de Almeida. — Alfonso de Albuquerque mit dem Zunamen des Großen, Nachfolger des Francisco de Almeida in dem Posten eines Unterkönigs von Indien. — Juan de Castro, Unterkönig von Indien unter Johann III., berühmt durch seine Kriegsthaten, besonders durch den Entsaz von Diu, wie durch Gelehrsamkeit.

St. 16. Statt Thetis lese man Tethys. Jene ($\Theta \acute{\varepsilon} \tau \iota \varsigma$) war eine Nymphe des Mittelmeeres, Tochter des Nereus und der Doris, die Mutter des Achilleus; diese ($T\eta \vartheta \acute{v} \varsigma$) war die Gemahlin und Schwester des Okeanos, Tochter des Uranos und der Gäa, die älteste Meergöttin. Wahrscheinlich hatte der Dichter Virgil's Georg. (1,34) vor Augen, wo Tethys, als Gemahlin des Okeanos die Beherrscherin des äußeren Weltmeers, dem Cäsar alle Gewässer ihrer Herrschaft zum Brautschaz mitgiebt.

St. 17. In dir erblickt sich von Olympus' Schwelle
Der Ahnengeister hier gepries'nes Paar —
Diese beiden Ahnherren sind Johann III. von Portugal, Sebastians Großvater von väterlicher Seite, und Kaiser Carl V., sein mütterlicher Großvater.

St. 20. Atlas' holder Enkel ist der Götterbote Mercurius, ein Sohn des Jupiter und der Maja, einer Tochter des Atlas.

St. 24. Lusus, der Ahnherr der Lusitanen, ein Freund des Bacchus, der mit Ulysses nach Portugal gekommen sein und mit diesem griechischen Helden Lissabon gegründet haben soll.

St. 26. Viriathus, ein Gutsherr in Lusitanien, erhob wider die Römer einen gefährlichen Krieg, der sechs Jahre hindurch die Legionen Roms beschäftigte. Sie, im Ueber-

Anmerkungen zum ersten Gesang.

muthe der Gewalt, schalten ihn einen Räuber, und entfernten ihn durch Meuchelmord: er war ein großer Mann.

Daselbst. **Als er zum Führer sich den Fremdling wählte,**
Der schlau das Reh mit Götterhauch beseelte.
Gemeint ist der Römer Sertorius, welchen die Lusitanen zum Anführer wählten. Jäger, heißt es, brachten ihm eine weiße Hindin, die ihn überall begleitete, und ihm den Willen der Götter kundthat.

St. 31. **Hispanenvolk, mit Thatenruhm bekränzt.** Den Namen Spanier ließen die früheren Portugiesen sich niemals abstreiten; auch nennen sie die Spanier immer nur Castellanos. Camoens heißt in den neueren Ausgaben seiner Gedichte, obwohl er nur Weniges in castilischen Versen schrieb, der größte der Dichter Spaniens (o principe dos poëtas de Hespanha). — Nisa, alte, dem Bacchus heilige Stadt in Indien.

St. 33. **Im Tingitanerland.** Gemeint ist die Küste der Barbarei.

St. 34. **Noch mehr, da sie von Clotho selbst erfuhr.** Clotho, eine der drei Parcen (die zwei anderen sind Lachesis und Atropos), steht hier für die Parcen überhaupt.

St. 42. **— — — — der Sonne Glut**
Brannt' auf die Götter, die vor Typhons Drohen
Zum Meeresgrund in Fischgestalt entflohen.
Der Wuth des hundertköpfigen Typhon, welcher die Götter zum Kampf gefordert, zu entgehen, wandelten sich die Verfolgten in andere Gestalten, Venus und Mars in Fische, die unter die Himmelszeichen gesezt wurden.

St. 43. **Durch Meeresauen.** Aue bezeichnet, besonders im Niederdeutschen, jedes fließende Wasser. — Das Vorgebirge Prasso heißt jezt cabo das correntes, Kap der Ströme.

St. 46. Den Padus fühlt und Lampethusa kündet. Padus oder Eridanus, der Po, in welchen Phaëthon, nach seiner unglücklichen Führung des Sonnenwagens, herabstürzte. — Lampethusa oder Lampetia, eine der Heliaden, der Schwestern des Phaëthon, die am Ufer des Eridanus den Gefallenen beweinend, in bernsteinträufelnde Pappeln verwandelt wurden.

St. 53. Wir haben auf der Wahrheit Wort geschworen,
Das Abraham's erlauchter Sproß gelebt.
Den aus der Jüdin Schooß ein Heid' erzeugte,
Und dem sich bald das ganze Weltall beugte.
Mahomed soll von einem heidnischen Vater und einer jüdischen Mutter stammen.

St. 60. Unter Constantinus Paläologus, dem lezten byzantinischen Kaiser, ward Constantinopel am 29. Mai 1453 von den Türken eingenommen.

St. 73. Der Gott von Thebe, Bacchus. Die spätere Fabel von seiner Geburt aus der Hüfte Jupiters ist bekannt.

St. 84. Rabath's Hochgebirge, die Gegend vom Euphrates bis zum rothen Meere.

St. 98. Sinon, Gefährte des Ulysses, der die Phryger (Trojer) beredete, einen Theil ihrer Stadtmauer einzureißen, um das hölzerne Roß der Griechen hineinzuschaffen.

St. 100. Doch jene, der Cythera's Hymnen fleh'n —
Venus, auf der Insel Cythere besonders verehrt.

Zweiter Gesang.

St. 4. Ueberschwang hat Luther für Ueberfluß.
St. 10. Doch Jener, dem auf ewig schönen Wangen
Erblüht die Jugend, der zwei Mütter
zählt —
Bacchus, der von Semele empfangen, von Jupiter, seinem Vater, ausgetragen wurde.

Anmerkungen zum zweiten Gesang.

St. 12. Panchaia, Landschaft im glücklichen Arabien, fruchtbar an Weihrauch. — Thyoneus heißt Bacchus als Sohn der Thyone, die nach Einigen mit Semele Eine Person, nach Cicero (d. nat. deor. 3, 23) Mutter des vierten Bacchus ist.

St. 18. Erycina, Venus, vom Berg Eryx in Sicilien also genannt.

St. 20. Clotho, sonst eine der Parcen, hier eine Meernymphe, die auch Virgil nennt (Aen. 9, 102); doch lesen hier die besseren Handschriften Doto.

St. 21. Dione, sonst auch Mutter der Venus, hier Venus selbst.

St. 27. Wie Frösche wohl, in grauer Vorzeit Tagen
Ein lycisch Volk —
Latona (so lautet die Fabel, die Ovid in den Verwandlungen 6, 313—381 erzählt), vor der Schlange Python fliehend, kam dürstend an einen Teich, wo lycische Landleute Binsen und Reiser sammelten. Zur Strafe für den Hohn und die Schmähungen, womit sie der Göttin den Trunk wehrten, wurden sie von dieser in Frösche verwandelt.

St. 45. Ogygia, Insel im jonischen Meere, wo die Nymphe Calypso wohnte, die den Ulysses (Odysseus) bis in das achte Jahr dort gebannt hielt. (Hom. Odyss. 7, 244 ff.) — Der Trojer Antenor soll nach Troja's Zerstörung in die Gegend der Veneter gekommen sein und Patavium (Padua) gegründet haben. — Timavus, ein Fluß in Istrien zwischen Aquileja und Triest.

St. 47. O Wunder, wie noch keines sich begeben,
Daß wild, so still es ist, das Meer sich steilt!
Als Gama im J. 1524 unter Segel ging, um seinen Posten als Unterkönig von Indien anzutreten, hielt seine Flotte an der Küste von Cambaja, und die Schiffe standen unbeweglich; alsbald, ohne die geringste Veränderung des Wetters, wogten die Wellen auf das heftigste; die Schiffe

wurden rings umher erschüttert, die Mannschaft war in der äußersten Bestürzung und glaubte sich verloren, als Gama, dies für die Wirkung eines Erdbebens erkennend, ausrief: worüber seid ihr bestürzt? Sehet ihr nicht, wie der Ocean unter seinen Herren zittert?

St. 49. **Den wuthentbrannten Mohren wirst du schauen,**
   Der von dem eignen Pfeil durchschossen liegt.
Während der Eroberung von Ormus durch Albuquerque wurden die Pfeile der Perser und Mohren durch die Heftigkeit eines plözlich entstandenen Windes auf die Schüzen zurückgetrieben, wobei viele derselben verwundet wurden.

St. 52. **In Cochim's Ebne wird ein Held erstehen —**
Pacheco: er schlug bei der Belagerung von Cochim nach einander sieben zahlreiche Heere des Samorin.

St. 72. **Die Sonne, durch des Himmels Bahn getragen,**
   Hat das Gedächtniß jenes Tags erneut.
Am Ostersonntag, der im J. 1490 auf den 5 April fiel, langte die portugiesische Flotte vor Melinde an.

Dritter Gesang.

St. 1. Calliope, nach der späteren Eintheilung der Alexandriner Muse der epischen Dichtkunst, gebar von Apollo den Orpheus.

St. 7. **Begränzt es Asien mit dem Strom, der kalt —**
Dieser Strom ist der Tanais oder Don. — Mäotis, der mäotische See, nun das Asowische Meer.

St. 8. **Die Berge, die vom Sturm den Namen tragen,**
sind die Rhiphäen oder Rhipäen (vom griechischen Worte ῥιπή).

St. 9. **Auf Damascus' Feldern wurde,** nach der Idee des Dichters, der erste Mensch aus Erde gebildet.

Anmerkungen zum dritten Gesang.

St. 10. **Und Scandinaviens Inselreich, mit Siegen
Gekrönt, die ihm Italien willig räumt.**
Anspielung auf die Gothen, die, von den hier genannten
Gegenden ausgehend, sich Italiens bemächtigten.

St. 16. **Sofort erheben sich die Pyrenäen,
Pyrene's Grab, wo, wie der Sage Mund
Berichtet, einst die Berg', in Glut ergossen,
In Strömen Golds und Silbers nieder=
flossen.**
Pyrene, Tochter des Bebryx, Geliebte des Herkules, ward
auf den Pyrenäen von wilden Thieren zerrissen und dort
begraben. Sie gab dem Gebirge den Namen. Andere
leiten diesen von πύρ (Feuer) ab. Denn (so lautet die
vom Dichter in den zwei lezten Zeilen berücksichtigte Sage
bei Diodor von Sicilien) durch Nachlässigkeit einiger Hir=
ten geriethen einst die Waldungen auf den Pyrenäen in
Brand: die Metalle schmolzen und ergossen sich vom Ge=
birg' in die Tiefe.

St. 18. **Wo Herkules sein leztes Werk gethan.**
Herkules, um seinen Arbeiten die Krone aufzusezen, spal=
tete die beiden Gebirge Calpe und Abyla, in der Absicht,
einen Canal für den Handel zu öffnen. In die Oeffnung
ergoß sich rauschend der Ocean, und bildete das mittel=
ländische Meer nebst dem ägäischen und dem Pontus
Euxinus.

St. 19. **Parthenope**, Neapel, auf dessen Strand die Nymphe
Parthenope begraben liegt. — **Tarragona** in Catalonien
steht für Arragonien überhaupt. Von dem Könige dieses
Landes, Alfons V., ward Neapel erobert. — **Bätis**, das
Königreich Sevilha.

St. 22. **Der Hirt ist Viriathus.** S. zu 1, 26. — **Der
Greis, der gierig schlingt die eignen Söhne**, ist
Saturnus, der Gott der Zeit.

St. 25. **Und Heinrich, Ungarns zweitem Königssohne.**
Camoens folgt hier der gemeinen portugiesischen Sage, welche den Gründer des portugiesischen Königshauses zu einem Ungarn macht, während französische Schriftsteller ihn einen Lothringer, spanische gar einen Constantinopolitaner nennen. Die leztere Meinung rührt wohl von einem Mißverstande der Worte des Rodrigo Ximenes, Erzbischofs von Toledo, her; dieser schreibt in seiner Geschichte Spaniens (6, 21), der Graf Heinrich sei ex partibus Bisontinis, d. i. aus der Gegend von Besançon, gewesen; dafür las man ex partibus Byzantinis, d. i. von Byzanz. Die wahre Abkunft Heinrich's hat Theodor Godefroy in der Schrift: traité de l'origine des rois de Portugal, aus einer Stelle eines ungenannten Benedictinermönches, der zur Zeit Heinrichs lebte und eine Geschichte von Frankreich schrieb, erwiesen. Hienach verhält sich die Sache so. Robert I., der Sohn und Nachfolger des französischen Königs, Hugo Capet, hatte außer seinem ältesten Sohne Hugo, der vor ihm starb, noch zwei andere Söhne, seinen Nachfolger Heinrich und Robert, Herzog von Burgund. Dieser hatte von seinem Sohne Heinrich vier Enkel: Hugo, Eudes, Robert, Heinrich. Hugo versuchte sich in Spanien wider die Mauren, folgte seinem im J. 1075 verstorbenen Großvater in der Regierung und ging nach dem Tode seiner Gemahlin in das Kloster zu Clugny. Eudes wurde, nachdem sein Bruder Mönch geworden war, Herzog von Burgund. Robert erwählte den geistlichen Stand und wurde Bischof zu Langres. Heinrich ist der Stammvater des portugiesischen Hauses.

St. 32. **Ob einer ließ den Vater Scylla sterben.**
Scylla war die Tochter des Königs Nisus in Megara, der eine purpurne Haarlocke hatte, auf welcher das Schicksal seines Reiches beruhte. Aus Liebe zu dem Könige Minos von Creta, der ihren Vater bekriegte, schnitt sie diesem, während er schlief, die Haarlocke ab, um sie dem Minos zu geben. Aber dieser verschmähte die Liebe der unnatür=

Anmerkungen zum dritten Gesang.

lichen Tochter, die nun in der Verzweiflung sich von einem Felsen herabstürzte und in einen Vogel (ciris genannt), nach Andern in einen Fisch verwandelt wurde.

St. 39. Sinis, ein Straßenräuber, welcher die Reisenden, die in seine Gewalt fielen, an herabgebogene Bäume band und so zerriß; Theseus tödtete ihn. — Perillus verfertigte dem Zwingherrn von Agrigent, Phalaris, einen ehernen Ochsen, worin Missethäter durch untergelegtes Feuer langsamen Tod starben, und wurde nachher selbst in dem Ochsen verbrannt.

St. 44. Gleich jener Frau, beherzt und wunderbar,
Der Trojer Hort, als Troja's Mauern sanken,
Gleich jenen, die Thermodons Welle tranken.
Penthesilea, Königin der Amazonen, zog mit den Jhrigen dem Priamus wider die Griechen zu Hülfe. — Die Amazonen wohnten am Flusse Thermodon.

St. 53. Drei Tage ruht der König im Gefilde,
Als er die Fünf dem Untergang geweiht.
S. zu 4, 45.

St. 55. Scabelicastro, alter Name von Santarem.

St. 57. Erbaut von Jhm mit dem beredten Munde.
Die alte Sage nennt Ulysses als den Gründer Lisboa's, das nach ihm Olyssipolis genannt wurde.

St. 60. Vandalia, alter Name von Andalusien.

St. 63. Die stolze Stadt ist Evora.

Daselbst. Wo nun die klare Flut mit Silberwogen — Der Dichter meint die Wasserleitung des Sertorius, eines der größten Ueberbleibsel des Alterthums. Sie wurde wieder hergestellt unter Johann III. um das J. 1540. — Ueber Giraldo s. zu 8, 21.

St. 73. Der Eidam war Fernando II., König von Leon.

St. 77. Ampeluja, ein Vorgebirge in Mauritania Tingitana. — Tingi, Stadt in Mauritanien an der Straße von Gibraltar, h. z. T. Tanger. — Abyla, das Gebirge auf der afrikanischen Küste, Gibraltar gegenüber, eine der Säulen des Herkules; die andere heißt Calpe.

St. 78. Miramolin, ein Titel; im Arabischen Emir Almoumini, d. i. Beherrscher der Gläubigen.

St. 94. Der Graf von Bologna ist Alfons III., Sancho's II. Bruder, so vom Dichter genannt wegen seiner Vermählung mit Mathilde, Gräfin von Bologna.

St. 100. Tarifa, eine Stadt in der Nähe von Gibraltar auf der spanischen Küste.

St. 110. Wie diesen Namen einst in falschem Wähnen
Dies Heidenvolk zum seinigen gemacht.
Camoens scheint zu glauben, der Name Saracenen sei von Sara, Abrahams Frau, abzuleiten. Wir leiten ihn (wohl richtiger) ab vom morgenländischen Worte sarach, welches in der Bedeutung aufgehen von der Sonne gebraucht wird; hienach wären die Saracenen so viel als: Völker des Aufgangs, Morgenländer.

St. 116. Als er den Strom, von Feindesblut geröthet,
Den dürstenden Genossen bot zum Trank.
Als die Soldaten des Marius auf einem Zuge wider die Cimbern über Durst klagten, wies er auf einen nahen Strom mit den Worten: Hier mögt ihr trinken; aber es muß durch Blut erworben werden. Führ' uns hin, riefen sie, daß wir etwas Flüssiges haben, wenn es auch Blut ist! Marius führte sie gegen den Feind, und es erfolgte, was Camoens beinahe mit den Worten des Florus (3, 3) ausdrückt: ea caedes hostium fuit, ut victor Romanus de cruento flumine non plus aquae biberit, quam sanguinis barbarorum.

Daselbst. Als ihr der Edeln ihm so viel erschluget,
Daß ihr drei Maße goldner Ring' enttruget.
Dies geschah in der Schlacht bei Cannä.

Anmerkungen zum dritten Gesang. 391

St. 135. In dem Garten eines alten königlichen Schlosses in der Nähe des Mondego, wo Pedro mit der ihm heimlich vermählten Ines de Castro, der Tochter eines portugiesischen Edlen, lebte, führte eine Quelle den Namen Quelle der Liebe (dos amores).

St. 136. Als Pedro zum Thron gelangte, war eine seiner ersten Handlungen, mit dem Könige von Castilien, Pedro dem Grausamen, einen Vertrag zu schließen, wodurch sich Beide verpflichteten, diejenigen Verbrecher, die sich in das Land des Einen oder des Anderen flüchten würden, auszuliefern. Demzufolge wurden die Mörder der Ines, Pedro Coelho und Alvaro Gonsalvez, die nach Alfons des IV. Tode nach Castilien geflohen waren, als Gefangene nach Portugal gesendet. Der dritte Mörder, Diogo Lopez, hatte die Flucht ergriffen. Die beiden Andern ließ Pedro unter den ausgesuchtesten Martern hinrichten.

St. 139. **Er hat vielleicht der Sünde Lohn empfangen,**
Daß er Lenoren dem Gemahl entführt.
Leonora de Tellez war die Gemahlin eines portugiesischen Edeln, Dom Juan Lorenzo d'Acugna. Diese Ehe wurde getrennt, und der König Fernando vermählte sich heimlich mit ihr, obwohl er damals durch Vollmacht mit Leonora von Arragonien bereits öffentlich vermählt war. Ein gefährlicher Aufstand, an dessen Spitze ein Schneider stand, trieb den König und seine Gemahlin aus Lissabon. Da brach Heinrich, König von Castilien, auf die Kunde von dem allgemeinen Mißvergnügen in dem Nachbarreiche mit einem furchtbaren Heer in Portugal ein. Hierauf beziehen sich die lezten Worte der vorigen Stanze.

St. 140. **Was Benjamin's glorreichen Stamm ent-**
laubt. S. das Buch der Richter Cap. 20. — Ueber Sara s. 1. Buch Mos. 12, 14 ff. — Ueber Dina s. desselben Buches Cap. 34.

Vierter Gesang.

St. 5. Der stürzt vom hohen Thurm, gleich Hectors Sohne.
Bischof Martin von Lissabon, von Geburt ein Castilier, ward von dem Thurme seiner eigenen Cathedrale herabgestürzt, wohin er geflohen war, um der Volkswuth zu entgehen.

St. 8. Brigo, Brigus, Brix, ein alter König Castiliens, von dem dieser Provinz alter Name Brigia. — Fernando, König von Navarra und Leon. — Rodrigo, genannt Cid Rui Diaz, der Held von Corneille's Trauerspiele Cid.

St. 9. Das edle Eiland ist Cadiz, eine Colonie der Phönicier oder Thrier.

St. 20. Vgl. Livius' röm. Geschichte 22, 53.

St. 27. Es war die trockne Zeit —
Die hier geschilderte Schlacht bei Aljubarota fiel am 14 August 1385 vor.

St. 28. Artabrus, das Vorgebirge Finisterrä.

St. 37. Der sieben Brüder Kette — Berge Mauritaniens, von denen Pomponius Mela sagt: montes sunt alti. qui continenter et quasi de industria in ordinem expositi ob numerum Septem, ob similitudinem Fratres vocantur.

St. 40. Der Meister von San Jago's Orden — Dom Pedro Nunez. Er fiel jedoch nicht in der Schlacht von Aljubarota, sondern in der von Valverda, die unmittelbar darauf folgte. — Der Meister von Calatrava — Dom Pedro Alvarez Pereira, Bruder Nuno's.

St. 45. Drei Tag' im Felde — Zum sicheren Zeichen des Sieges war es, nach den damals herrschenden Begriffen von Ehre, erforderlich, daß der Sieger drei Tage lang auf dem Schlachtfelde gelagert blieb.

Anmerkungen zum vierten Gesang. 393

St. 47. **Zwei Britenfrau'n von fürstlichem Geblüte.** Johann von Portugal heiratete, ungefähr ein Jahr nach der Schlacht von Aljubarota, die älteste Tochter des Herzogs von Lancaster, des uns aus Shakespeare wohlbekannten Johann von Gaunt, Donna Philippa. Dieser half dem Könige, seinem Schwiegersohne, bei einem Einfall in Castilien, und am Ende des Feldzuges versprach er, das nächstemal mit zahlreicheren Streitkräften wiederzukommen. Dieses unterblieb jedoch wegen der Vermählung seiner jüngsten Tochter Catharina mit Heinrich, dem ältesten Sohne des Königs von Castilien.

St. 52. **Fernando** ist bekannt unter dem Namen des standhaften Prinzen. Er kannte keinen höheren Wunsch, als den, zur Verbreitung des christlichen Glaubens unter den Muhammedanern beizutragen, und ließ nicht nach, bis er bei seinem Bruder, König Eduard, den Beschluß durchgesezt hatte, einen Kreuzzug wider die Ungläubigen in Africa zu unternehmen. Fernando und sein anderer Bruder Heinrich führten Heer und Flotte an. Obwohl alsbald erkrankend, unterzog er sich doch allen Mühen des Krieges, bis er, um das von der Uebermacht des Feindes eingeschlossene Heer der Seinigen zu retten, sich als Geißel in die Hand der Feinde gab, zur Bürgschaft, daß die Portugiesen Ceuta an die Mohren übergeben würden. Ceuta ward nicht übergeben, und Fernando schmachtete über fünf Jahre in der furchtbarsten Gefangenschaft, worin er in einem Alter von vierzig Jahren und acht Monaten starb.

St. 57. **Heinrich IV.** von Castilien, Schwager des Königs Alfons, erklärte bei seinem Tode die Infantin Johanna zu seiner Erbin, mit Uebergehung seiner Schwester Isabella, die mit Fernando, dem Sohne des Königs von Arragonien, vermählt war. In der Hoffnung, den Thron von Castilien zu erhalten, suchte Alfons bei dem Papste die Dispensation zur Vermählung mit seiner Nichte Johanna nach; aber nach einem blutigen Kriege waren die ehrsüchtigen Absichten des Königs von Portugal vereitelt.

St. 62. Zum ragenden Gestade, der Küste von Alexandria.

St. 63. Dahinten lassend die Gebirgesschwellen, die nabathäischen Gebirge, so genannt von Nabaoth oder Nebajoth, dem Sohne Jsmaëls. S. zu 1, 84.

Daselbst. Das einst Adonis' Mutter so beglückt. Adonis' Mutter war Myrrha, die Tochter des Cinyras; sie ward in einen Baum verwandelt, der von ihr den Namen erhielt und in dem glücklichen Arabien häufig zu finden ist. Winkler.

St. 64. Der Kaiser Trajan dehnte die Gränzen des römischen Reiches viel weiter aus, als irgend einer seiner Vorfahren. Bis an den Tigris trug er seine Siege; dort stand die Stadt Ctesiphon, der Siz der parthischen Könige, die er sich unterwarf.

St. 72. Der Eine schien wie müd' im Geh'n zu wanken.
Camoens, die weitere Entfernung der Quellen des Ganges anzudeuten, legt diesem Strome mehr Ermüdung als dem Indus bei.

Daselbst. So wie der Strom Alphëus Arethusens
Umarmung sucht im Weichbild Syracusens.
Der Strom Alpheus entspringt im Peloponnes, strömt unter dem Meere nach Sicilien, und vereinigt sich hier bei Syracus mit der Quelle Arethusa. Daher die Sage bei Virgil und Ovid: die Nymphe Arethusa floh vor dem Flußgott Alpheus aus Arcadien unter dem Meere nach Sicilien, ward aber hier von dem Liebenden erreicht.

St. 104. Nie hätte Phöbus dann den Sonnenwagen
Dem Sohn vertraut, nie durch der Lüfte Kreis
Der Flügel Sohn und Vater hingetragen.
Anspielung auf die bekannten Fabeln von Phaëtbon und Jcarus.

Fünfter Gesang.

St. 2. Es war im J. 1497, daß die Flotte Gama's aus dem Tago absegelte.

St. 8. Die Canarischen Inseln hießen bei den Alten die glückseligen (insulae Fortunatae).

St. 11. Unter den Dorcaden versteht der Dichter wohl die bissagotischen Inseln, die nicht weit von der Küste abliegen. Hier wohnten nach ihm die Gorgonen, die Töchter des Phorcus und der Ceto. Bei Plinius und Mela sind die insulae gorgades ihr Wohnort.

St. 12. Der große Strom ist der Zaire.

St. 15. Sah'n wir die Bären, troz der Juno Zorne,
Sich niedertauchen in Neptunus' Borne.
Callisto, die Tochter des arcadischen Königs Lycaon, gebar dem Jupiter den Arcas. Juno verwandelte sie in eine Bärin; aber Jupiter versetzte Mutter und Sohn an den Himmel, wo sie als Sternbilder unter dem Namen ursa major und minor glänzen. Juno, noch immer erzürnt, bat die Tethys, nie zu dulden, daß Callisto im Meere bade. Dieses gründet sich auf das Erscheinen des nördlichen Polarsternes für die Bewohner unserer Halbkugel; als Gama sich dem Südpol näherte, verschwand der Nordpol unter die Wogen.

St. 18. Das Licht, das lebende — von den Franzosen und Spaniern St. Helmsfeuer, von den Italiänern St. Petersfeuer, St. Nicolausfeuer genannt, eine glänzende Erscheinung, die sich in Gestalt einer Flamme auf den Spitzen der Maste und Rahen der Schiffe sehen läßt, und für eine Vorbedeutung des nachlassenden Sturmes gilt. Schon den Alten war diese Erscheinung nicht unbekannt.

St. 25. Das Astrolabium, womit die Höhe der Sonne und die Entfernung der Sterne gemessen wird, wurde in Portugal unter Johann II. erfunden.

St. 44. Nach der Rückkehr Gama's aus Indien ward eine Flotte von dreizehn Segeln unter dem Befehle des Pedro Alvarez de Cabral auf eine zweite Fahrt nach Indien gesandt, wo der Admiral mit nur sechs Schiffen ankam. Die übrigen waren durch einen fürchterlichen Sturm bei dem Kap der guten Hoffnung, der zwanzig Tage anhielt, zerstört worden. Unter den Umgekommenen befand sich Bartolomeo Diaz, welcher das genannte Vorgebirge entdeckt hatte.

St. 45. Den ersten Helden. Gemeint ist Francisco von Almeida, erster Unterkönig in Indien. Er zerstörte Quiloa und Mombaza. Auf seiner Rückkehr nach Portugal ward er bei dem Kap der guten Hoffnung von den Kaffern erschlagen. S. 10, 37 f.

St. 46 ff. Don Manoel de Souza, portugiesischer Statthalter von Dio in Indien, und seine Gemahlin, Leonora de Sá, litten auf ihrer Rückkehr nach Portugal am Kap der guten Hoffnung Schiffbruch, und kamen dort mit ihren Kindern nach vielfachen Leiden um's Leben.

St. 61. Phlegon und Pyroïs, die Rosse des Sonnengottes. Die zwei andern heißen Eous und Aethon.

St. 65. Die Insel lassen wir, wo die Armade — Die Insel Santa Cruz, die Bartolomeo Diaz mit seinem Bruder Pedro Diaz entdeckte.

St. 78. Und von den Zeichen, die wir hier gefunden, Den guten, blieb dem Strom sein Nam' hinfort. Der Strom heißt rio dos bons sinais (Strom der guten Zeichen).

Sechster Gesang.

St. 23. Der schöne Knabe, Melicertes, als Meergott den Griechen auch Palämon, den Römern Portumnus genannt. Wie des Cadmus Tochter Ino, von ihrem rasenden Gemahl Athamas verfolgt, sich mit ihrem Sohne Melicertes vom lechäischen Felsen in's Meer stürzte, und beide durch

Anmerkungen zum sechsten Gesang.

Fürbitte der Venus von Neptun in Seegötter verwandelt wurden, erzählt Ovid metamorph. 4, 518—541. — **Panopäa**, eine Meernymphe.

St. 24. **Glaucus**, ein Fischer, wurde nach der Fabel durch den Genuß eines gewissen Krautes zum Fische und darauf zum Seegotte. Circe entbrannte in Liebe gegen ihn, und zur Rache dafür, daß er ihre Liebe verschmäht hatte, vergiftete sie die Quelle, in welcher sich seine Geliebte, Scylla, zu waschen pflegte. Die Folge war, daß Scylla in ein Ungeheuer verwandelt wurde. Voll Verzweifelung darüber stürzte sie sich in's Meer und ward zu dem Felsen, der ihren Namen trägt.

St. 29. Ihr saht, wie diese schon des Himmels Weiten —
Anspielung auf den Kampf der himmelstürmenden Giganten.

St. 31. Ich sah, wie vormals, da der Griechen Steuer —
Die Griechen, die unter Jason nach Colchis segelten, bestanden zuerst das Wagestück einer Seereise.

St. 37. **Hippotades**, Aeolus, der Sohn, nach Andern der Enkel des Hippotes.

St. 47. Johann von Gaunt, Herzog von Lancaster, Sohn Eduards III., machte als Gemahl der Donna Constantia, Tochter des letztverstorbenen Königs Pedro, Ansprüche auf den Thron von Castilien. Verbündet mit seinem Schwiegersohne, Johann I. von Portugal, brach er in Gallizien ein, und ward in St. Jago de Compostella als König von Castilien ausgerufen. Später gab er seine Ansprüche auf, als seine Tochter Catharina mit dem Infanten Heinrich von Castilien sich vermählte. S. zu 4, 47.

St. 52. In jener treuen Stadt — der Dichter meint Oporto.

St. 60. Der König Englands, Richard II.

St. 63. **Legt froh Gewänder an vom Thier der Helle** — „vom Widder des goldenen Vließes; sie kleidet sich in Goldstoff oder mit goldenen Zierrathen." A. W. v. Schlegel.

St. 68. Die **Gräfin von Flandern**, für welche Magrizo die Schranken betrat, war Isabella, Tochter Johanns I. von Portugal und Gemahlin Philipps des Guten, Herzogs von Burgund und Grafen von Flandern. Carl VII. von Frankreich hatte die Stände seines Reiches versammelt und den Grafen Philipp aufgefordert, vor ihm gleich den andern Vasallen zu erscheinen. Isabella, die zugegen war, verwahrte sich feierlich, daß der Graf von Flandern, ihr Gemahl, nicht verbunden wäre, dem Aufruf Folge zu leisten; zugleich erbot sie sich, die Wahrheit ihrer Behauptung durch ritterlichen Kampf zu beweisen. Das Erbieten ward angenommen, und Magrizo, der für Isabella in die Schranken trat, erlegte den französischen Ritter, den Carl gestellt hatte. Bei einer andern Gelegenheit überwand er zu Orleans im Zweikampfe den Ritter Mons de Lansay, dem er eine goldene Halskette abzog, wie Titus Manlius einst einem Gallier that und davon den Namen Torquatus erhielt. Vergl. Liv. 7, 10.

St. 77. **Halcyone**, Tochter des Aeolus und Gemahlin des Ceyx, Königs von Trachin, stürzte sich aus Verzweiflung über den Tod des lezteren, der in einem Seesturm umkam, in's Meer, und wurde nebst ihrem Gemahl in den gleichnamigen Vogel verwandelt, dessen Gesang den nahenden Sturm anzeigen soll.

St. 78. Der **schwarze Künstler** ist Vulcanus, der dem Aeneas, dem Sohne seiner Gemahlin Venus, Waffen und Rüstung schmidete. — Die **Zween** sind Deucalion und Pyrrha.

St. 82. Die **Ceraunien** oder Acroceraunien, hohe Gebirge in Epirus, die bis in das Meer ragen, stehen hier als Bezeichnung der höchsten Gefahr, welcher die Schiffenden durch Felsen ausgesezt sind.

Siebenter Gesang.

St. 5. **Er will ein neues Christenthum gestalten** — Anspielung auf die gleichzeitigen Reformationsversuche unter Heinrich VIII. in England.

St. 6. **Im irdischen Jerusalem erringen** — Dieses ist unrichtig. Den Titel: König von Jerusalem, führten die Könige von England niemals. S. die vorhergehende Stanze zu Anfang.

St. 7. Cinyphius, Cinyphus, Cinyps, ein Strom in Africa, mit dem die Länder der Mauren oder Mohren bezeichnet werden.

St. 9. Als Cadmus die Schlange getödtet hatte, welche die Quelle Dirce in Böotien bewachte, säte er ihre Zähne auf das Feld. Daraus erwuchs eine Schaar bewaffneter Männer, die den Cadmus umringten, um ihn zu tödten. Auf den Rath der Athene warf er einen köstlichen Stein unter sie; da nun Jeder ihn haben wollte, fielen sie über einander her und erschlugen sich.

St. 24. Antäus herrschte nach der Sage über Mauritanien, das heutige Fez und Marocco.

St. 40. Die Lehre Jenes, des Pythagoras.

St. 52. **Ein Held, der mit belaubtem Thyrsus streitet** — Bacchus, der mit einem Heere nach Indien zog.

St. 53. **Des Weibes, das so schön als lüstern war,** der Semiramis.

St. 79. Canace liebte ihren Bruder Macareus so heftig, daß sie, in einer Hand den Griffel, in der andern ein Messer haltend, ihm so den lezten Brief schrieb, bevor sie sich durchbohrte. Sie sagt in dem Briefe, den sie Ovid an den Bruder schreiben läßt (Heroid. 11.): dextra tenet calamum, strictum tenet altera ferrum.

St. 80. **Wie Juda's König ward das längre Leben.** Ezechias, König von Judäa, vernahm von Jesaias, daß die Stunde seines Todes gekommen wäre. Allein durch Gebet und Thränen erhielt er von Gott einen Aufschub von fünfzehn Jahren. So wundervoll als dies war, meint der Dichter, sei auch seine Rettung gewesen. Winkler.

Achter Gesang.

St. 1. Paul, Paul von Gama, Bruder des Vasco.

St. 3. **Ana**, der alte Name des Guadiana. — **Ana's Gefilde**, sonst Elysium genannt. Vielleicht Anspielung auf die Behauptung spanischer Schriftsteller, Homer habe die Beschreibung des Elysium im vierten Gesang der Odyssee von den schönen Thälern Spaniens genommen, die er auf seinen Reisen gesehen.

St. 6. Ueber **Viriathus** s. die Anmerkung zu 1, 26.

St. 8. Ueber **Sertorius** s. zu 1, 26.

St. 9. **Wir machen ihn zum Ungar** — S. zu 3, 25.

St. 11. Ueber **Alfons** s. 3, 26ff.

St. 13. Ueber **Egas Moniz** s. 3, 35—41.

St. 15. **Doch jener bot (was konnt' er Größres geben?) Sein schuldlos Weib und theurer Söhne Leben.**

Man lese:
Doch **der** bot schuldlos (konnt' er Größres geben?)
Sich selbst, sein Weib und theurer Söhne Leben.

St. 17. Ueber **Fuas Roupinho** s. zu 1, 12.

St. 18. S. 3, 57—59.

St. 19. **Dom Theotonio**, Prior des Augustinerklosters in Coimbra.

Anmerkungen zum achten Gesang. 401

St. 20. Der Alferez trug bei Mohren und Christen das Hauptpanier des ganzen Reiches in die Schlacht. — Hispal oder Hispalis, Sevilla. — Mem Moniz, Sohn des Egas Moniz.

St. 21. Giraldo war ein Mann von Stande, der sich an die Spize einer Rotte von Freibeutern gestellt hatte, um der gesezlichen Strafe für verübte Schuld zu entgehen. Des umherschweifenden Lebens müde, beschloß er, sich durch eine edle That mit seinem König, Alfons I., zu versöhnen. Voll von diesem Gedanken, schlug er eines Abends den Weg nach Evora ein, das damals den Mohren gehörte. Zur Nachtzeit tödtete er die Schildwachen an einem der Thore, das er seinen Genossen öffnete, die bald Meister des Plazes wurden. Die That hatte den gewünschten Erfolg. Der König verzieh Giralden und machte ihn zum Statthalter von Evora. Ein Ritter mit einem Schwert in der einen Hand und zwei Köpfen in der andern wurde von dieser Zeit an das Wappen der Stadt.

St. 22. Dom Pedro Fernandez de Castro glaubte sich durch die Familie Lara beleidigt und rächte sich, weil der König von Castilien ihm die Hülfe dagegen versagte, dadurch, daß er gegen sein eigenes Land die Waffen ergriff. An der Spize eines Mohrenheeres verübte er in Spanien Gewaltthätigkeiten, ward aber in Portugal gänzlich geschlagen.

St. 23. Doch sieh den Bischof, kriegerisch verwegen — Nach einigen portugiesischen Geschichtschreibern machte Don Mattheo, Bischof von Lissabon, unter Alfons I. den Versuch, Alcazar, damals im Besize der Mohren, wieder zu erobern. Seine Truppen wurden unversehens von einer zahlreichen feindlichen Schaar umringt und wollten schon die Flucht ergreifen, als auf das Gebet des Bischofs ein ehrwürdiger Alter in weißem Gewand, mit einem rothen Kreuze auf der Brust, in der Luft erschien. Dies Wunder verscheuchte die Furcht der Portugiesen; die Mohren wurden geschlagen, und die Eroberung von Alcazar krönte den Sieg.

St. 25. **Siehst du Tavila's Mauern dort ihn brechen —** Während eines Waffenstillstandes mit den Mohren wurden sechs portugiesische Ritter aus dem Orden von San Jago, da sie eben auf die Jagd ziehen wollten, von einem Haufen Mohren umringt und getödtet. Bei dem Kampfe, in welchem die Ritter ihr Leben theuer verkauften, kam ihnen ein vorüberziehender Maulthiertreiber zu Hülfe, der sein Leben zugleich mit den Rittern verlor. Der Dichter hat den Maulthiertreiber zum siebenten Ritter gemacht. Dom Payo de Correa, Großmeister des Ordens von San Jago, rächte den Tod seiner Ordensgenossen durch die Zerstörung von Tavila.

St. 26. **Doch auch die Drei betrachte —** Dies waren irrende oder fahrende Ritter; sie hießen Gonzalo Ribeiro, Fernando Martinez de Santarem, und Vasco Anez, Milchbruder der Königin Maria von Castilien, Tochter des Königs Alfons IV. von Portugal.

St. 28. **Den Helden sieh —** Nuno Alvarez Pereira. Ueber ihn s. 4, 14 ff.

St. 29. **Bätis,** Guadalquibir.

St. 33. Vor der Thronbesteigung Johann's I. war Vasco Porcalla Alcaide oder Statthalter von Villaviciosa. Pedro Rodriguez von Landroal und sein Freund, Alvaro Gonzalez Coitado, hielten ihn für einen geheimen Anhänger des Königs von Castilien, und vertrieben ihn aus der Festung. Als Johann zum Thron gelangte, wußte sich Porcalla in die Gunst dieses Fürsten einzuschleichen; aber er war nicht so bald in den Oberbefehl der Veste wieder eingesezt, als er sie den Castiliern überlieferte und den Alvaro Gonzalez mit seiner Gemahlin zum Gefangenen machte. Alvaro sollte unter starker Bedeckung nach Olivenza gebracht werden; Rodriguez von Landroal hörte davon, überfiel unterwegs die Bedeckung, schlug sie, und sezte seinen Freund in Freiheit.

St. 34. **Schau, wie der Arge dort den Lohn empfängt —** Während das Reich von Portugal getheilt war, indem

Anmerkungen zum achten Gesang.

Einige es mit Johann, dem neugewählten König, Andere mit dem König von Castilien hielten, hatte sich Rodrigo Marino, der in der Veste Campomajor befehligte, für den Lezteren erklärt. Gil Fernandez, Befehlshaber von Elvas, unternahm es, den Marino für Portugal zu gewinnen. Es ward eine Zusammenkunft zwischen Beiden verabredet; Fernandez begab sich zu Marino; dieser aber ließ ihn gefangen sezen, und gab ihn nur gegen ein Lösegeld wieder frei. Wenige Tage darauf traf Fernandez auf Marino; der Verräther wurde gefangen und zum Lohne seiner Treulosigkeit von den Soldaten des Fernandez niedergemacht.

Daselbst. Sieh Rui Pereira — Eine zahlreiche castilische Flotte, die im Hafen von Lissabon lag, rüstete sich, die Stadt anzugreifen. Rui Pereira, der die portugiesischen Galeren befehligte, stellte sich kühn dem spanischen Admiral entgegen, obwohl er keine Möglichkeit des Sieges sah. Die Wuth seines Angriffes brachte die castilische Flotte in Unordnung, so daß die übrigen Schiffe der Portugiesen Zeit gewannen, sich zurückzuziehen. Pereira selbst aber verlor bei dieser muthigen That sein Leben.

St. 35. Als die Castilier die feste Stadt Almada auf einem Berge unweit Lissabon belagerten, litten die darin eingeschlossenen Portugiesen Mangel an Wasser. Siebzehn von diesen machten sich aus der Stadt auf, um an einer nahen Quelle Wasser zu holen. Sie wurden von vierhundert Feinden angegriffen, vertheidigten sich wacker und kamen wohlbehalten in die Veste zurück.

St. 37. Pedro und Heinrich waren Söhne Johann's I. Pedro focht mit dem deutschen Kaiser Sigmund wider die Türken; Heinrich wurde besonders durch seine Reisen und Entdeckungen berühmt.

St. 38. Schau, wie Graf Pedro — Es ist Dom Pedro de Menezes gemeint, der die Veste Ceuta in zwei schweren Belagerungen wider die Mohren vertheidigte. Der andre

Graf ist Eduard von Viana, ein natürlicher Sohn des Pedro de Menezes. Bei Ceuta, wo sich Alfons V. zu weit in's offene Feld gewagt hatte, hielt er die auf den König eindringenden Mohren so lange auf, bis dieser gerettet war, kam aber dabei selbst um's Leben.

St. 71. Des Königs, der am ersten sich gewagt, Heinrich's, Sohnes Johann's I.

St. 97. Polydorus, ein Sohn des Priamus, wurde von seinem Vater dem thracischen König Polymnestor mit vielem Gelde zur Obhut anvertraut, aber von diesem ermordet. — Ueber Tarpeja s. Liv. 1, 11.

Neunter Gesang.

St. 24. Den Wagen der Venus ziehen Schwäne und Tauben. Peristera ward von Cupido in eine Taube verwandelt, weil sie der Venus, mit welcher er wetteifernd auf einer Wiese Blumen pflückte, gegen ihn, der die Mutter beinahe schon überwunden hatte, Hülfe leisten wollte.

St. 25. Die Einführung des Cupido, als im Kampfe mit jeder unedlen und ungezügelten Begierde des Menschen begriffen, scheint uns jetzt wohl seltsam; allein sie ist nicht ohne Schönheit und eine gewisse rohe, einfache Größe. Nur darf man nie vergessen, daß von jetzt an der ganze Gesang nur Allegorieen enthält, in welchen der Dichter seine Sittenlehre dicht an Gestalten, die ihm aus der alten Mythenwelt bekannt waren, anzuschließen strebte. Wie könnte man sich wundern, daß diese zwei heterogenen Massen bisweilen sich etwas gezwungen in einander fügen! So viel ist deutlich, daß sein Cupido ein Anderer ist, als der Gott der sinnlichen Liebe, wiewohl er sich später auch noch treulich für diese, die aber wiederum etwas Anderes bezeichen soll, verwenden muß. Winkler.

St. 34. Biblis, Tochter des Miletus und der Chane, die sich aus Liebe zu ihrem Bruder Caunus erhing. —

Anmerkungen zum neunten Gesang.

Cinyrea, Myrrha, Tochter des Cinyras, Königs von Cypern, dem sie den Adonis gebar. — Der Syrerknabe, wahrscheinlich Antiochus, Sohn des assyrischen Königs Seleucus, der seine Mutter Stratonice liebte. — Der von Judäa, Ruben, der die Beischläferin seines Vaters Jacob beschlief, nach Andern Ammon, der seiner Schwester Thamar Gewalt anthat.

St. 44. **Die berühmte Dritte,** die Göttin Fama, aus Virgil's Beschreibung bekannt.

St. 45. Peitho, die Göttin der Ueberredung.

St. 53. **Gleich Delos, als die Göttin, froh der Pfeile —**
Latona, von Jupiter schwanger, wurde von Juno verfolgt, welche die Schlange Python sandte, sie zu quälen. Durch Neptun's Veranstaltung erhob sich die Insel Delos aus dem Meere, auf welcher sie von Apollo und Diana entbunden ward.

St. 57. **Hercul's Pappel,** die Silberpappel. Die Fabel erzählt, Hercules habe zu dem Kampfe, den Cerberus aus der Unterwelt zu bringen, mit einem Kranze der dort am Acheron wachsenden Pappel sich die Stirne gekühlt, und heimkehrend den Sproß, dessen Laub unten vom Schweiße gebleicht worden, gepflanzt. Die also entstandene Silberpappel war den Alten ein Bild eines in Mühsal und Tod ausharrenden Dulders. — **Die Fichten Cybele's, besiegt durch Träume von andrer Liebe.** Cybele liebte den Atis; weil er aber ihre Liebe verschmähte und nur Sangaris liebte, ward er von der zürnenden Göttin in eine Fichte verwandelt.

St. 60. **Achämenia,** eine Gegend Persiens, von ihrem König Achämenes also genannt, wo sehr schöne Teppiche gefertigt wurden.

Daselbst. **Auch, Cinyras, dein Sohn und Enkel, Adonis,** welchen Myrrha ihrem Vater Cinyras gebar. Aus seinem Blute erwuchs die gleichnamige Blume.

St. 62. **Die Blume, werth dem Sohne der Latona** — Die Blume Hyacinthus, die nach der Fabel aus dem Blute des schönen Hyacinthus hervorblühte, den sein Liebhaber Apollo unversehens getödtet hatte, und dessen letzer Seufzer Ai auf den Blättern der Blume zu lesen sein soll. — **Chloris**, der griechische Name der Blumengöttin Flora.

Zehnter Gesang.

St. 1. **Temistitan** hieß die von einem großen See umgebene Stadt Mexico bei den Eingeborenen, bevor die Spanier Amerika entdeckten.

St. 4. Der **Falernerwein** wurde zu den edelsten Italiens gezählt. — Man hat den Dichter getadelt, daß er den Wein auf dem seligen Eilande mit Ambrosia, der Speise der Götter, vergleiche. Aber auch Athenäus führt einen alten Dichter an, welchem der köstliche Wein, der auf der Insel Lesbos wuchs, wie Ambrosia zu schmecken schien (Athenae. Dipnosoph. ed. Schaefer. T. I. p. 47.).

St. 8. **Demodocus** sang bei dem Mahle des Phäakenkönigs Alcinous, **Jopas** bei jenem, das Dido dem Aeneas gab.

St. 11. Der König von Cochim war zugleich Oberpriester von Malabar und hieß Trimumpara. Mit ihm hatte Pedro Alvarez Cabral, der zweite portugiesische Befehlshaber, der nach Indien segelte, ein Bündniß geschlossen. Der Samorin hatte große Heere aufgebracht, um ihn vom Throne zu stoßen; aber nichts vermochte ihn in seiner Treue gegen die Portugiesen wankend zu machen, obwohl er dadurch in die äußerste Gefahr gerieth.

St. 13. **Combalam**, eine kleine Insel an der Küste von Cochim.

St. 23. **Duarte Pacheco Pereira** wurde beschuldigt, bei der Verwaltung der königlichen Bergwerke ungefähr 2000 Minen unterschlagen oder doch sich unrechtmäßig zugeeignet zu

Anmerkungen zum zehnten Gesang.

haben; der König Manoel sezte ihn ab, und er starb im äußersten Elend zu Santarem.

St. 26. Der Dichter deutet hier auf Don Francisco von Almeida, Grafen von Abrantes, und seinen Sohn Don Lorenzo.

St. 29. Als der Samorin, bemerken die neuesten Uebersezer, von Don Lorenzo geschlagen worden war, sandte er um Beistand an den Sultan von Aegypten und den König von Camboja. Beide schickten Flotten, und nun ward Don Lorenzo in der Nähe von Chaul, einer Stadt im Reiche Decan, und in der Mündung des bei Chaul vorbeiströmenden Flusses von neuem angegriffen. Um das christliche Geschwader sicherer zu vernichten, war vorher in der Mündung des Flusses unter dem Wasser Gebälk und Pallisadenwerk angebracht worden, in das sich nun die nicht großen Fahrzeuge verwickelten und weder vorwärts noch rückwärts konnten. Durch eine Kugel des Geschüzes, das auf die Flotte in dieser Lage zu spielen anfing, ward Don Lorenzo's Knie und Hüfte zerschmettert; aber ohne dessen zu achten, befahl er, ihn an den Mast anzubinden, und fand so mit dem Degen in der Hand und unter Aufmunterung der Seinen zu rühmlichem Kampfe einen glorreichen Tod.

St. 35. Francisco von Almeida griff die vereinigten Flotten im Hafen von Dio an. Die Flotte des Samorin ergriff die Flucht; das Geschwader des Meliqueaz, Herrn von Dio, das aus 40 Segeln bestand, hielt lange aus; am übelsten zugerichtet wurde die ägyptische und türkische Flotte unter Emir Hocem. Von achthundert Türken, die unter ihm fochten, blieben nach dem Berichte des Osorius nur zweiundzwanzig am Leben.

St. 39. Tristan da Cunha ging mit Albuquerque nach Indien im J. 1506.

St. 40. Dort wird man seh'n, wie sich des Pfeiles Spize —
S. z. 2, 49.

St. 41. Barem, ein Eiland unweit Ormus, in dessen Nähe vorzügliche Perlen gefischt wurden.

St. 49. Balduin, genannt der Eiserne, liebte Judith, die Tochter Carl's des Kahlen, Königs der Franken, und Wittwe Eduard's, Königs von England, entführte und heiratete sie. Carl, obwohl darüber erzürnt, verzieh ihm doch später, und gab ihm Flandern zur Mitgift.

St. 50. Lopo Soarez von Albergaria ging im J. 1515 nach Indien.

St. 51. Columbo, Hafen von Ceilon.

St. 52. Diogo Lopez von Siqueira begab sich im J. 1518 als Statthalter nach Indien, von wo aus er durch die Meerenge von Aden das rothe Meer zu beschiffen versuchte.

St. 53. Auch du wirst mit dem Titel eines Grafen — Vasco von Gama wurde nach seiner Rückkehr aus Indien in den Grafenstand erhoben und im J. 1524 als Unterkönig nach Indien zurückgeschickt, wo er drei Monate nachher starb.

St. 55. Die sieben Feinde, die am Herzen nagen — Die sogenannten sieben Todsünden.

St. 56. Lopez Vaz de Sampajo hatte sich durch einen Eid verbindlich gemacht, die Regierung Indiens an Pedro Mascarenhas, der zum Statthalter bestimmt war, bei dessen Ankunft zu übergeben. Als dieser indeß anlangte, weigerte sich Sampajo nicht nur dieses zu thun, sondern ließ den Mascarenhas noch überdies in's Gefängniß werfen.

St. 59. Cutiale befehligte die Flotte des Samorin, die aus 130 Segeln bestand; sie wurde von Joan d'Eza mit zwölf Schiffen angegriffen und vernichtet.

St. 60. Bei Chaul lag ein kleines Geschwader Portugiesen, das von der großen feindlichen Flotte hart bedrängt wurde.

St. 61. Bazaim, eine Veste zwischen Chaul und Dio, wo Melique befehligte.

Anmerkungen zum zehnten Gesang.

St. 63. Einer — Martin Alfonso de Souza.

St. 67. Castro — Dom Joan de Castro.

St. 72. Hydalcan ist der Titel der Herrscher von Decan.

St. 82. Die Bereitwilligkeit, mit welcher Tethys hier und in den folgenden Stanzen sich und den ganzen alten Mythencyclus gleichsam vernichtet, ist auf den ersten Blick seltsam, doch aber wohl für die Individualität des Gedichtes und für die Unschuld, mit welcher Camoens, unbekümmert um Wirkung und selbst poetische Möglichkeit, die ganze Weltansicht seines Zeitalters in seinem Werke niederlegen wollte, nicht unbedeutend. Der nun zu Ende eilende Dichter ist gleichsam von dem Wunsche gedrängt, gelegentlich noch eine Apologie für die durch das ganze Gedicht sich hinziehende alte Mythenwelt bei dem christlichen Leser zu bewirken. Winkler.

St. 93. Gonzalo von Silveira, ein portugiesischer Jesuit, ging im J. 1555 nach Indien, um das Evangelium zu predigen, ward aber auf dem Vorgebirge der guten Hoffnung von den Barbaren erschlagen.

St. 94. Dom Pedro de Naja, ein Castilier in portugiesischen Diensten, hatte im J. 1505 in der Stadt Sofala ein Castell erbaut, das er gegen 6000 Mohren und Kaffern mit nicht mehr als 35 Portugiesen siegreich vertheidigte.

St. 95. Schau, wie man, o des neuen Wunderspieles! In Persien sind viele Städte nicht mit Mauern umgeben, und nur durch Bergketten, die sich rund um sie hinziehen, vor feindlichem Ueberfalle gedeckt.

St. 101. Dom Pedro de Castel Branco erfocht in der Nähe von Ormus einen großen Sieg über die vereinigten Flotten der Mohren, Türken und Perser.

St. 128. Dies ist die denkwürdige Stelle, wo Tethys das Schicksal des Dichters verkündigt, der aus der Verbannung nach Goa zurückkehrend, an der Küste von Camboja Schiffbruch litt, und kaum sein Leben und sein von Seewasser durchnäßtes Gedicht rettete.

St. 135. Die neue Insel ist Sumatra. Vgl. St. 124.

St. 136. **Weil man den Menschentritt im Felsen sieht —**
Auf der höchsten Bergspize von Ceilon erhebt sich ein Fels, auf dessen oberer Platte der Tritt eines menschlichen Fußes sichtbar ist, der nach Einigen einem Heiligen aus Deli angehören soll, welcher auf der Insel zuerst die Einheit Gottes gelehrt habe, nach Andern dem Urvater Adam, der von dort aus in den Himmel aufgehoben worden sei.

St. 140. Das Land mit rothem Holze ist Brasilien, das von seinen portugiesischen Entdeckern Santa Cruz genannt wurde.

St. 156. Atlas wurde durch den Anblick des Hauptes der Medusa in das Gebirge verwandelt, das noch jezt seinen Namen trägt.

Berichtigungen.

Seite 7, Stanze 14, Zeile 7 lies Nicht statt Nich.
„ 95, „ 56, „ 4 „ dem statt den.
„ 96, „ 59, „ 3 „ Sturme nieder statt Sturmenie der.
„ 113, „ 110, „ 7 „ falschem statt falschem.
„ 183, „ 70, „ 1 „ Trauer statt Traue.
„ 203, „ 44, „ 4 nach Meinung seze ein Comma
„ „ „ „ „ 6 lies kecken für kecku.
„ „ „ „ „ 7 nach Erklären seze ein Comma.
„ 315, „ 71 „ 2 lies zierlichem statt zierlichen.

Leipzig.
Druck von A. Th. Engelhardt.

www.ingramcontent.com/pod-product-compliance
Lightning Source LLC
Chambersburg PA
CBHW020545300426
44111CB00008B/800